WIDMUNG

HAL

Dieses Buch ist für meine Frau Ursula Elrod, meine beste Freundin und gleichzeitig meine Traumfrau. Ursula, ich liebe und schätze dich jeden Tag ein bisschen mehr und bin so dankbar, dass wir uns dieses Leben gemeinsam erschaffen und teilen dürfen.

LANCE UND BRANDY

Wir widmen dieses Buch unseren Töchtern Hooley und Natalie. Ihr seid der Grund, aus dem es sich lohnt, für unsere Ehe zu kämpfen: um euch zu zeigen, was alles möglich ist – dafür sind wir euch unendlich dankbar. Und auch für eure Geduld mit unseren Versuchen, euch zu Hause zu unterrichten, während wir dieses Buch schrieben.

Wir lieben euch!

INHALT

Hal Elrod, Lance & Brandy Salazar
mit Honorée Corder

MIRACLE MORNING
FÜR PAARE

Die Stunde, die deine Beziehung verändert

*Aus dem amerikanischen Englisch
von Christina Brombach*

Edition Forsbach

Die amerikanische Originalausgabe erschien 2019 unter dem Titel „The Miracle Morning for Couples“.

Bibliografische Information der Deutschen Nationalbibliothek:
Die Deutsche Nationalbibliothek verzeichnet diese Publikation in der Deutschen Nationalbibliografie; detaillierte bibliografische Daten sind im Internet über http://dnb.dnb.de abrufbar.

Edition Forsbach
Bücher mit Herz

www.edition-forsbach.de

Coverbild: © Damian, Adobe Stock
Grafik: Tim Gouder

Druck und Bindung: CPI books GmbH, Leck
Printed in Germany
ISBN 978-3-95904-206-2 (Print)
ISBN 978-3-95904-207-9 (E-Book)

Teil I: Du und der Miracle Morning

Teil II: Die nicht ganz offensichtlichen Du-Prinzipien

Teil III: Gemeinsam im T.E.A.M.

Teil IV: Der Weg zum legendären Paar

EINE BESONDERE EINLADUNG VON HAL

Die Leser und Anwender des *Miracle Morning* haben eine außergewöhnliche Gemeinschaft von über 180.000 ähnlich gesonnen Personen auf der ganzen Welt geschaffen, die jeden Tag mit einem Ziel aufwachen und Zeit darauf verwenden, das unbegrenzte Potenzial zu nutzen, das in uns allen liegt, während sie gleichzeitig anderen helfen, das Gleiche zu tun.

Als Autor von *Miracle Morning* empfand ich es als meine Pflicht, eine Online-Community zu schaffen, in der sich Leser zusammenfinden können, um sich kennenzulernen, sich gegenseitig Mut zu machen, sich über die besten Methoden auszutauschen, sich gegenseitig zu unterstützen, über das Buch zu diskutieren, Videos zu posten, einen Partner zu finden, dem sie Rechenschaft ablegen können, und sogar Smoothierezepte und Sporteinheiten zu teilen.

Allerdings hätte ich mir damals ehrlich gesagt nicht träumen lassen, dass die *Miracle Morning*-Community eine der positivsten, engagiertesten und sich gegenseitig am besten unterstützenden Online-Communitys der Welt werden würde, aber genau das ist passiert. Die Persönlichkeit und menschliche Größe unserer Mitglieder aus mittlerweile über siebzig Ländern erstaunt mich jeden Tag aufs Neue – und es werden immer mehr.

Geh einfach auf www.MyTMMComunity.com und beantrage Aufnahme in die Facebook-Gruppe der *Miracle Morning*-Community.

So kommst du augenblicklich in Kontakt mit über 150.000 Menschen, die die Methoden des *Miracle Morning* bereits anwenden. Einige davon fangen ihren Weg zum *Miracle Morning* vielleicht erst an, aber es gibt noch viele mehr, die schon seit Jahren dabei sind und ihre Ratschläge, Unterstützung und Erfahrung nur zu gerne teilen, um dir schneller zum Erfolg zu verhelfen.

Ich moderiere diese Community und schaue auch regelmäßig dort vorbei, also freue ich mich darauf, dich dort zu treffen. Wenn du lieber persönlich auf den Sozialen Medien mit mir in Kontakt treten möchtest, folge einfach @HalElrod auf Twitter oder Facebook.com/YoPalHal auf Facebook. Ich möchte dich kennenlernen!

GELEITWORT VON BARBARA MESSER

Der frühe Morgen ist für mich seit jeher eine ganz besondere Zeit. Ich habe viele wertvolle Erinnerungen an den Morgen. Bereits in meiner Kindheit war das eine wundersame Zeit für mich. Als Kind und Enkelkind konnte ich beobachten, wie der Tag der Erwachsenen beginnt. Als Pfadfinderin erlebte ich das gemeinsame frühe Aufwachen im Zelt oder auf der Wiese.

Besonders prägend waren für mich die Jahre in der Altenpflege – dort war es eine zentrale Aufgabe, den Menschen in einen guten Tagesstart zu verhelfen. In diesem Berufsfeld gehört das frühe Aufstehen dazu – es war für mich schon immer selbstverständlich.

Jeder Morgen, jeder Tag hat eine ganz eigene Faszination, denn jeden Tag können wir wieder neu beginnen, darin liegt eine gewisse Magie für mich. Und der kommende neue Tag ist nicht selbstverständlich.

Im Sommer mit dem Rad durch die leise aufwachende Stadt zu fahren, um dann gegen 6.00 Uhr den Dienst zu beginnen, mochte ich damals als junge Erwachsene ganz besonders. Den alten Menschen dabei zu helfen, frisch gewaschen und wohlig den Tag zu beginnen, hat etwas Geheimnisvolles, denn wir teilten eine kleine Weile Zeit miteinander.

Ähnlich tun wir es als Paar auch. Nach der Intimität der gemeinsamen Nacht begrüßen wir den Morgen. Meine Großeltern gaben mir auf den Weg, dass ein Paar, welches erfolgreich zusammenleben möchte, immer im gemeinsamen Frieden ins Bett gehen sollte. Dies breite ich als tiefere Haltung auch für den gemeinsamen Morgen aus, an dem sich jeder und jede erst einmal für sich entfalten sollte.

Doch was heißt es, einen gemeinsamen Frieden zu haben? Jede und jeder der beiden, die sich als Paar bezeichnen, haben ihren inneren Frieden. Diesen können wir tatsächlich fördern, indem wir den *Miracle Morning* nutzen. Frieden ins uns selber schafft Frieden im Außen.

Als Unternehmerin ist es für mich selbstverständlich, meinen Tag so zu gestalten, dass ich gesetzten Vorhaben und Ziele bestmöglich realisieren kann.

Das Konzept von *Miracle Morning* unterstützt Menschen darin, sich der Besonderheit jedes Tages und der Besonderheit der eigenen Selbstwirksamkeit bewusster zu werden. Meine Aufgabe als Horizonautin sehe ich darin, Menschen neue Perspektiven und Möglichkeiten aufzuzeigen und sie zu mehr Erfolg zu führen, sei es als Führungskraft, Unternehmer oder Mensch mit viel Verantwortung.

Dabei spielen die sechs Rituale des *Miracle Morning*, die *Live S.A.V.E.R.S.*, eine wichtige Rolle. Am frühen Morgen, bevor die Welt erwacht, ist eine ganz besondere Gelegenheit, sich mit uns selber, uns als Paar und unserem Tagesbeginn zu verbinden.

Unsere jeweilige Arbeit ist meist geprägt durch verschiedene Phasen und Aufgaben. Die Qualität des gemeinsamen Morgens als Paar kann den ganzen Tag in seiner Qualität ebnen und segnen oder ihn verhunzen – je nachdem, wie wir diesen Morgen nutzen.

Es liegt an uns, wie wir den Tag starten.

Lies dieses Buch bitte *mehrmals* – du schaffst dir damit die Grundlage, als Mensch und auch als Paar jeden Tag zu genießen, ihn zu auskosten und das Beste aus ihm zu machen.

Ich wünsche dir viele inspirierende und motivierende Erkenntnisse beim Lesen und viel Freude bei der Umsetzung!

Deine Barbara Messer

***Barbara Messer**, Horizonautin, Speaker, Coach, Trainer, Ausbilderin und Autorin zahlreicher Bücher.*
www.barbaramesser.com

VORWORT
VON HAL UND URSULA ELROD

Ursula und ich sind seit 15 Jahren zusammen, die letzten zehn davon glücklich verheiratet. Aber der Anfang unserer Beziehung klingt nicht unbedingt märchenhaft.

Ehrlicherweise muss man allerdings zugeben, dass das hauptsächlich daran lag, dass Hal erst noch erwachsen genug werden musste, um sich vorstellen zu können, den Rest seines Lebens mit nur einer Frau zu verbringen. Das war eine große Entscheidung, die man nicht auf die leichte Schulter nehmen sollte. Damals war das für mich oft ein bisschen schmerzhaft, aber wenn ich heute zurückschaue, bin ich dankbar dafür, weil es die Grundlage für unsere heutige, gefestigte Beziehung legte.

Das ist definitiv wahr. Ich übernehme die Verantwortung dafür, dass unser Anfang nicht besonders gut lief. Damals war ich gerade dabei, mir einen Weg durch meine Bindungsprobleme zu bahnen. Ich glaubte auch damals schon fest daran, dass du „die Eine" für mich bist, aber ich brauchte ein bisschen länger als du, um das zu erkennen. Ja, wir mussten gemeinsam einige Hindernisse überwinden, aber unsere Beziehung heute war all diese Mühen wert. Ich hoffe, du siehst es auch so, dass unsere Beziehung inzwischen alles ist, was wir uns damals wünschten?

Auf jeden Fall. Unsere Beziehung ist wirklich in allen Punkten so, wie ich es mir damals erträumt habe. Ich möchte aber sicherstellen, dass die Person, die das hier liest, versteht, dass keine Be-

ziehung jemals perfekt ist und dass es bei uns laaaaange gedauert hat und eine Menge Arbeit war, bis wir an diesem harmonischen Punkt angekommen sind. Und es ist immer noch nicht perfekt. Wir sind nicht immer einer Meinung, aber letzten Endes ist unsere Liebe tief und unsere Bindung aneinander unerschütterlich.

Das stimmt. Und genau deshalb freue ich mich für unsere Leser, dass sie dieses Buch hier entdeckt haben. Wenn du das hier liest, bist du nur noch ein paar Seiten davon entfernt, zwei der am höchsten entwickelten Menschen und eine der am höchsten entwickelten Beziehungen kennenzulernen, die Ursula und ich kennen: meine Koautoren, die inzwischen auch zu engen Freunden geworden sind, Lance und Brandy Salazar.

Zuerst werden sie dir begegnen, wenn du ein paar Worte von ihnen liest, an denen du gleich erkennen wirst, wie offen und authentisch sie sind. Genau wie Ursula und ich mussten sie erst einiges *durchstehen*, bevor sie so *dastehen* konnten. Das, was sie durchstehen mussten, waren Meinungsverschiedenheiten und Konflikte, die sie beinahe ihre Ehe gekostet hätten. Doch dann wurde ihnen klar, dass sie beide ihre jeweils eigenen Unzulänglichkeiten eingestehen und überwinden mussten (etwas, von dem wir alle lernen und das wir alle vorleben können). Wie sie jetzt dastehen, ist in einer harmonischen und liebenden Beziehung und Ehe, die so tiefschürfend ist, wie man es sich als Paar nur wünschen kann.

Sind sie perfekt? Nein, und das würden sie auch als Allererste zugeben. Sie würden aber auch sofort hinzufügen, dass Perfektion nicht ihr Ziel ist und dass es darum auch gar nicht geht. Stattdessen geht es darum, dass Lance und Brandy durch Jahre harter Arbeit und unerschütterlicher Ausrichtung darauf, ihre Ehe zum Florieren zu bringen, eine unglaublich kraftvolle Herangehensweise an ihr Beziehungsleben erschaffen haben. Das hat ihre Beziehung im wahrsten Sinne des Wortes legendär gemacht und Ursula und mir geholfen, für unsere Ehe das Gleiche zu schaffen. Und jetzt kann diese Herangehensweise – die du in diesem Buch kennenlernst – das Gleiche auch für dich und *deine* Beziehung tun, egal, in welcher Phase sie sich gerade befindet.

Ich habe bei jedem Buch der *Miracle Morning*-Reihe versucht, mich mit Koautoren zusammenzutun, die sowohl die Werte als auch die Weisheit verkörpern, von denen ich glaube, dass sie einen Wendepunkt für meine Leser darstellen können. Dieses Buch *Miracle Morning für Paare* ist darauf angelegt, dir eine schrittweise Anleitung an die Hand zu geben, dich selbst und deine Beziehung(en) zu verwandeln – egal, ob du verliebt, verlobt, verheiratet, geschieden oder irgendwo dazwischen bist. Aber zuerst möchte ich zwei der wichtigsten Entdeckungen mit dir teilen, die ich in meiner Beziehung mit Ursula gemacht habe, und die den größten Eindruck auf uns gemacht haben, wenn du nichts dagegen hast.

Was hältst du davon, Liebling?

Ich bin neugierig, welche deiner „Entdeckungen" du teilen möchtest. Ich habe manchmal den Eindruck, du entdeckst jeden Tag etwas Neues, also sollte das jetzt echt etwas Besonderes sein!

Haha, erwischt. Naja, aber diese beiden haben wirklich alles für uns verändert, also los …

Hals erster Beziehungstipp: *Sorge dafür, dass dein Herzensmensch einen Wert in der Beziehung findet, ohne dabei an dich selbst zu denken.*

Vor langer Zeit, im Jahr 2004, legte ich den Sinn meines Lebens so fest: *Dafür zu sorgen, dass jeder Mensch, dem ich begegne, einen Wert in der Begegnung findet, ohne dass ich dabei an mich selbst denke.* Diesen Vorsatz bestärke ich jeden Tag durch meine Affirmationen, und so wurde er zu meinem Polarstern und dem Leitprinzip für all meine Entscheidungen und mein Verhalten der letzten 15 Jahre und darüber hinaus. Naja, zumindest für die *meisten* meiner Entscheidungen und Verhaltensweisen.

Vor ein paar Jahren stellte ich etwas fest, was mich zunächst verstörte, aber am Ende dazu führte, dass ich meine Einstellung zu meiner Beziehung mit Ursula von Grund auf ändern musste. Ich merkte nämlich, dass ich meinem Lebensziel bei der Arbeit sehr wohl folgte, in meiner Beziehung aber nicht. Bei der Arbeit gelang es mir, dafür zu sorgen, dass meine Klienten, Kunden und Hunderttausende von Mitgliedern der *Miracle Morning*-Community einen Wert in meiner Arbeit fanden, ohne dabei an mich selbst zu denken. Aber dass meine Frau – die Person, die es vermutlich am meisten brauchte und verdient hätte – es ebenso konnte, hatte ich nicht geschafft.

Mir wurde klar, dass ich – und ich glaube, das geht den meisten Paaren so – in einer Beziehung steckte, die auf *Gegenseitigkeit* basierte, was bedeutete, dass ich meine Beziehung auch durch den Filter der Gegenseitigkeit erfuhr und erschuf (wenn auch meistens unbewusst). Denk mal einen Moment darüber nach. Spiegelst du oft die Stimmung und das Verhalten deines Partners oder deiner Partnerin wechselseitig wider? Wenn dein Herzensmensch also zum Beispiel schlecht gelaunt ist und sich dir gegenüber ablehnend verhält, zahlst du es ihm oft mit gleicher Münze zurück?

Und was ist, wenn dein Herzensmensch lieb, zärtlich und freundlich zu dir ist, möchtest du dann nicht ganz von selbst auch lieb, zärtlich und freundlich zu ihm sein?

Das Problem an einer Beziehung, die auf Gegenseitigkeit basiert, ist, dass ein Partner (oder beide) oft auf der Grundlage einer verstärkten negativen Gefühlslage, körperlicher Müdigkeit oder auch nur vorübergehender schlechter Laune spricht und handelt, nicht auf der Grundlage tief empfundener Werte oder hoher Wahrheitsideale. Was oft als eine relativ kleine, unwichtige negative Interaktion beginnt (kleine Nörgeleien, Streitereien, Diskussionen, Ärger über den Partner oder das Gefühl, von ihm vernachlässigt zu werden etc.), kann sich zu einer ganzen Beziehung auswachsen, die auf nichts anderem basiert als auf negativen Wechselwirkungen, und in der die Standardhaltung ein negatives Gefühl dem Partner gegenüber ist.

Als mir das klar wurde, traf ich eine Entscheidung und fasste gleichzeitig den festen Vorsatz, dass ich sofort damit beginnen wollte, meinen Lebenssinn auch für Ursula zu leben und ihrem Leben jeden Tag mehr Wert zu geben, egal, wie ihre Laune war. Um diesen neuen Vorsatz in Worte zu fassen und zu verstärken, schreib ich ihn so als Affirmation fest:

Mein oberstes Ziel für meine Ehe liegt darin, dafür zu sorgen, dass Ursula jeden Tag Wert in ihrem Leben findet, ohne dabei an mich selbst zu denken und unabhängig von ihrer Laune und ihrem Verhalten. Egal, ob es dabei um etwas Kleines geht, wie das Geschirr zu spülen, die Kinder ins Bett zu bringen oder ihr ganz romantisch Blumen mitzubringen, oder um etwas Großes, wie sie bei ihren Zielen und Träumen zu unterstützen: Ich will jeden Tag aktiv so handeln, dass Ursulas Leben dadurch leichter, schöner und erfüllender wird. Wenn sie einen schweren Tag oder schlechte Laune hat, werde ich es nie persönlich nehmen, und ich werde ihr auch keine negativen Gefühle spiegeln. Stattdessen werde ich das als Anlass nehmen, dass ich mich noch mehr anstrengen muss, dafür zu sorgen, dass sie mehr Wert in ihrem Leben findet, ohne dabei an mich selbst zu denken.

Diesen Text machte ich zu einem Teil meiner täglichen Affirmationen und begann, ihn jeden Tag zu lesen, während ich meinen *Miracle Morning* machte. In ihrer einfachsten Form erinnert uns eine Affirmation an das, was uns am wichtigsten ist, und leitet unsere Konzentration, unsere Gefühle und unser Verhalten in die Richtung, in die wir uns entwickeln wollen. Und was glaubst du, was ich nur allzu oft vergaß zu tun, wenn ich diese Affirmation nicht jeden Morgen las? Ich vergaß, *dafür zu sorgen, dass Ursula mehr Wert in ihrem Leben fand, ohne dabei an mich selbst zu denken,* und fiel stattdessen zurück in das Muster der auf Gegenseitigkeit basierenden Beziehung.

Aber weil ich diese Affirmation wirklich jeden Tag lese, bekomme ich dadurch jeden Tag den Impuls, etwas zu *tun*, was einen Mehrwert für ihr Leben darstellt. An den meisten Tagen ist das nur eine Kleinigkeit: Ich nehme ihr zum Beispiel eine der Aufgaben im Haushalt ab, für die normalerweise sie zuständig ist, oder ich bringe ihr Blumen aus dem Supermarkt mit oder schicke ihr einen liebevollen kleinen Videogruß, wenn ich auf Geschäftsreise bin. Manchmal ist es auch ein bisschen größer, zum Beispiel, wenn ich einen Babysitter für die Kinder engagiere und Ursula mit einer Übernachtung in einem netten Hotel mitten in Austin überrasche.

Als ich damit aufhörte, mein Verhalten von ihrem abhängig zu machen, und mich stattdessen entschied, dafür zu sorgen, dass Ursula mehr Wert in ihrem Leben fand, ohne dabei an mich selbst zu denken, veränderte sich auch unsere Beziehung zum Besseren. Natürlich nicht schlagartig. Wenn wir unser Verhalten ändern, egal, ob in unserer Beziehung oder individuell, müssen wir uns darauf einstellen, über längere Zeit geduldig und konsequent zu handeln – sei es bei einer neuen Diät, einem veränderten Morgenritual oder einer anderen neuen Angewohnheit. Die Veränderung, die sich aus unserem neuen Verhalten ergibt, sehen wir immer erst nach einer Weile.

Als ich mich entschied, meine Herangehensweise an meine Ehe dahingehend zu ändern, dass ich dafür sorgen würde, dass meine Frau mehr Wert darin finden konnte, ohne dabei an mich selbst zu denken und egal, was kommen würde (unabhängig von ihrer Laune oder davon, wie sie mit mir umgeht), bemerkte sie den Unterschied natürlich auch.

Ich erzählte ihr davon, wie ich unsere Ehe ab sofort angehen wollte, weil ich wollte, dass sie wusste, dass ich mich darum bemühte, ein besserer Ehemann zu werden. Und obwohl ich nicht erwartete oder gar verlangte, dass sie etwas an ihrem eigenen Verhalten ändern würde (schließlich ging es mir genau nicht mehr darum, etwas gegeneinander aufzurechnen!), fing sie an, den neuen und besseren Ehemann, der ich geworden war, zu sehen, zu spüren und wahrzunehmen. Darauf reagierte sie natürlich positiv. Und das Timing stellte sich als unglaublich wichtig heraus.

Zwei Monate, nachdem ich den Vorsatz gefasst hatte, jeden Tag dafür zu sorgen, dass Ursula mehr Wert in ihrem Leben finden würde, ohne dabei an mich selbst zu denken und unabhängig von ihrer Laune und ihrem Verhalten (behalte den letzten Teil im Hinterkopf, der ist wichtig!), wurde bei mir eine sehr seltene und besonders aggressive Form von Krebs festgestellt, die akute lymphatische Leukämie (ALL) mit einer Überlebenswahrscheinlichkeit von nur

20–30 %. Danach mussten Ursula und ich uns dem schwierigsten Jahr unserer Beziehung stellen. Als ich mich in Chemotherapie begab, 25 % meines Körpergewichts verlor und fast ein ganzes Jahr lang immer wieder ins Krankenhaus musste, nahm unsere Beziehung immer mehr die Züge eines Verhältnisses zwischen Patient und Pflegerin an.

Obwohl sie sich mit dem Schreckensbild konfrontiert sah, mich zu verlieren und unsere Kinder allein großziehen zu müssen, fand Ursula mitten in der Angst und der Belastung ungeahnte Reserven und wurde zu einer Supermutter und Superfrau, die sich um mich, die Kinder und unser Zuhause kümmerte. Ich hatte nur wenig Kraft und schaffte es kaum, durch jeden Tag zu kommen – und Ursula übernahm die Aufgabe, dafür zu sorgen, dass ich jeden Tag mehr Wert in meinem Leben fand, ohne dabei an sich selbst zu denken.

Irgendwo habe ich mal gelesen, *das Geheimnis einer tollen Beziehung läge nicht darin, den perfekten Partner zu finden, sondern darin, der perfekte Partner zu sein.* Das finde ich super! Das ist genau, was es bedeutet, dafür zu sorgen, dass dein Herzensmensch jeden Tag mehr Wert in seinem Leben findet, ohne dabei an dich selbst zu denken. Dabei wartet man nicht selbst darauf, dass der andere die eigenen Bedürfnisse befriedigt, und bemüht sich selbst nur dann, wenn der andere sich auch bemüht. Wenn man dafür sorgen will, dass der andere mehr Wert in seinem Leben findet, muss man SELBST den ersten Schritt machen und alles tun, um dem Partner das Leben leichter, schöner und erfüllender zu machen.

Hals zweiter Beziehungstipp: *Entscheide, was es bedeutet, „beste Freunde“ zu sein.*

Als Ursula und ich heirateten, tanzten wir unseren Brauttanz zu dem Lied „Lucky“ von Jason Mraz und Colbie Caillat. Im Refrain dieses Liedes heißt es: *Lucky I'm in love with my best friend* („Ich habe Glück, in meinen besten Freund verliebt zu sein“). Jetzt muss ich aber etwas gestehen: Obwohl es schon mehr als zehn Jahre her ist, dass wir zu diesem Lied getanzt haben, habe ich erst vor ein paar

Jahren (besser spät als nie) bemerkt und *beschlossen*, dass Ursula genau das ist: meine beste Freundin. Lass es mich erklären.

Wenn wir unseren zukünftigen Herzensmenschen neu kennenlernen, haben wir und er bis dahin keine gemeinsame Geschichte. Stattdessen verlieben wir uns bis über beide Ohren und genießen unser Verliebtheitsgefühl. Dieses Gefühl ist so stark, dass es für gewöhnlich alle anderen Gefühle übertönt, die wir für andere Leute haben. Zumindest eine Weile lang. Aber trotzdem beginnen wir unsere Beziehungen ganz ohne gemeinsame Erfahrungen … gemeinsame Geschichte … Freundschaft.

Die meisten von uns haben eine gemeinsame Geschichte mit unseren Familien, unseren Freunden und sogar unseren Kollegen – aber keine mit dieser neuen Person. Im Lauf der Jahre machen wir gemeinsame Erfahrungen. Ursula und ich sind seit über 15 Jahren zusammen und seit zehn Jahren verheiratet. Eines Abends sah ich sie über den Abendbrottisch an, hörte zu, wie sie von ihrem Tag erzählte, sah sie lachen und plötzlich kam mir ein Gedanke in den Sinn: *Ich habe in meinem Leben mehr Erfahrungen mit Ursula geteilt als mit irgendjemandem sonst.*

Wir haben mehr zusammen durchgemacht. Wir haben mehr zusammen gefeiert. Wir haben die Wirtschaftskrise von 2008 gemeinsam überstanden (damals waren wir noch verlobt und erwarteten ein Kind). Sie blieb bei mir, als meine Firma bankrott ging, die Bank mein Haus pfändete, mein Körperfettanteil sich verdreifachte und ich in eine tiefe Depression versank. Wir teilten die einmalige Erfahrung, unser erstes Kind, unsere Tochter, zu bekommen. Wir teilten die einmalige Erfahrung, unser zweites Kind, unseren Sohn, zu bekommen.

Ursula unterstützte mich, als ich (über drei Jahre lang) jeden Morgen um 3:30 Uhr aufstand, um *Miracle Morning: Die Stunde, die alles verändert* zu schreiben. Sie stand mir zur Seite, als ich 2017 den Kampf gegen den Krebs aufnahm. Mir wurde klar, dass wir beide mehr füreinander da gewesen waren als sonst irgendjemand für sie oder mich dagewesen wäre. In diesem Moment *entschied* ich, dass die Frau, mit der ich verheiratet war, nicht nur meine Ehefrau, meine Geliebte oder die Mutter meiner Kinder war, sondern außerdem auch noch zweifelsfrei meine beste Freundin auf der ganzen Welt – und dass sie das auch für den Rest meines Lebens bleiben wird.

Sobald ich anfing, Ursula als meine beste Freundin zu betrachten, wurde *alles* besser. Seither höre ich ihr ganz anders zu, wenn sie redet, und ich achte darauf und schätze die Person, die sie wirklich ist. Wir haben mehr Spaß zusammen, legen Meinungsverschiedenheiten schneller und leichter bei und ich finde, dass sogar der Sex viel besser ist, wenn man ihn mit der besten Freundin hat.

Schatz, habe ich noch etwas vergessen?

Nein, nein, ich glaube, du hast alles erklärt (vielleicht sogar ein bisschen zu viel). Alles, was du gesagt hast, ist wahr, ich kann es bezeugen. Es ist erstaunlich, dass wir auch nach 15 gemeinsamen Jahren immer noch so viel aneinander lernen und entdecken. Das Leben verändert sich ständig und zwingt uns, uns anzupassen und ebenfalls zu verändern. Deshalb ist das alles auch im Eheversprechen festgeschrieben, „in Gesundheit und Krankheit" und noch viel wichtiger „in guten und in schlechten Zeiten", weil es die schlechten Zeiten in jeder Ehe geben wird – das ist einfach unvermeidlich.

Aber genau dafür legt man in den guten Zeiten die Fundamente, auf die man sich verlassen kann, wenn die Dinge schlechter werden. Und natürlich können auch in den dunkelsten Momenten wunderschöne Dinge geschehen. Für mich kommen die wichtigsten Entwicklungsschritten oft in unseren schlimmen Zeiten, weil Hal mich so bedingungslos liebt. Ich konnte ihn auf Arten unterstützen, von denen ich nie gedacht hätte, dass ich es schaffen könnte, und ich liebe ihn auf Arten, von denen ich nie gedacht hätte, dass ich die Kraft dazu habe.

Als das Leben wirklich versuchte, uns zu brechen, trafen wir die bewusste Entscheidung, uns einander zuzuwenden, statt uns gegenseitig den Rücken zuzukehren. Brandy und Lance waren mir in diesen schwierigen Momenten eine große Stütze und ein

leuchtendes Vorbild, weil sie wussten, wie es ist, wenn man an den Punkt kommt, wo beinahe alles zerbricht – und weil sie wussten, wie man diese Punkte durchbricht, statt an ihnen zu zerbrechen.

Dieses Buch ist sehr spannend für mich, weil es so vielen Menschen so viele wichtige Dinge zeigen wird. Mein Wunsch für alle, die es lesen, ist, dass sie wissen, dass sie nicht allein sind. Auch wir sind durch den Schmerz und die ewigen Kämpfe gegangen, deshalb kann ich dir sagen: Egal, wie schrecklich es ist, DU kannst es besser machen. Du kannst deine Beziehung zu einer legendären machen. Brandy und Lance werden dir zeigen, wie es geht.

Es ist uns eine Freude, dir unsere Freunde vorstellen zu dürfen: Lance und Brandy Salazar.

Mit Liebe und Dankbarkeit

Hal & Ursula Elrod

EIN PAAR WORTE VON LANCE

Ich habe gelernt, dass Mut nicht die Abwesenheit von Furcht ist, sondern der Triumph darüber. Der mutige Mann ist keiner, der keine Angst hat, sondern der, der die Furcht besiegt.

NELSON MANDELA, *Anti-Apartheid-Revolutionär, politischer Anführer und Philanthrop*

Wie wichtig der *Miracle Morning* für unsere Ehe ist? Naja, er war schon mal einer der Faktoren, die sie gerettet haben. Und zwar, indem er *mich* zu einem guten Teil gerettet hat. Lass es mich erklären.

Im Jahr 2014 hätten Brandy und ich uns beinahe scheiden lassen. Sie bat mich, auszuziehen. Das erwischte mich zwar hart, aber nicht unerwartet. Wir hatten schon vorher darüber nachgedacht, uns zu trennen, aber dieses Mal sah es unfassbar echt aus. Dieses Mal diskutierten wir darüber, wer was bekommen sollte, wie wir die Zeit mit den Mädchen aufteilen würden und wohin ich ziehen könnte.

Wenn ich an unsere Ehe dachte, brach es mir das Herz. Ich liebte Brandy, aber ich liebte uns *beide* nicht. Wenn ich ehrlich bin, liebte ich *mich* auch nicht mehr besonders. Ich war depressiv, hatte kein Selbstvertrauen und keinen Daseinszweck – ich hatte das Gefühl für die Person verloren, die ich war. Lange Zeit gab ich Brandy die Schuld dafür. Ich war eifersüchtig auf ihre geschäftlichen Erfolge, auf die Art, wie sie ständig Kontakte zu kreativen Unternehmern knüpfte, und auf ihre persönliche Entwicklung.

Unsere Geschichte ist ziemlich normal. Wir heirateten 2005 und lebten dieses zauberhafte „jetzt können wir machen, was wir wollen"-Leben von frisch verheirateten Paaren. Wir konnten übers Wochenende wegfahren, wann immer wir Lust dazu hatten. „Möchtest du heute Nachmittag zu einer Weinverkostung?", fragte einer von uns. „Auf jeden Fall! Lassen wir alles stehen und liegen und gehen wir!", antwortete der andere.

In unserer Ehe gab es nicht besonders viel Verantwortung, bis eines Tages dieses völlig verrückte, lebensverändernde Ereignis eintrat, auf das einen niemand vorbereitet: Wir bekamen ein Kind.

Eltern zu werden – Vater zu werden – veränderte alles. Aber vor allem veränderte sich dadurch unsere Beziehung. Wir waren *nicht* richtig vorbereitet. Als ich Vater wurde, musste ich mir über all meine Fehler klar werden. Und es zeigte meine gesamte Programmierung auf, die nicht besonders viel emotionale Eleganz umfasste.

Wie viele andere Paare räumten wir unserer Beziehung nicht mehr die oberste Priorität ein; wir entfernten uns voneinander und konzentrierten uns nur noch auf das Neugeborene. In unsere Beziehung investierten wir nichts mehr, und so begann unsere Ehe sich aufzulösen. Wir beschlossen, noch ein Kind zu bekommen, was die Lage für unsere Beziehung nur noch verschlimmerte.

Vor 2014 war es nicht immer schlecht. Wir hatten gute Zeiten zusammen, aber unserer Ehe fehlte eine Vision. Ich lebte mit depressiven Gedanken. Jedes Mal, wenn die Dinge „gut liefen", fragte ich mich, wie lange es dauern würde, bis alles wieder schlimmer würde. Ich war überzeugt, dass die glücklichen Momente nie lange halten würden.

Das Problem war, dass wir in einem Kreislauf gefangen waren, in dem wir immer nur reparierten, was kaputt war, **statt uns die Ehe zu erschaffen, die wir uns wünschten**. Das war nicht die Ehe, die wir wollten, und es war auch nicht die Ehe, die unsere Töchter eines Tages führen sollten.

Tief drinnen wusste ich, dass ich ein besserer Ehemann, ein besserer Vater und ein besserer Mann sein könnte. Ich fühlte mich zwar in der Situation gefangen, aber ich hatte auch keine Lust mehr auf die Richtung, in die sie sich entwickelte.

Aber ich hatte auch Angst. Vor dem Unbekannten, vor der Veränderung. Ich hatte Angst, meine Frau könne mich noch weiter zurückweisen. Ich hatte Angst vor dem, was andere von mir dachten. Aber ich wusste auch, dass es die Angst war, die mich in diese Ehesituation gebracht hatte, in der ich nicht glücklich war. Ich wusste, dass sich etwas verändern musste.

Du wirst gleich Brandys Seite dieser Geschichte hören, aber ich weiß, dass sich eine Menge veränderte, als ein supererfolgreiches, befreundetes Unternehmer- und Coachpaar sie überzeugte, unsere Ehe nicht aufzugeben. Ich glaube, sie haben sie ein bisschen in den Hintern getreten und ihr geholfen, ihren eigenen Anteil an der Sache zu sehen. Diese beiden wundervollen Menschen haben auf uns eingewirkt, das Ganze durchzustehen oder ihm zumindest noch einmal eine letzte Chance zu geben, bevor wir alles beendeten.

Brandy und ich fanden zu einem Arrangement, das wir „die Ehe auf Eis legen" nannten. Das bedeutete, dass wir zusammenbleiben, aber alle Verpflichtungen und den ganzen Druck von Intimität und Bindung ignorieren konnten. Wir würden tun, was wir mussten, um das Haus und unsere Umgebung am Laufen zu halten, aber hauptsächlich würden wir **an uns selbst arbeiten.** Wir würden alle Erwartungen aufgeben, wie diese Selbstarbeit sich auf die Ehe auswirken würde. Stattdessen würden wir einfach mal sehen, wie es läuft. Darüber werden wir dir in den Kapiteln über die vier legendären Beziehungselemente in diesem Buch mehr erzählen – und die Arbeit, die ich hier meine, ist die am Du-Element.

Für mich bedeutete das, mich auf eine Persönlichkeitsentwicklungsreise zu begeben, was ich bis dahin noch nie gemacht hatte. Ich musste zu mir selbst zurückfinden. Jetzt könnte ich eine ewig lange Geschichte erzählen … aber stattdessen erkläre ich dir lieber, was all diese Entwicklungen für mich in Gang setzte.

Brandy hatte Kontakt zu einer Organisation namens *1 Life Fully Lived.* Für eine Konferenz im Oktober 2014 hatten sie Hal Elrod als Hauptredner gebucht, also landete das Buch *Miracle Morning:*

Die Stunde, die alles verändert bei uns im Haus. Brandy begann eine eigene *Miracle Morning*-Routine, damit sie sich mit den Konzepten des Buches vertraut machen konnte. Ich sah, wie sie morgens zielgerichtet und mit einem Zweck aufstand – und ich wollte das auch.

Im Rückblick ist es lustig, wie komisch sich das beim ersten Mal angefühlt hat. Da war ich, Anfang vierzig, und versuchte, „Neues" über mich selbst und die Welt um mich herum zu lernen. In den folgenden Abschnitten werde ich ein paar meiner Lieblingsmethoden und Werkzeuge für die *Life S.A.V.E.R.S.* mit dir teilen, insbesondere die Ressourcen, die ich genutzt und die Bücher, die ich gelesen habe, die **mich in kürzester Zeit radikal verändert haben.**

Brandy hielt auch eine Rede bei der erwähnten *1 Life Fully Lived*-Konferenz, und sie hatte das Glück, dass sie und Hal die ersten Gäste bei dem Rednertreffen waren, das vor der Konferenz stattfand. So hatten sie die Gelegenheit, sich kennenzulernen und sich ein wenig zu unterhalten. Er erzählte ihr, dass er in Kürze sein erstes eigenes Event veranstalten würde, das *Best Year Ever Blueprint*, und dass sie kommen sollte. Brandy erklärte mit Bedauern, dass sie leider nicht kommen könnte, weil das Baby ihrer Schwester just an diesem Wochenende geboren werden sollte, sicherte Hal aber zu, dass sie stattdessen ihren Mann – *mich* – schicken würde.

Das erste jährliche *Best Year Ever Blueprint* war die erste Veranstaltung zur Persönlichkeitsentwicklung, die ich je besucht habe. Ich kannte niemanden dort und war ganz allein. Trotzdem verstand ich die Reise, auf die ich mich begeben hatte, und wusste, dass ich mich von der Person befreien musste, die ich die letzten paar Jahre lang gewesen war, wenn ich zu der Person erblühen wollte, die ich werden wollte. Also gab ich *alles.* Der alte Lance wäre nur still dabeigesessen und hätte zugeschaut und Notizen gemacht … ein Mauerblümchen. Der neue Lance war ganz anders. Der neue Lance packte den Stier bei den Hörnern und ließ sich von der Erfahrung verwandeln. Während ich hier sitze und tippe, kommen mir wirklich die Tränen, wenn ich daran denke, wie ich damals allein bei der Veranstaltung anfing und am Ende Freunde gefunden hatte, die ich heute noch habe. Dafür werde ich ewig dankbar sein.

Mein Leben hatte sich von Grund auf verändert. Und hier sind wir nun, von dieser Veranstaltung zu der Tatsache, dass ich heute dieses Buch für dich mitschreiben darf. Das war ein ganz schönes Abenteuer. Manche Menschen würden es Glück nennen, aber ich glaube lieber daran, dass es eine höhere Macht war, die Hal in unser Leben geführt hat.

In dreißig kurzen Tagen verwandelte ich mich von einer Person, mit der meine Frau nichts zu tun haben wollte, in einen Mann, den sie attraktiv fand, mit dem sie zusammen sein wollte, und mit dem sie die großartigste Ehe erschaffen wollte.

Der *Miracle Morning* hat sehr viel damit zu tun, dass wir uns als Paar wiedergefunden haben. Wir glauben so sehr daran, dass wir eine Möglichkeit geschaffen haben, ihn gemeinsam anzuwenden. Da er die Macht hatte, unsere Ehe zu retten, weiß ich, dass er auch die Macht hat, deine Beziehung auf magische und legendäre Weise zu beeinflussen – egal, wo du gerade auf der Reise mit deinem Partner oder deiner Partnerin bist.

Lance

EIN PAAR WORTE VON BRANDY

Entweder bist du EINE NULL, KEINE NULL
oder du bist eine LEGENDE.

CHRISTOPHER LOCHHEAD, *legendärer Autor, Podcaster und Unternehmer*

Ich erinnere mich noch gut daran, wie ich Christopher zum ersten Mal diese Worte sagen hörte und sie mich *bis ins Mark* trafen. Ich saß mitten im Publikum und wusste schlagartig absolut zweifelsfrei: Wenn das der Maßstab war, dann war ich eindeutig „keine Null".

Hättest du damals irgendwen gefragt, der mich kannte, wäre die Antwort anders ausgefallen. Meine Freunde und Bekannten hätten mein Leben ziemlich sicher auf der „legendären" Seite verortet. Von außen hatte ich nämlich ein Leben, von dem andere Menschen nur träumen können: Ich leitete ein erfolgreiches Unternehmen mit Umsätzen im achtstelligen Bereich und einer Menge sozialem Prestige, war mit einem gutaussehenden und ebenfalls beruflich sehr erfolgreichen Mann verheiratet, hatte zwei hübsche Töchter, die eine Privatschule besuchten, und wohnte in einem tollen Haus im besten Stadtviertel. Wenn du das liest, fragst du dich bestimmt auch: *Warum zur Hölle sieht SIE sich in der „keine Null"-Kategorie?*

Naja, niemand – am allerwenigsten meine Social-Media-Freunde und die Leute, die mit mir im Publikum saßen – wusste eben, dass meine Ehe am Scheitern war, dass ich gesundheitlich eher eine „Null" war, dass meine Tochter an Panikattacken litt, und dass ich abends meistens das Gefühl hatte zu ersticken, wenn ich versuchte, mich zu entspannen (es sei denn, ich trank Wein, was ein bisschen zu helfen schien).

Ich saß da im Publikum und begann darüber zu sinnieren, was genau „legendär“ für mich bedeuten würde. Christopher sagte: „Wer sagt, dass man nicht alles haben kann? Wer sagt, dass man nicht supergesund sein und erfolgreiche Beziehungen führen kann, dass man nicht leben kann, wo man will, und gleichzeitig beruflichen Erfolg finden kann?“, das weiß ich noch genau. Hatte er damit recht? Was lief dann bei mir so furchtbar schief?

Wenn ich jetzt, Jahre später, hier sitze, kann ich dir sehr wohl sagen, wo alles anfing, aus dem Ruder zu laufen. Schon meine Vorbilder in der Kindheit, die mir hätten zeigen sollen, wie man sein Leben gestalten und tiefgehende Beziehungen führen kann, fielen eindeutig in die „Null“-Kategorie. Als Mädchen, dessen Eltern beide an Suchtproblemen litten, das als Kind missbraucht worden war und das nicht einmal einen High-School-Abschluss vorweisen konnte, war es eigentlich schon eine ziemliche Leistung, es in die „keine Null“-Kategorie geschafft zu haben.

Wenn ich ehrlich bin, sind es hauptsächlich die Verletzungen, die ich als Kind erlitten habe, die mich heute antreiben. Ich weiß in jeder Zelle meines Körpers, dass das, was ich durchgemacht habe, nicht umsonst war. Der Wahnsinn, den ich damals erlebt habe, hat mir einiges beigebracht, was man in keiner Schule lernen kann: Mut, Durchhaltevermögen, Schneid, Problemlösefähigkeiten, Führungsqualitäten, Verkaufsfähigkeiten, Einfühlungsvermögen und vieles mehr. Andererseits hat es bei mir aber auch den tiefsitzenden Wunsch und das verzweifelte Verlangen danach geweckt, von anscheinend erfolgreichen Menschen Wertschätzung zu erfahren und akzeptiert zu werden.

Ich versuchte, mich so weit wie möglich von meiner Familie zu entfernen. Das bedeutete, dass ich nicht mal mehr mit meinen Angehörigen redete, im Guten wie im Schlechten. Dadurch, und durch meinen eindimensionalen Glauben an Erfolg, opferte ich über kurz oder lang auch meine Bindung an die neue Familie, für die ich so hart gearbeitet hatte und die ich mir schon immer gewünscht hatte. Schlimmer noch, ich opferte mich selbst.

Erfolg ist ein interessantes Ding. Ich hatte nie gelernt, ihn für mich selbst zu definieren oder wirklich zu verstehen, dass er mehr bedeuten konnte, als viel Geld zu verdienen und sozial akzeptiert zu sein.

Mein Wunsch nach „Erfolg" wog schwerer als mein Wunsch nach einer tief verbundenen Beziehung mit meinem Mann und meinen Töchtern, zum einen, weil ich nicht wusste, was wirklich möglich war, und zum anderen, weil ich einen Teil meines äußeren Erfolgs aufs Spiel hätte setzen müssen, um genug Zeit in meine Bindungen investieren zu können. Darüber hinaus bekam ich von meinem Mann und meinen Töchtern nicht die gleiche Wertschätzung wie vom Rest der Welt, wenn ich etwas Tolles schaffte. Im Gegenteil, sie wussten sehr genau, welche Knöpfe sie bei mir drücken mussten. Du weißt schon, diese Schwächen – heute nennen wir sie „Trigger" –, die einen direkt zurück in die eigenen dunkelsten Ecken führen. Das bekam ich von meiner Familie zu spüren.

Doch dann kam der Moment, als ich da im Publikum saß und mir auszumalen begann, wie meine Tage aussehen könnten, wenn ich mir ein wirklich legendäres Leben erschaffen würde. In diesem Moment veränderte sich für mich alles.

Mein Leben so komplett umzubauen war nicht einfach und brachte seine ganz eigenen Herausforderungen mit sich, aber durch diesen Prozess lernte ich auch, wo meine wahren Prioritäten lagen, und fand den Mut, das Leben auch zu führen, das ich mir da erschuf. Im Lauf der nächsten paar Jahre nahm ich mein Leben komplett auseinander und baute es neu auf. Daran arbeite ich noch immer.

Wenn ich heute hier sitze, kann ich stolz verkünden, dass mein Leben legendär geworden ist – besonders, was meine Ehe angeht.

Das soll nicht heißen, dass mein Leben perfekt ist. Dieses Wort mag ich sowieso nicht unbedingt. Als mein Leben besonders perfekt aussah, war ich gerade mal „keine Null". Heute ist mein Leben von Frieden erfüllt und ich fühle mich freier als je zuvor. Außerdem liebe ich meinen Mann mehr, als ich es je getan habe. Wir haben unsere Tochter von ihren Panikattacken geheilt und unterrichten sie und ihre Schwester jetzt in der „Schule des Lebens“ zu Hause (schließlich habe ich diese Schule selbst absolviert, also ist es nur folgerichtig, das auch an die Menschen weiterzugeben, die ich auf die Welt gebracht habe, oder?). Gesundheitlich stehe ich besser da als bei unserer Hochzeit – und das will wirklich etwas heißen, weil ich damals sehr hart daran gearbeitet habe, perfekte Fotos zu bekommen.

Okay, wie habe ich es also von „keine Null“ zu „legendär“ geschafft?

Das war ein Entwicklungsprozess. Ich hatte ein paar große Probleme, die ich angehen musste: ungesunde Beziehungen, Überzeugungen, die mich einschränkten, und ziemlich große Defizite, wenn es darum ging, mich selbst zu lieben (offensichtlicherweise).

Aber die Lösungsschritte waren einfach:

- Ich arbeitete hart daran, mir klar zu werden, was ich wirklich wollte und wo meine Prioritäten lagen.
- Ich machte mir klar, wer ich werden musste, um dieses Leben wahr werden zu lassen, und passte die Art, wie ich mit mir selbst und anderen redete, entsprechend an.
- Ich erkannte die Schritte, die mich zu meinem Wunschleben führen würden.
- Ich fand Coaches, Lehrer, Freunde und Ressourcen, die mir helfen konnten.
- Und ich setzte einen Fuß vor den anderen, mit unerschütterlichem Glauben (den ich von Hal Elrod gelernt hatte).
- Ab und zu hielt ich inne und prüfte, ob ich noch auf Kurs war. Wenn nicht, ging ich wieder zum ersten Schritt zurück, setzte meine Segel neu und fing von vorne an.

Die größte Veränderung kam durch ein ernstes und schonungslos offenes Gespräch mit meiner guten Freundin Beverly Steiner zustande. Eigentlich hatten wir über eine Mastermind-Gruppe für

Frauen sprechen wollen. Beverly war der Meinung, wir sollten sie auch für Männer öffnen, aber ich war gerade kurz davor, die Scheidung von Lance einzureichen und wollte deshalb natürlich nichts von einer Gruppe für beide Geschlechter wissen. Damit ging ich sehr ehrlich um und sie antwortete einfach: „Also sind wir wohl in Wirklichkeit gar nicht hier, um über die Mastermind-Gruppe zu reden."

Manchmal macht einem das Leben die größten Geschenke, wenn man sie am wenigsten erwartet.

Meine Freundin hatte sich von einem guten Mann scheiden lassen, ihre Kinder waren bereits erwachsen und sie hatte eine sehr klare und ungeschönte Perspektive auf das Thema Reue. Alle Fragen, die sie mir darüber stellte, was Lance und mich auseinandergebracht hatte, führten mich zur gleichen Antwort: dass wir keine Bindung mehr aneinander hatten, dass wir uns nicht mehr liebten.

Mein Mann ist ein großartiger Mensch, wir hatten zu diesem Zeitpunkt zwei kleine, gemeinsame Töchter, wir sind beide ehrlich und fleißig und versuchten damals, mit den Methoden, die wir hatten, das Beste zu schaffen, was wir konnten.

Wollten wir wirklich das Sorgerecht für unsere Töchter teilen, über unsere Finanzen streiten und alles zerstören, was wir in diese Beziehung gesteckt hatten, nur, weil wir die Verbindung zueinander verloren hatten? In Wahrheit hatten wir unserer Beziehung einfach nicht die Zeit und die Energie gegeben, die sie brauchte und verdiente.

Als ich meiner wundervollen Freundin gegenübersaß und mir von ihr Ratschläge geben ließ, die gleichzeitig liebevoll und ein Tritt in den Hintern waren, wurde mir klar, was ich tun musste. Ich musste nach Hause gehen und die Sache in Ordnung bringen.

Also hörte ich auf, um den heißen Brei zu reden, und war stattdessen sehr ehrlich zu ihr. Entweder musste ich meinen Mann verlassen, oder ich musste ihn einladen, sich mit mir auf die Reise zu machen und die nötige Arbeit zu verrichten, um eine legendäre Beziehung zu erschaffen. Schließlich war „legendär" an diesem Punkt das Ziel, das ich mir gesetzt hatte, oder?

Rein zufällig war eine der Ressourcen, die damals meines Wegs kamen (Trommelwirbel!) *Miracle Morning: Die Stunde, die alles verändert.* Wenn ich ehrlich sein soll, gibt es sonst auch nicht viele Ressourcen, die einen so starken und schnellen Einfluss auf das Leben haben können wie der *Miracle Morning.* Allerdings sammelte ich durch den Prozess auch noch eine andere Ressource ein – eine, die für meine Entwicklungsreise und diesen Teil der Geschichte noch viel wichtiger ist: Ich knüpfte eine Freundschaft zu Hal Elrod.

Der Zufall (und mein Glück) wollte es so, dass wir uns kurz nach meinen ersten Erfolgen mit dem *Miracle Morning* bei einer Veranstaltung trafen und ich herausfand, was jeder weiß, der Hal schon einmal getroffen hat: Warum man ihn „Yo' Pal Hal" („dein Kumpel Hal") nennt. Er ist einer der freundlichsten, inspirierendsten und großzügigsten Menschen, die es gibt!

Und das bringt uns schließlich zu dem Punkt, an dem wir dich mit auf die Reise nehmen, die wir unternommen haben, um das zu erschaffen, was wir heute haben. Wie schon im ersten *Miracle Morning*-Buch angelegt zeigen wir dir, wie auch du eine Entwicklungsreise unternehmen kannst, um Teil eines legendären Paars zu werden – einen Morgen nach dem anderen.

Brandy

EINLEITUNG

Das Gras ist immer dort am grünsten, wo du es gießt.

NEIL BARRINGHAM, *Autor und Aktivist für geistige Gesundheit*

Egal, bei welcher Quelle du nachliest, die Zahlen sind eindeutig: Die Scheidungsrate liegt stabil bei ungefähr 50 Prozent.

Als wir tief in die Recherche zum Thema „erfüllte Beziehungen“ eintauchten, wollten wir wissen, wie schlimm es wirklich aussieht. Wie viele der übrigen 50 Prozent, die verheiratet bleiben, sind wirklich glücklich in ihrer Beziehung?

In seinem Buch *You Can Be Right (or You Can Be Married)* spekuliert Dana Adam Shapiro, dass nur 17 Prozent aller Ehen wirklich glücklich sind. „Fünfzig Prozent aller Ehen enden, und von den Paaren, die zusammenbleiben, ist ein Drittel glücklich, ein Drittel halbwegs zufrieden und ein Drittel unglücklich, schätze ich.“ Das klingt ganz ähnlich wie die Skala von Christopher Lochhead für, nun ja, alles, was man im Leben macht: „Entweder bist du eine Null, keine Null oder du bist eine Legende.“

Wie schaffen es also diejenigen von uns, die noch nicht im Club der 17 Prozent von Glücklichen sind, aufgenommen zu werden? Wie werden wir Mitglieder in einer Gemeinschaft, die gleichzeitig so exklusiv und so unerreichbar zu sein scheint?

Wenn uns am Anfang unserer Beziehung jemand erklärt hätte, wie schlecht unsere Chancen stehen, hätten wir uns vielleicht anders entschieden. Das soll nicht heißen, dass wir gar nicht erst geheiratet hätten, aber wir hätten uns in der Frühphase unserer Ehe mit Sicherheit anders verhalten. Wir wären proaktiver und strategischer vorgegangen und hätten mehr Vorsorge getroffen. Das war aber nicht der Fall, also haben wir es nicht getan. Wir hatten keine Ahnung davon, wie kompliziert eine Ehe sein kann, vor allem, wenn dann auch noch Kinder dazukommen. So wurden wir ziemlich schnell zu einem der „Unglücks/Null"-Paare und blieben es auch jahrelang.

Unsere Ehe verwandelte sich in eine endlose Achterbahn aus An- und Abkopplungen. Ein nicht enden wollender Kreislauf aus Phasen, in denen wir uns mochten und solchen, in denen wir nicht mal eine Minute miteinander im gleichen Raum sein wollten. Manchmal gelang es uns, etwas zu kitten, was zu Bruch gegangen war, und uns ein bisschen zuversichtlicher zu fühlen, doch dann folgte unweigerlich ein Hindernis, das uns völlig aus der Bahn warf.

Manche Meinungsverschiedenheiten konnten dazu führen, dass es uns komplett zerlegte und wir monatelang nebeneinanderher lebten, ohne eine tiefere Verbindung zu spüren. In diesen Zeiten stritten wir uns ständig, über große und kleine Dinge. Brandy war Meisterin darin, schnippisch zu reagieren und Streit anzuzetteln, Lance tendierte dazu, sich überfordert zu fühlen und Brandy komplett auszusperren.

Wenn wir versuchten, unsere Ehe in Ordnung zu bringen, machten wir offensichtlich nicht das Richtige oder gingen die Sache zumindest nicht richtig an.

Diese Achterbahn ist leider nicht ungewöhnlich. Paare können aus vielen Gründen in einem Zustand ankommen, in dem sie sich nicht mehr verbunden und völlig voneinander abgekoppelt fühlen. Wenn man Umfragen unter Paaren liest, findet man darin oft die gleichen Symptome: mangelnde Kommunikation, zu wenig gemeinsame Interessen, wenig bis kein Sex, Streit über Geld oder die Kinder, Langeweile und so weiter. Aber hier ist ein verrückter Gedanke: Wenn diese Paare so deutlich sagen können, *was* das Problem in ihrer Beziehung ist, warum ist es dann so schwer zu erkennen, *wie* man es zu einer gesunden, erfolgreichen Bindung schaffen kann?

Wir waren bei der Paartherapie, wir lasen die richtigen Bücher, aber wir bekamen es trotzdem einfach nicht hin, unsere Ehe wieder ins Lot zu bringen. Wir konnten uns nicht vertragen. Aber wir wollten die Antwort auf die Frage herausfinden.

Als wir schließlich mit dem Rücken zur Wand standen und kurz davor waren, unseren Töchtern zu sagen, dass wir uns scheiden lassen würden, entschieden wir uns noch einmal anders. Wir beschlossen, unserer Beziehung eine letzte Chance zu geben.

Nach der schicksalshaften Diskussion mit ihrer guten Freundin Bev marschierte Brandy durch unsere Haustür und schnurstracks auf Lance zu, sah ihm in die Augen und sagte: „Wir lassen uns nicht nur *nicht* scheiden, wir erschaffen die großartigste Ehe, die wir hinbekommen!“

Das war der Moment, in dem sich alles änderte. Wir wussten, dass das, was wir in der Vergangenheit getan hatten, nicht die Ergebnisse gebracht hatte, die wir wollten.

Jetzt hatten wir nichts zu verlieren, aber alles zu gewinnen, also begannen wir mit der einfachen, aber unendlich kraftvollen Frage:

Wie sähe unsere Beziehung aus, wenn sie *legendär* wäre?

Was würde passieren, wenn wir das nähmen, was wir in anderen Bereichen gelernt hatten, in denen wir erfolgreich waren, und es auf unsere Beziehung anwendeten? Brandy hatte in ihrem Beruf definitiv ein Händchen fürs Netzwerken und schuf erfolgreiche Systeme aus Teams. Lances Stärke lag im Gesundheitsbereich, wo er Ziele, Pläne und Meilensteine dazu nutzte, Halbmarathons und Marathons zu laufen.

Was wäre, wenn wir die effektivsten Methoden und Philosophien von erfolgreichen Business- und Gesundheitsexperten nähmen, ein paar erwiesenermaßen wirksame, positive psychologische Instrumente hinzufügten und diese Konzepte für unsere Ehe anwendeten?

Könnten wir sie einfach auf neue Fragen und andere Maßstäbe anpassen?

Wenn unser Ziel war, eine legendäre Beziehung zu erschaffen, mussten wir etwas radikal ändern, um es zu schaffen, das wussten wir beide. Wir waren bereit, das Ruder in die Hand zu nehmen und die beste Beziehung zu entwerfen, die wir uns vorstellen konnten. Schluss damit, immer in die gleichen Fallen zu tappen!

---

le•gen•där
Adjektiv
erstaunlich, unwahrscheinlich, unglaublich

Für uns bedeutete eine legendäre Beziehung, dass wir wahnsinnig verliebt ineinander wären, gemeinsam Spaß haben und viel lachen könnten, das Gefühl hätten, wir könnten über alles miteinander reden, frei wären, wir selbst zu sein, und ein großartiges Liebesleben genießen könnten.

Eine Legende zu werden war natürlich keine leichte Aufgabe, aber unsere Besessenheit, die richtigen Dinge zu tun, zeigte schon schnell vielversprechende Früchte.

Wir waren vom einen Extrem, uns beinahe scheiden zu lassen, direkt ins andere Extrem gefallen, wo wir wahnsinnig verliebt ineinander waren. Unsere Beziehung war wieder neu entflammt. Alles passte perfekt zusammen. Und wenn es einmal nicht gleich passen wollte, hatten wir die emotionale Intelligenz entwickelt und die Beziehungsfähigkeiten gefunden, die uns halfen, alles wieder schnell ins Lot zu bringen.

Seither haben wir nie aufgehört, Beziehungen und Beziehungserfolg zu untersuchen. Wir haben eine Menge Bücher gelesen (eine *Menge*, glaub uns) und sind im besten Sinne besessen davon, Werkzeuge und Ressourcen durch den Filter der Beziehungsverbesserung zu beurteilen.

Wir probieren alles aus, wir sind die reinsten Beziehungsversuchskaninchen geworden. Wenn etwas bei uns funktioniert, nehmen wir es genau unter die Lupe, weil wir verstehen wollen, warum etwas wirkt, und weil wir gleichzeitig unsere eigenen Überzeugungen darüber, warum etwas funktioniert, auf den Prüfstand stellen wollen. Wir wollen die wissenschaftlichen Grundlagen verstehen. Funktioniert eine bestimmte Sache nur für uns beide oder könnte sie auch anderen Paaren weiterhelfen?

Eine Methode, die wir nutzten, war zweifelsohne hilfreich für unsere Ehe, uns selbst und unser gemeinsames Leben. Es wäre der reine Wahnsinn, sie nicht mit anderen Paaren zu teilen. In diesem Buch findest du die Gründe, aus denen sie wirkt, und alle wichtigen Recherchen dazu. Wir wissen, dass die Schritte einen riesigen Unterschied für deine Beziehung machen werden, wenn du sie befolgst.

Welche Methode? Hal Elrods *Miracle Morning*!

UNSER WUNSCH FÜR DIESES BUCH:

Miracle Morning für Paare schenkt dir einen Rahmen für deine Beziehungsvision und hilft dir gleichzeitig, diese Vision innerhalb einer einfachen Routine für jeden Morgen zu schaffen und zu erhalten.

Es gibt zig Bücher, die behaupten, sie könnten dein Beziehungsleben verändern, verbessern oder ausbessern, und viele von ihnen sind wirklich gut. Aber dieses Buch ist anders: Es gibt dir eine Methode an die Hand, nach der du deine Liebesbeziehung planen und gestalten kannst. Es hilft dir, ein Modell zu erschaffen, diese Vision aufzubauen und dein Verhalten so zu ändern, dass du auf der Basis einer Morgenroutine genau das erreichen kannst, was du dir wünschst.

Mit diesem Buch kannst du die Kokonphase deiner Beziehung beginnen, die am Ende dazu führen wird, dass daraus ein wunderschöner Schmetterling schlüpft.

Wir hoffen, dass dieses Buch der Impulsgeber wird, der hunderttausende von Liebesbeziehungen verwandelt, aber wenn es nur *deine* verändert, ist das den Aufwand, diese Worte zu tippen und unsere Geschichten zu erzählen, schon lange wert.

Dies ist eine Einladung an dich, deine Beziehung und dich selbst ordentlich durchzuschütteln, auch wenn es sich erst ein bisschen unangenehm anfühlt, und den *Miracle Morning für Paare* selbst zu erfahren.

ÜBERBLICK

Ich habe schon vor langer Zeit festgestellt, dass Erfolg Spuren hinterlässt, und dass Menschen, die außergewöhnliche Resultate erzielen, bestimmte Dinge tun, um diese Resultate zu erhalten. Ich glaubte fest daran, dass ich selbst auch Resultate von der gleichen Qualität erreichen konnte, wenn ich ihre Handlungsweisen möglichst genau nachahmte.

TONY ROBBINS, *Autor, Unternehmer, Philanthrop und Life Coach*

Jetzt wissen wir also, dass die meisten Beziehungen entweder mit einer Scheidung oder einem unglücklichen Zusammenbleiben enden. Schauen wir uns als Nächstes mal die grundlegenden Probleme an, die Schuld daran sind. Wir haben festgestellt, dass die emotionale Beziehungsachterbahn, die zu mangelnder Kommunikation, mangelnder Intimität und mehr Streit um Geld, die Kinder und so weiter führt, meist von einem oder mehreren dieser drei Grundsatzprobleme verursacht werden.

Fehlende Orientierung

Um Erfolg in irgendeinem Bereich zu haben, muss man wissen, wohin man will und wie man dorthin kommt. Viele Paare wissen gar nicht, dass sie selbst die Kontrolle und die Freiheit haben, ihre Beziehung zu gestalten.

„Was meint ihr damit? Wir können einen Plan – eine Art Bauplan – für unsere Beziehung zeichnen?“, fragen sie.

Denk mal darüber nach. Wenn du fünf Kilo abnehmen wolltest, was würdest du machen? Du würdest dir den Fünf-Kilo-Sieg als Vision erschaffen und von dort aus rückwärts denken. Du würdest einen Plan machen und entscheiden, was du tun musst, um die fünf Kilo abzunehmen (zum Beispiel joggen gehen, besser essen und insgesamt mehr Sport treiben) und gleich einplanen, wann du deine Abnehmaktivitäten vornehmen wirst (morgens, mittags, abends und so weiter). Dann würdest du deinen Plan in die Tat umsetzen (also tatsächlich tun, was du dir vorgenommen hast) und deine Fortschritte festhalten. Vielleicht müsstest du sogar ein paar Details an deinem Plan ändern, wenn sie sich als nicht zielführend herausstellen.

Tja, und genau so kannst du auch mit deiner Beziehung verfahren. Gemeinsam mit deinem Partner oder deiner Partnerin kannst du eine Vision erschaffen, wie eure wundervolle Beziehung aussehen soll, und einen Plan machen, wie ihr die Vision wahr werden lassen wollt.

Zu wenig investierte Zeit

Es ist ganz einfach: Wenn du eine legendäre Beziehung haben möchtest, musst du die Zeit investieren, die nötig ist, um sie zu erschaffen. Paare, die mit ihrer Beziehung unzufrieden sind, stecken oft nicht die Zeit und die Energie hinein, die benötigt wird, um die Bindung aufzubauen, die sie sich wünschen.

Sie *sagen* zwar vielleicht, dass die Beziehung bei ihnen an erster Stelle kommt, aber was sie tun, spricht eine ganz andere Sprache. Sie machen sich zu viel Stress und stecken den Großteil ihrer Energie in andere Lebensbereiche, vergraben sich zum Beispiel in der Arbeit und hoffen, dass dieser äußere Erfolg sie irgendwann komplett erfüllt. Oder sie stellen die Kinder ins Zentrum des Familienuniversums und sind ständig damit beschäftigt, sie hierhin und dahin zu bringen: zur Schule, wieder nach Hause, zu Freunden und zu ihren Hobbies.

Natürlich sind die Karriere und ein erfolgreiches Berufsleben wichtig, und der Zeitplan der Kinder bindet eine Menge Aufmerksamkeit, aber Paare, die den Großteil ihrer Zeit in diese Lebensbereiche investieren, fühlen sich in ihrer Beziehung oft abgekoppelt und unzufrieden.

Wenn es darum geht, die Beziehung zur obersten Priorität zu machen, ist es wichtig, Worten auch Taten folgen zu lassen. Nimm dir Zeit, sei hundertprozentig präsent, wenn du Zeit mit deinem Partner oder deiner Partnerin verbringst, plant gemeinsame Dates ein, grenzt eure Paarzeit gegen die Arbeit und die Kinder ab, lehnt unwichtige Anfragen ab … mit anderen Worten, sorgt gemeinsam dafür, dass eure Beziehung für euch beide an erster Stelle steht.

Selbstverlust

Als du deinen Partner oder deine Partnerin kennenlerntest, hattet ihr beide ein eigenes Leben. Ihr standet beide auf zwei Beinen. Leider ist es nicht ganz ungewöhnlich, dass einer der beiden oder sogar beide Partner im Lauf der Zeit das Gefühl für sich selbst verlieren und sich so in den anstehenden Aufgaben des Lebens verstricken, dass sie vergessen, wer sie sind, was sie lieben und wofür sie stehen.

Eine Sache wollen wir an dieser Stelle klarstellen: Wir glauben zwar daran, dass es möglich ist, sich ein großartiges Leben mit einer anderen Person (deinem Partner oder deiner Partnerin) zu erschaffen, aber zu glauben, dass man eine andere Person braucht, um glücklich zu werden, ist völlig falsch. Vielen Paaren fällt es schwer, dieses Konzept zu verstehen. Wir sind darauf konditioniert zu glauben, dass wir im Leben eine seelenverwandte Person finden müssen, damit es ein erfülltes Leben ist. Uns wurde erzählt, Glück sei etwas, das wir suchen müssen, und dass wir dafür jemand anderen brauchen.

Wir haben alle schon als Kinder die Märchen von der schönen Prinzessin und dem tapferen Königssohn erzählt bekommen, und wenn sie nicht gestorben sind, dann lieben sie sich noch heute. Hollywood schlägt gern in die gleiche Kerbe. Wir klammern uns an das Bild von Tom Cruise in *Jerry Maguire – Spiel des Lebens* und schmachten mit ihm: „Du vervollständigst mich." Oder an das Bild von John Cusacks Charakter, der mit einer Boombox auf dem Rasen vor dem Haus seiner Angebeteten steht, um die ganz große Liebesgeste zu machen. Oder wir schauen uns Filme an, die auf den Büchern von Nicholas Sparks basieren. Wir glauben, das sei es, was wir brauchen, um Liebe zu spüren. Leider können uns diese Idealbilder aber auf die schiefe Bahn bringen, wenn bei uns nicht alles glatt läuft. Im schlimmsten Fall geben wir uns selbst die Schuld, verlieren unser Selbstwertgefühl und fühlen uns unzulänglich.

Solche Überzeugungen führen uns auf den Weg der gegenseitigen Abhängigkeit und füttern die falsche Vorstellung, es wäre die Aufgabe unserer Partner oder Partnerinnen, dafür zu sorgen, dass wir glücklich und zufrieden sind. Wenn eine solche gegenseitige Abhängigkeit nicht aufgelöst wird, kann das das Ende der Beziehung bedeuten.

Wir wollen dir unmissverständlich sagen, dass du auch allein eine vollständige, eigenständige Person bist. Dein Partner oder deine Partnerin vervollständigt dich nicht und macht dich nicht ganz. Du kannst in einer Beziehung sein und ständig an dir selbst arbeiten, aber das bedeutet nicht, dass du „unvollständig" bist. Dein Herzensmensch ist nicht „deine andere Hälfte" oder, noch viel schlimmer, „deine bessere Hälfte", wie viele Leute oft sagen. Du erschaffst dir dein eigenes Glück. Du erschaffst dir deinen eigenen Frieden. Dein Partner oder deine Partnerin ist nicht für dein Glück oder deinen Frieden zuständig.

Ihm oder ihr die Schuld zu geben, wenn in deinem Leben etwas fehlt oder du nicht zufrieden damit bist, ist sinnlos. Mehr noch, dein Herzensmensch *kann* dich gar nicht glücklich oder traurig machen, selbst wenn er es wollte. Deine Gemütsverfassung hängt ganz allein von dir selbst ab. Wenn du mit dem Finger auf deinen Partner oder deine Partnerin zeigst, wenn du dich unglücklich fühlst, ist das ein Zeichen für eine defätistische Geisteshaltung.

Im Grunde sagst du damit, dass er oder sie schuld daran ist, wie du dich fühlst, dass du also selbst nichts dafür tun kannst, die Sache wieder in Ordnung zu bringen. Du glaubst, du hättest keine Kontrolle. Dabei bist du selbst doch die einzige Person, über die du wirklich die Kontrolle *hast*.

Natürlich kannst du dir jemanden suchen, mit dem du dich selbst teilen willst, und gemeinsam könnt ihr ein zauberhaftes, sinnhaftes und bedeutsames Zusammenleben erschaffen. Diese Bindung und das Teilen von Liebe und Leben kann eine der wunderbarsten Erfahrungen sein, die man haben kann. Aber du musst dein ganzes Selbst, dein bestes Selbst, dein ständig lernendes und wachsendes Selbst, dein emotional intelligentes Selbst mit in die Beziehung bringen, wenn du willst, dass sie wächst und gedeiht. Und du musst *zuallererst* dich selbst lieben.

Wenn dir das gelingt, kannst du in deiner Beziehung eine Wechselbeziehung aufbauen, die sich wesentlich von einer gegenseitigen Abhängigkeit unterscheidet. Hier ist ein Beispiel zur Verdeutlichung:

Stell dir zwei Menschen vor, die gemeinsam wandern gehen. Wenn eine der beiden Personen beide Rucksäcke tragen muss, weil die andere keinen Teil der Last übernehmen kann, werden sie nicht besonders weit kommen und vermutlich scheitern. So ist es mit der gegenseitigen Abhängigkeit. Wenn aber jeder seinen eigenen Rucksack mit seinen eigenen Sachen und vielleicht noch ein paar gemeinsamen Gegenständen darin trägt, können sie gemeinsam großartige Abenteuer erleben. Das ist eine Wechselbeziehung.

Wechselbeziehungen leben davon, dass man zusammenarbeitet und miteinander vernetzt ist. Sie können die besten Teile beider Partner im gemeinsamen Leben verstärken. Sie sind exponentiell und größer als die Summe ihrer Teile. Eine Wechselbeziehung für deine Beziehung zu erschaffen ist eines der wichtigsten Ziele dieses Buches.

Wie lösen wir die Sache also? Wie verstehen und akzeptieren wir, dass wir unser eigenes Glück erschaffen? Wie unterscheiden wir zwischen der Schuldzuschiebung an andere, wenn wir unglücklich sind, und der Verantwortung für unser eigenes Glück? Wie legen wir die Opferrolle ab und fühlen uns stattdessen ermächtigt?

Es klingt zwar wie ein Widerspruch in sich, aber deine Unabhängigkeit, deine eigene Persönlichkeitsentwicklung und deine Selbstfürsorge müssen mit dem Wunsch, gemeinsam als Paar zu wachsen, in Einklang gebracht werden. Dein Partner oder deine Partnerin und du wart einmal zwei ganze Menschen, bevor ihr zusammenkamt, und ihr bleibt auch in der Beziehung zwei ganze Menschen. Wenn man in einer Liebesbeziehung die Verantwortung für sich selbst und die eigene Gemütsverfassung übernimmt, wenn man mit Liebe und Integrität die Zügel für das eigene Leben in die Hand nimmt, schafft man damit die ideale Gelegenheit für sich selbst und den Herzensmenschen: zu erfahren, was man sich am meisten ersehnt.

Keine Sorge, wir gehen auf jede dieser drei Fallen, die deinen Herzensmenschen und dich daran hindern könnten, die beste Bindung aller Zeiten aufzubauen, noch näher ein.

Fangen wir mal hier an …

Wie wir es geschafft haben

Uns war klar, dass der erste Schritt zu einer legendären Beziehung darin liegen musste, dass wir beide legendäre Menschen werden – zwei vollständige, glückliche, gesunde, souveräne Personen. Wir wussten außerdem, dass ein legendäres Zusammenleben für uns bedeutete, wieder miteinander Spaß zu haben, uns wieder verliebt zu fühlen und häufiger und tiefer verbunden miteinander intim zu sein. Das wünschten wir uns für unsere Ehe.

Also setzten wir uns hin und redeten darüber, wann unsere Beziehung am besten gewesen war. Sie war nämlich nicht schon immer schlecht. Wir hatten unsere Zweisamkeit offensichtlich so sehr genossen, dass wir beschlossen hatten zu heiraten. Was gefiel uns also aneinander und daran, zusammen zu sein? Wir wussten: Die Antworten würden uns helfen, unsere Ziele zu formulieren. Was wünschten wir uns in unserer Beziehung wirklich? Wie könnte eine legendäre Beziehung für uns aussehen?

Wie jedes erfolgreiche Paar es tun würde, schnappten wir uns Haftnotizzettel (jede Menge davon!) und Stifte. Und dann begannen wir, diese Ideen an unsere Glasschiebetür zu kleben. Zuerst sah es so aus, als wären Tausende von kleinen Zetteln überall über das Glas explodiert.

Dann begannen wir, die Ideen auf den Notizzetteln in namenlose Kategorien einzusortieren, sodass wir nach und nach einzelne Themenbereiche erkennen konnten. Als wir dann einen Schritt zurück machten und unsere Wünsche und Erfolgsideen direkt vor unseren Nasen zusammengruppiert sahen, erkannten wir klar und deutlich, dass es *vier große Bereiche* in unserer Ehe gab, an denen wir arbeiten und auf die wir uns konzentrieren sollten.

Diese Vorgaben schenkten uns endlich ein bisschen mehr Hoffnung und zeigten uns, in welche Richtung wir uns bewegen mussten. Wenn wir diese vier Bereiche entwickeln konnten, wenn es uns gelang, uns darauf festzulegen, eine Vision zu entwickeln und sie bis zum Ende durchzuziehen, konnten wir gar nicht scheitern, das war uns klar.

Die vier legendären Beziehungselemente

Die vier legendären Beziehungselemente lauten: DU, PARTNER, FREUNDE und LIEBENDE, in dieser Reihenfolge. Unsere Grundüberzeugung ist, dass man jedes dieser vier Elemente fördern muss, wenn man eine tiefe, sinnhafte Bindung zu seinem Partner oder seiner Partnerin aufbauen möchte.

Insbesondere eines davon ist die Grundlage für alle anderen und muss stabil und gesund sein, wenn das nächste erfolgreich entwickelt werden soll. Wie du an der Pyramide unten siehst, besteht das Fundament aus „Du“ – aus zwei glücklichen, gesunden Individuen.

Auf dieser Basis kann das Element „Partner“ aufbauen. Hier findet die „geschäftliche“ Seite eurer Ehe statt. Eine gemeinsame Vision und einen Plan für die Finanzen, den Haushalt und die Rollen darin, Erziehungsgrundsätze und -systeme und so weiter zu haben, hilft dir, mehr Raum, Zeit und Energie zu finden, in denen du eine feste Freundschaft zu deinem Herzensmenschen aufbauen kannst.

Wenn diese Freundschaft so stabil und gut wie möglich läuft, könnt ihr den wirklich intimen Teil eurer Beziehung angehen und Liebende werden. Dabei baut jedes Element auf dem vorherigen auf. Eine Ehe kann nicht nur auf dem Element „Liebende“ ruhen, wenn die anderen Elemente nicht zuerst entwickelt wurden. Das wäre ein Haus ohne starkes Fundament und ein großes Risiko für die ganze Beziehung.

LEGENDÄRE BEZIEHUNGSELEMENTE

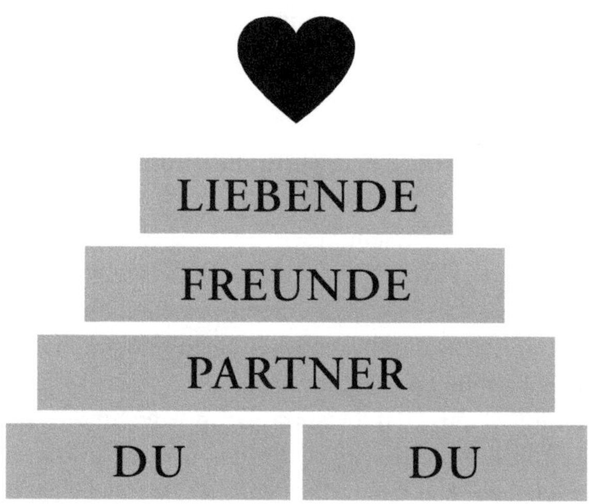

Der Anfang

Erinnerst du dich noch daran, wie es war, als ihr euch ineinander verliebt habt? Wenn man eine Beziehung mit einer anderen Person beginnt, treibt einen die Euphorie ziemlich schnell in die Elemente „Freunde“ und „Liebende“. Man hat viel Spaß zusammen, genießt es, sich besser kennenzulernen, und verbringt so viel Zeit wie möglich gemeinsam. Man kann die Finger nicht voneinander lassen. Diese Zeit der Entdeckungen ist berauschend. Es vergeht kaum ein Augenblick, in dem man nicht aneinander denkt. Wenn wir uns verlieben, verschwenden wir keinen Gedanken an die Aufteilung der Hausarbeit, Erziehungsprinzipien oder Finanzen. Das ist alles ganz normal.

In dieser Zeit passiert etwas, das sich wissenschaftlich beschreiben lässt, das sich unserer Kontrolle aber vollständig entzieht. Die natürliche neurochemische Reaktion, die entsteht, wenn wir uns verlieben und um einen Partner oder eine Partnerin werben, wird oft auch als „rosarote Brille“ bezeichnet, weil dabei eine erfreuliche Mischung aus Oxytocin und Dopamin ausgeschüttet wird. In dieser Zeit vermindert das warme Leuchten der Romantik die Unterschiede zwischen zwei Menschen und hebt die Gemeinsamkeiten deutlicher hervor. *Wir sind eins. Wir sind gleich. Du bist perfekt. Ich bin dein und du bist mein.*

Die Partnerschaftsschleife

Wenn wir heiraten – oder spätestens, wenn wir Kinder bekommen – werden wir plötzlich in eine Partnerschaft hineingeschubst. Wir müssen uns abstrampeln, um zu überleben, die Kinder am Leben zu erhalten, tägliche Aufgaben, Hausarbeiten und Rechnungen gerade so zu erledigen, du kennst das. Wir haben das Gefühl, nur wenig Zeit füreinander zu haben, vielleicht sogar gar keine.

Dann wünschen wir uns, wir könnten zurück zu dem, wie unsere Beziehung einmal *war*, wir sehnen uns nach der Vergangenheit oder nach etwas Neuem, Anderem als dem, was wir gerade haben. Das nennen wir die „Partnerschaftsschleife". Hier bleiben viele Paare stecken. Hier sind auch wir steckengeblieben. An diesem Punkt laufen Paare Gefahr, im Streit, in Machtkämpfen, in Gleichgültigkeit oder sogar in Verbitterung zu enden. Genau an dieser Stelle kamen wir nicht mehr weiter und hätten die ganze Sache beinahe aufgegeben.

Wenn man allerdings ein starkes „Du" aufbaut – wenn beide Ehepartner selbstsicher, glücklich, gesund, und emotional intelligent sich und sich stetig weiterentwickeln – ruht die Beziehung auf einem starken Fundament. Von hier aus könnt ihr das „Partner"-Element eurer Ehe entwerfen, neu planen und als effizientes System aufbauen.

Dann könnt ihr beide wieder zueinander finden und eine tiefe, stabile Freundschaft entwickeln, die euch zum Gipfel eurer Beziehung führt – dem Element „Liebende". Intim, freudig, wissend, teilend, liebevoll und leidenschaftlich.

Dr. Florence Kaslow, die Leiterin des *Florida Couple and Family Institute* in West Palm Beach und klinische Professorin an der Duke-Universität in Durham, North Carolina, drückt es so aus:

„Die persönliche Entwicklung jedes Partners und das gewöhnliche Alltagsleben verlangen, dass man sich ständig anpasst – sowohl als Paar als auch als Individuum."

Der Miracle Morning

Der *Miracle Morning* ist eine grundlegende und bahnbrechende Methode, die wir als ersten Schritt nutzten, um uns den Raum, die Zeit und die Energie zu erschaffen, die wir brauchten, um unsere Ehe radikal zu verbessern.

Es war das erste Instrument, das wir uns beide gemeinsam aussuchten, um den ersten Dominostein anzustoßen, der dazu führen sollte, dass wir in unserer Ehe zurück zueinander fanden. Er schuf uns eine Bühne, auf der wir die Vision und die Gestaltung unserer Ehe im großen Stil verändern konnten. Das sollte auch dein erster Schritt sein.

Weil der *Miracle Morning* uns so erfolgreich dabei unterstützt hat, unsere Einzigartigkeit als Individuum, unser Selbstwertgefühl und unseren Lebenszweck wiederzufinden, haben wir noch ein paar weitere Schritte und Aktivitäten entwickelt, die wir gemeinsam, Seite an Seite, als Paar durchführen. Diese neuen Schritte helfen uns, auf Kurs zu der Vision zu bleiben, die wir uns für die Zukunft geschaffen haben.

GETRENNTSEIN und ZUSAMMENSEIN

In ihrem Buch *Becoming Married* schreiben Herbert Anderson und Robert Cotton Fite davon, dass man „Raum für sich selbst" braucht. Bei diesem Konzept geht es nicht um ein tatsächliches Zimmer (obwohl es das auch sein kann), sondern um emotionalen Raum. Es bedeutet den schwierigen Balanceakt zwischen der Verbundenheit, die man in einer Beziehung braucht, und dem Bedürfnis, ein autonomes und einzigartiges Individuum zu bleiben.

Ein „Raum für sich selbst" ist der Ort, an dem man dem Verlangen nachgehen kann, ab und zu allein zu sein und die eigenen Gedanken, Gefühle und Wünsche zu untersuchen, während man gleichzeitig fest in die Beziehung eingebunden bleiben will. Der „gemeinsam allein"-Aspekt einer Beziehung ist ein wenig paradox. Paare handeln das Gleichgewicht zwischen Getrenntsein und Zusammensein oft immer wieder dynamisch neu aus, indem sie feinfühlig darüber reden und am gleichen Strang ziehen.

Am schwierigsten ist es, wenn die Bedürfnislage zweier Menschen unterschiedlich ist, wenn einer der Partner mehr Raum braucht, der andere aber vielleicht eine engere Bindung. Wie bei so vielen Aspekten einer Beziehung ist es auch hier unabdingbar, offen zu kommunizieren, sich sicher darin zu fühlen, die eigenen Bedürfnisse auszudrücken und zu wissen, was man eigentlich fühlt.

Darüber hinaus muss in solchen Situationen oft ein Kompromiss gefunden werden. Das ist ein wichtiger Aspekt bei der Arbeit mit unverheirateten Paaren, aber meistens muss er immer wieder neu verhandelt werden, sogar, wenn Paare schon länger zusammen sind. Verschiedene Lebensabschnitte können die etablierte Balance außerdem immer wieder in Frage stellen.

Der Geist von *Miracle Morning für Paare* basiert auf dem Prinzip von Getrenntsein und Zusammensein.

Beziehungen durch den Filter von Getrenntsein und Zusammensein zu betrachten – also sicherzustellen, dass es in Ordnung ist, wenn du du selbst bist, liebevollen Einfluss auf deinen Partner oder deine Partnerin nehmen kannst und mit ihm oder ihr gemeinsam eine Lebensreise erschaffst – kann mitten in einer schweren Zeit Hoffnung geben, die Angst lindern, wenn man gerade als Paar nicht besonders glücklich ist, und einen Plan aufzeigen, wie man Herausforderungen gemeinsam hinter sich bringen kann.

Wir glauben aus tiefstem Herzen daran, dass jede Person in der Beziehung jeden Tag wachsen und besser werden sollte (deshalb lieben wir Hals *Life S.A.V.E.R.S.* auch so sehr). Selbstverständlich dürft ihr beide verschiedene Interessensbereiche eurer Persönlichkeitsentwicklung verfolgen, aber ohne dass ihr beide euch entwickelt und verbessert, wird es nicht gehen. Um die legendäre Beziehung zu erschaffen, die du dir wirklich wünschst, musst du dein bestes Selbst sein. Das siehst du wahrscheinlich auch so, sonst würdest du dieses Buch ja wohl kaum lesen.

Der Umgang mit diesem Buch

Dieses Buch besteht aus drei Teilen:

Teil 1 & 2: DU. Hier stellen wir dir die *Life S.A.V.E.R.S.* und das Du-Element vor, helfen dir, deinen „Raum für dich selbst“ einzurichten und auf deinen eigenen Füßen zu stehen, damit du das glücklichste und gesundeste DU für deine Beziehung erschaffen kannst.

Teil 3: ZUSAMMEN. In diesem Teil präsentieren wir dir unser *T.E.A.M.* und die Erweiterung der *Miracle Morning*-Routine und konzentrieren uns auf die anderen drei Elemente: Partner, Freunde und Liebende. Außerdem helfen wir dir, eine Morgenroutine zu erschaffen, die ihr gemeinsam, Seite an Seite, zu zweit durchführen könnt, um eine dauerhafte Bindung zu fördern.

Teil 4: LEGENDÄR WERDEN. Hier zeigen wir dir, wie du alles zusammenfügst und über den Tellerrand der Morgenroutine hinauswächst, sodass ihr beide zusammen im großen Stil die Beziehung erschaffen könnt, die ihr euch wünscht.

Wenn ihr den *Miracle Morning für Paare* zu einem Teil eures Lebens macht, stellt ihr damit einen gleichmäßigen Rhythmus her, legt den Grundstein für stetiges Wachstum, sorgt für Anpassungsfähigkeit, wo ihr sie braucht, und stärkt eure vier Beziehungselemente jeden Tag ein bisschen mehr.

TEIL I:

DU UND DER MIRACLE MORNING

1. WARUM DER MORGEN FÜR DEINE BEZIEHUNG WICHTIG IST

(wichtiger, als du glaubst)

„Das Leben ist kurz", das hört man so oft, dass es inzwischen ein Klischee geworden ist, aber dieses Mal ist es wahr. Du hast nicht genug Zeit, um gleichzeitig unglücklich und mittelmäßig zu sein. Das ist nicht nur sinnlos, es tut weh.

SETH GODIN, Bestsellerautor

Du musst jeden Morgen entschlossen aufwachen, wenn du zufrieden zu Bett gehen willst.

GEORGE LORIMER, amerikanischer Journalist und Autor

Lance war in gewisser Weise schon immer ein Morgenmensch. Er kann früh aufstehen, wenn er muss. Als er zwischen 20 und 30 Jahre alt war, arbeitete er viel in Krankenhäusern, wo die Schicht meistens um fünf oder sechs Uhr morgens anfing. Aber damals stand er so früh auf, weil er es *musste*, Spaß machte es ihm nicht. Er fühlte sich nicht dazu motiviert und es fiel ihm nicht leicht. Manchmal stand er sogar noch früher auf und ging laufen, damit er es hinter sich hatte. Aber genau da lag sein Fehler: Der Morgen war nicht sein Freund. Lance stand nicht freudig auf. Selbst während er für ein Rennen trainierte, fühlte er sich eher wie ein leidender Märtyrer als wie ein siegreicher Held.

Außerdem stand hinter der Tatsache, dass er früh aufstand, ein egoistisches Motiv. Er tat es, um „wegzukommen" … nicht um zu wachsen, nicht als ein Mensch auf dem Weg dazu, die beste Version seiner selbst zu werden. Heute sieht es ganz anders aus: Jetzt steht er aus einem Grund und mit einem Zweck schon vor Sonnenaufgang auf, weil er für sich selbst, für seine Frau und für seine Familie wachsen will.

Wichtig daran war, dass er sich auf den Grund zu konzentrieren begann, *warum* er so früh aufsteht. Wie er seinen Morgen sieht, hat einen riesigen Unterschied gemacht – es war der entscheidende Faktor, der bestimmte, ob er und Brandy zusammen bleiben oder sich scheiden lassen würden.

Wie du jeden Tag beginnst, bestimmt deine Geisteshaltung, den Kontext und die Richtung des ganzen Tages. Wenn du lernst, jeden Tag mit einem zielgerichteten, disziplinierten, wachstumsorientierten und zielstrebigen Morgen zu beginnen, ist es so gut wie garantiert, dass du den Rest des Tages gewinnen wirst.

Wachst du manchmal morgens auf und fühlst dich direkt überfordert? Ich würde wetten, dass es den meisten Paaren so geht. Für manche von ihnen ist es schon eine schier unüberwindliche Hürde, sich auch nur den Wecker zu stellen. Ihr Tag fängt gleich überwältigt von ihrem Leben und ihrer Beziehung an, sodass sie sich oft nicht in der Lage fühlen, ihre anderen Prioritäten anzugehen. Sie haben keine Ahnung, wo sie ansetzen können, um ihre Beziehung in Ordnung zu bringen und in eine positive Richtung weiterzuentwickeln.

Was wäre, wenn du deinen Tag mit dieser einen Stunde Ruhe und Frieden für dich und deinen Herzensmenschen starten könntest, die du dir erträumst? Wenn ihr euch Zeit füreinander nehmen könntet, in der ihr miteinander über das reden könnt, was euch am meisten am Herzen liegt? Wenn ihr in einem aufgeräumten geistigen Raum euer Gefühl von Eleganz und Würde wiederfinden und danach auf eine geordnete, selbstbestätigende, aber dennoch verbundene Weise weitermachen könntet? Leider glaubst du, du könntest das nicht – oder vielleicht doch, *irgendwann*, aber nicht heute. Vielleicht, wenn du all deine anderen Prioritäten im Leben auf die Reihe gebracht hast.

Es ist kein Wunder, dass die meisten Paare den Tag damit beginnen, etwas aufzuschieben, den Zeitplan von Mittelmäßigkeit und Gleichgültigkeit bestimmen zu lassen und ihrem Unterbewusstsein damit die Botschaft zu schicken, dass sie nicht genug Energie oder auch nur Willenskraft haben, um aus dem Bett zu kommen. Sie denken, der neue Tag könne auch nur wieder im Chaos versinken, in dem die eigenen Ziele aus dem Fenster fliegen.

Dazu kommt natürlich noch die Tatsache, dass die meisten Menschen sich einreden, sie seien nun mal keine Frühaufsteher, was schon früh im Leben ein Prokrastinationsmuster entstehen lässt.

Aber was wäre, wenn du das ändern könntest?

Was wäre, wenn du es als *das erste Geschenk* betrachten könntest, das das Leben dir morgens macht, wenn der Wecker klingelt? Früh aufzustehen schenkt dir die Zeit, die du brauchst, um die Person zu werden, die du sein musst, um all deine Ziele und Träume – für dich selbst und für deine Beziehung – zu erreichen, während der Rest der Welt (und dein Kind) noch schläft.

Du denkst jetzt wahrscheinlich: „Das klingt ja alles toll. Aber ich bin nun mal kein Morgenmensch."

Das verstehen wir. Wirklich. Damit sagst du nichts, was wir uns nicht auch schon tausend Mal erzählt haben. Und glaub uns, wir haben sehr oft versucht, die Kontrolle über unseren Morgen zu übernehmen, und es nicht geschafft. Aber das war, bevor wir den *Miracle Morning* entdeckten.

Hör uns kurz zu. Wir wissen, dass du die Bindung an deinen Herzensmenschen vertiefen willst, aber sicher würdest du auch gern aufhören können, mit ihm über Geldsorgen oder die Erziehung der Kinder zu streiten, und all die starken negativen Gefühle loslassen, die diese Herausforderungen mit sich bringen. Diese Dinge stehen dir auf der Reise zu einer gedeihenden Beziehung im Weg, weil sie dein Selbstvertrauen beeinträchtigen und dich davon abhalten, dich in Bezug auf dich selbst und dein Leben gut zu fühlen.

Wir glauben fest an den Ratschlag, den man zu Beginn jeder Flugreise bekommt: Zieh dir zuerst selbst die Sauerstoffmaske über und hilf erst dann anderen Reisenden. Wenn du wegen Sauerstoffmangels das Bewusstsein verlierst, kannst du nämlich gar niemandem helfen. Deshalb ist es für den Erfolg deiner Beziehung so wichtig, dass du dir ein hervorragendes Du-Element erschaffst und erhältst.

Viele Paare können diese einfache Wahrheit nicht erkennen. Sie glauben, Erfolg bedeute, immer die zweite Geige spielen zu müssen. Dabei haben sie immer so viel zu tun, dass sie nie dazu kommen, sich um ihre eigenen Bedürfnisse zu kümmern. Mit der Zeit werden sie dadurch völlig erschöpft, nachtragend und überfordert. Sie vergessen, wie wichtig es ist, sich auch mal um sich selbst zu kümmern.

Kommt dir das alles bekannt vor?

Dann sagen wir dir:

Der Morgen ist der Schlüssel zu allem.

Wichtiger als die *Zeit*, zu der du deinen Tag beginnst, ist die *Denkweise*, mit der du deinen Tag angehst.

Es ist zwar nicht unwahrscheinlich, dass du dieses Buch liest, wenn du dich schon seit Monaten oder Jahren von deinem Partner oder deiner Partnerin abgekoppelt fühlst, es kann aber auch sein, dass du es in einer frühen Phase deiner Persönlichkeitsentwicklungsreise in die Hand genommen hast, und das bedeutet, dass du dich überfordert fühlst und nach Lösungen suchst.

Wenn das der Fall ist, ist es entscheidend, dass du lernst, den *Miracle Morning* umzusetzen, bevor du alles andere machst, damit du endlich ungestörte Zeit für dich bekommst. Hier ist die gute Nachricht: Es lohnt sich. Und es macht viel mehr Spaß und ist viel befriedigender, als du vielleicht erwartest.

Bevor wir allerdings genauer betrachten, *wie* du die Kontrolle über deinen Morgen übernehmen kannst (alleine und mit deinem Herzensmenschen gemeinsam), möchten wir dir erklären, *warum* du das überhaupt tun solltest. Denn glaub uns, sobald du die Wahrheit über den Morgen kennst, wirst du nie wieder einen verpassen wollen.

Warum der Morgen so wichtig ist

Je mehr du über die Macht des frühen Aufstehens und über Morgenrituale lernst, desto mehr häufen sich die Beweise, dass der frühe Vogel viel mehr bekommt als nur den Wurm. Hier sind ein paar der wichtigsten Vorteile, die du schon bald am eigenen Leib erfahren wirst.

Du wirst in deiner Beziehung proaktiver und produktiver

Christoph Randler ist Biologieprofessor an der Universität Heidelberg. In der Juliausgabe des *Harvard Business Review* von 2010 erklärt Randler, dass „Menschen, die am Morgen ihre Leistungsspitze erreichen, besser für eine erfolgreiche Karriere positioniert sind, weil sie proaktiver sind als Menschen, die abends am leistungsstärksten sind".

Robin Sharma, *New York Times*-Bestsellerautor und weltberühmter Produktivitätsexperte, sagt: „Wenn man die produktivsten Menschen der Weltgeschichte studiert, merkt man schnell, dass sie alle eine Sache gemeinsam haben – sie sind alle Frühaufsteher."

Du siehst Probleme mit deinem Partner oder deiner Partnerin kommen und kannst ihnen rechtzeitig aus dem Weg gehen

In seinem Artikel stellt Randler die These auf, dass Frühaufsteher alle wichtigen Karten in der Hand halten. Sie sind „besser in der Lage, Probleme vorherzusehen und zu minimieren, sie sind proaktiv, haben größere berufliche Erfolge und verdienen letzten Endes höhere Gehälter."

Er beschreibt, dass Frühaufsteher Probleme früher kommen sehen, und dass ihnen die Lösung leichter von der Hand geht. Wenn du mal darüber nachdenkst, wirst du schnell erkennen, dass das der Schlüssel dazu sein könnte, den Stress zu reduzieren, der sich unvermeidlich einstellt, wenn auf einmal ein paar Kinder zun Haushalt zählen.

Du planst wie ein Profi

Planung ist sehr wichtig, wenn man eine gesunde und erfolgreiche Beziehung erschaffen möchte. Es heißt nicht umsonst: „Wenn du am Planen scheiterst, planst du damit schon dein Scheitern." Frühaufsteher haben genug Zeit, ihren Tag zu organisieren, vorherzusehen, was auf sie zukommt, und sich darauf vorzubereiten.

Unsere schläfrigeren Mitmenschen reagieren dagegen eher und überlassen dabei eine Menge dem Zufall. Bist du nicht auch gestresster, wenn du den Wecker überhörst und deshalb verschläfst? Früher aufzustehen, als du unbedingt musst, erlaubt dir, deinem Tag auf die Sprünge zu helfen.

Während alle anderen herumrennen und (vergeblich) versuchen, ihren Tag in den Griff zu bekommen, bist du ruhig, cool und gefasst. Das werden auch dein Herzensmensch und deine Familie zu schätzen wissen.

Du hast mehr Energie

Ein wichtiger Bestandteil deines neuen *Miracle Morning* besteht aus Bewegung, die oft vernachlässigt wird, wenn man glaubt, man sei zu gestresst. Dabei reichen schon ein paar Minuten Bewegung aus, um den Tag positiv gestimmt anzugehen. Ein besser mit Blut versorgtes Gehirn kann klarer denken und sich auf das konzentrieren, was wichtig ist.

Frischer Sauerstoff durchdringt jede Zelle deines Körpers und schenkt dir den ganzen Tag lang Energie. Deshalb sind Menschen, die sich bewegen, auch gleich besser gelaunt und in Form, sie schlafen besser, ihr Liebensleben verbessert sich und sie werden produktiver.

Du genießt die Vorteile des Frühaufsteherlebens

Forscher der Universität von Barcelona haben vor kurzem Morgenmenschen – Frühaufsteher, die gern mit dem Sonnenaufgang aus den Federn kommen – mit Abendmenschen verglichen, mit Nachteulen, die lieber lange aufbleiben und morgens ausschlafen. Einer der Unterschiede, die sie dabei festgestellt haben, ist, dass Morgenmenschen mehr Durchhaltevermögen an den Tag legen und besser gegen Erschöpfung, Frustration und Schwierigkeiten gewappnet sind. Das bedeutet, dass sie weniger anfällig für Angstneurosen, Depressionen und Drogenabhängigkeit und insgesamt mit ihrem Leben zufriedener sind.

Klingt gar nicht schlecht, oder? Eine bessere Einstellung hat uns geholfen, eine stärkere Geisteshaltung zu entwickeln, die uns zu einem besseren Paar und tiefer verbunden gemacht hat, als wir es uns je hätten ausmalen können.

Die Beweise sind gesichtet und die Experten haben gesprochen: *Im Morgen liegt das Geheimnis eines außerordentlich erfolgreichen Lebens.*

Im Morgen? Wirklich?

Ich gebe es zu. Von „Ich bin kein Morgenmensch" über „Ich wäre gern ein Morgenmensch" bis hin zu „Ich stehe jeden Morgen früh auf, und es ist ein tolles Gefühl" ist es ein weiter Weg. Aber wenn du ein wenig herumprobierst und dabei auch mal scheiterst, wirst du lernen, dein inneres Faultier zu überlisten, ihm den Wind aus den Segeln zu nehmen und es letztendlich zu überwinden, damit du dir das frühe Aufstehen zur Gewohnheit machen kannst.

Außerdem hast du in deinem Partner oder deiner Partnerin gleich die Person gefunden, der du Rechenschaft ablegen kannst und die dich ermutigt. Nun gut, in der Theorie klingt das großartig, aber du schüttelst jetzt vielleicht den Kopf und denkst: „Das kann gar nicht sein. Ich stopfe jetzt schon genug Dinge für 27 Stunden in nur 24. Wie um alles in der Welt soll ich es schaffen, eine Stunde früher aufzustehen, als ich es bereits tue?“

Das Wichtigste, was man verstehen muss, ist, dass es beim *Miracle Morning* nicht darum geht, sich selbst eine weitere Stunde Schlaf zu verweigern, damit der Tag noch länger und härter wird. Es geht nicht einmal darum, früher aufzuwachen. Es geht darum, *besser* aufzuwachen.

Tausende von Menschen auf der ganzen Welt erleben jetzt schon ihren *Miracle Morning*. Viele von ihnen waren früher Nachteulen. Aber jetzt schaffen sie es nicht nur, es tut ihnen *gut*. Das hat nichts damit zu tun, dass ihr Tag eine Stunde länger ist, sondern damit, dass es die *richtige* Stunde ist. Und das schafft ihr beide auch.

Wenn du immer noch nicht daran glauben kannst, lass dir von uns sagen: *Das Schwerste daran, eine Stunde früher aufzustehen, sind die ersten fünf Minuten*. Das ist die entscheidende Zeit, in der du in deinem warmen Bett die Entscheidung treffen musst, entweder in den neuen Tag zu starten oder *nur noch einmal* die Schlummertaste deines Weckers zu drücken. Das ist der Moment der Wahrheit. Die Entscheidung, die du in diesem Augenblick triffst, wird deinen Tag, deine Erfolgsaussichten, deine Beziehung und dein Leben verändern.

Deshalb sind diese ersten fünf Minuten der Punkt, an dem wir mit dem *Miracle Morning für Paare* ansetzen. Ab sofort wird es Zeit, dass ihr beide jeden Morgen gewinnt. Wenn wir den Morgen gewinnen, gewinnen wir nämlich gleich den ganzen Tag – und wir gewinnen die Verbindung zu unserem Herzensmenschen zurück!

In den nächsten Kapiteln werden wir dir das frühe Aufstehen leichter und aufregender machen, als es je in deinem Leben war (auch wenn du dich noch *nie* als Morgenmensch gesehen hast), und wir zeigen dir und deinem Herzensmenschen, wie ihr aus diesen neu gefundenen Morgenminuten mit den *Life S.A.V.E.R.S.* – den sechs mächtigsten, erwiesenermaßen wirksamsten Persönlichkeitsentwicklungen der Welt – das Beste herausholen könnt. Danach erklären wir im Abschnitt *T.E.A.M.* die vier Methoden, die euch helfen werden, die legendärste Beziehung aller Zeiten aufzubauen.

Außerdem zeigen wir dir, wie du dein Du-Element optimal ausbaust und sowohl deine persönliche Entwicklung als auch eure Entwicklung als Paar (Partner, Freunde, Liebende) beschleunigst. Du wirst erfahren, wie du dein Leben so umstrukturierst, dass du endlose Energie bekommst, und wie du deine Fähigkeit optimierst, deine Ziele und die wichtigsten Aufgaben in deiner Beziehung nicht aus den Augen zu verlieren.

Schließlich werden wir die wichtigste Fähigkeit von allen besprechen: Wie du all diese Methoden gemeinsam mit deinem Herzensmenschen kombinieren kannst, damit ihr ein wirklich legendäres Paar werdet. Obendrauf bekommst du noch ein Bonuskapitel von Hal, das du mit ziemlicher Sicherheit lieben wirst.

Das ist eine Menge Information, also gehen wir es am besten gleich an.

2. IN FÜNF MINUTEN ZUM FRÜHAUFSTEHER

Wenn man mal genauer darüber nachdenkt, ergibt es gar keinen Sinn, morgens die Schlummertaste zu drücken. Das ist, als würde man sagen: „Ich hasse es, morgens aufzuwachen, also mache ich es immer und immer und immer wieder.“

DEMETRI MARTIN, Comedian

Hast du dir schon mal überlegt, dass die Art, wie wir unseren Tag beginnen, vielleicht der wichtigste Faktor daran ist, wie wir unser Leben gestalten und unsere Beziehungen von Anfang an auf Erfolg polen? Wenn wir voll positiver Erwartung aufwachen und einen zielgerichteten, starken und produktiven Morgen erschaffen, schaffen wir damit die Grundlage dafür, den ganzen Tag zu gewinnen.

Trotzdem starten die meisten Menschen widerstrebend in den Tag und schieben eine Menge Dinge erst mal auf, indem sie die Schlummertaste drücken und bis zum letzten Moment warten, bevor sie sich aus ihrer warmen Decke schälen. Es ist zwar nicht unbedingt offensichtlich, aber dieser scheinbar unschuldige Akt sendet eventuell eine ungesunde Nachricht an unser Unterbewusstsein: Er programmiert unsere Psyche auf die unbewusste Überzeugung, dass wir nicht selbstdiszipliniert genug sind, um morgens aus dem Bett zu kommen – von allem anderen, was wir uns für unser Leben wünschen, ganz zu schweigen.

Anders ausgedrückt: Könnte es sein, dass es einen Einfluss auf unsere Persönlichkeitsentwicklung hat, wie wir morgens aufwachen? Und damit auf jeden unserer Lebensbereiche?

Am besten betrachtest du das morgendliche Klingeln des Weckers gleichzeitig als ein *Geschenk*, eine *Herausforderung* und eine *Chance*, die das Leben dir schenkt – jeden Tag. Es ist das Geschenk eines neuen Tages, die Herausforderung, die disziplinierte Entscheidung zum Aufstehen zu treffen, und die Chance, Zeit in deine Persönlichkeitsentwicklung zu investieren. Es erlaubt jedem von uns, die Person zu werden, die wir sein müssen, um uns das Leben und die Bindung zu unserem Herzensmenschen zu erschaffen, die wir wirklich wollen.

Die gute Nachricht ist, dass es möglich ist, das Aufstehen lieben zu lernen – und es jeden Tag ganz leicht zu schaffen –, auch wenn du noch *nie* ein Morgenmensch warst.

Wir wissen, dass du uns das jetzt vielleicht nicht glaubst. Im Moment denkst du wahrscheinlich: „Das stimmt vielleicht für geborene Frühaufsteher, aber glaubt mir, ich habe es versucht. Ich bin nun mal kein Morgenmensch."

Es ist aber wahr. Das wissen wir, weil es uns früher auch einmal so ging. Wir haben möglichst lange geschlafen und sind erst im allerletzten Moment aufgestanden. Und selbst dann haben wir dafür eine Weile gebraucht. Wir hassten den Morgen und standen gar nicht gerne auf.

Und jetzt lieben wir es.

Wie haben wir das gemacht? Wenn die Leute uns fragen, wie wir uns in Morgenmenschen verwandelt haben – und unsere Beziehung sich dabei von Grund auf verändert hat –, sagen wir ihnen, dass wir es in fünf einfachen Schritten getan haben, einen nach dem anderen. Das mag dir geradezu unmöglich erscheinen, aber du schaffst es auch. Und zwar genau so, wie wir es getan haben.

Das ist die wichtigste Botschaft übers Aufwachen: Es ist möglich, sich zu ändern. Man wird nicht als Morgenmensch geboren, man macht sich dazu. Auch du kannst zum Frühaufsteher werden, und zwar in ein paar einfachen Schritten, die nicht die Willenskraft eines olympischen Marathonläufers erfordern. Wir behaupten, dass du den Morgen lieben lernen kannst, wenn das frühe Aufstehen zu etwas wird, was du nicht nur tust, sondern das *Teil deiner Persönlichkeit* ist. Dann wird das Aufwachen für dich zu dem, was es für uns bereits ist: mühelos.

Noch nicht überzeugt? Lass dich doch mal darauf ein! Wir stellen dir jetzt den fünfstufigen Prozess vor, der unser Leben verändert hat. Fünf einfache Anti-Schlummer-Schritte, die das Aufwachen – auch am frühen Morgen – so einfach wie nie zuvor machen. Ohne diese Strategie würden wir immer noch jeden Morgen unsere(n) Wecker überhören oder die Schlummertaste drücken. Schlimmer noch, wir würden uns immer noch an den einschränkenden Glauben klammern, wir wären keine Morgenmenschen.

Und wir hätten eine ganze Welt voller Möglichkeiten verpasst, die tiefste Verbindung zwischen uns beiden zu entwickeln.

Das Problem mit dem Frühaufstehen

Mit dem frühen Aufstehen ist es ein wenig wie mit dem Laufen: Du denkst, du wärst kein Läufer – vielleicht *hasst* du es sogar –, bis zu dem Moment, in dem du ein Paar Laufschuhe zuschnürst, widerwillig vor die Tür trittst und in einem Tempo loslegst, das man gerade so eben als Laufen bezeichnen könnte. Du setzt einen Fuß vor den anderen, weil du dir vorgenommen hast, deine scheinbar unüberwindliche Abneigung gegen das Laufen zu besiegen. Das machst du ein paar Wochen lang, bis dir irgendwann aufgeht: *Ich bin ein Läufer!*

So ähnlich geht es dir, wenn du einen inneren Widerstand dagegen hast, früh aufzustehen, und stattdessen immer wieder die *Aufschiebetaste* – ups, pardon, wir meinen die *Schlummertaste* – drückst. Dann bist du natürlich *noch* kein Morgenmensch. Aber wenn du einfach dem Prozess, den du gleich kennenlernen wirst, Schritt für Schritt folgst, dann wirst du in ein paar Wochen (oder vielleicht schon in ein paar Tagen) aufwachen und feststellen: *Ach du meine Güte, ich kann es gar nicht glauben … Ich bin ein Morgenmensch geworden!*

Gerade fühlst du dich wahrscheinlich motiviert, aufgeregt und optimistisch. Aber was passiert morgen früh, wenn dein Wecker klingelt? Wie motiviert wirst du sein, wenn du im warmen Bett liegst und ein schriller Wecker dich aus dem Tiefschlaf reißt und zwingt, in dein kaltes Haus zu gehen?

Wir wissen alle nur zu gut, was dann mit deiner Motivation passiert. Sie geht den Bach runter und wird durch Rechtfertigungen ersetzt. Und Rechtfertigungen sind gewiefte Dinger – in Sekundenschnelle können wir uns davon überzeugen, dass wir nur noch ein paar Minuten brauchen …

… und kaum, dass wir uns versehen, rennen wir durchs Haus, weil wir verschlafen haben und zu spät für die Arbeit und das Leben sind. Mal wieder.

Dieses Problem ist knifflig. Gerade dann, wenn wir unsere Motivation am dringendsten brauchen – in den ersten Momenten des Tages –, scheinen wir am wenigsten davon zu haben.

Die Lösung besteht also darin, die Motivation am Morgen zu steigern und den inneren Schweinehund zu überrumpeln. Dazu dienen die fünf folgenden Schritte. Jeder davon hat nur ein Ziel: das zu erhöhen, was Hal dein *Aufstehmotivationslevel* (AML) nennt.

Früh morgens hast du wahrscheinlich ein niedriges AML. Du willst nichts anderes, als dich noch einmal umzudrehen, wenn dein Wecker klingelt. Das ist normal. Aber durch diesen einfachen fünfstufigen Prozess, der nur ungefähr fünf Minuten dauert, kannst du ein hohes AML erreichen, das dich bereit macht, aufzuspringen und den Tag zu meistern.

Die fünfstufige Anti-Schlummer-Aufstehstrategie

Minute 1: Fass den Vorsatz, bevor du einschläfst

Der erste wichtige Schritt auf dem Weg zum Frühaufstehen ist es, zu verstehen, *dass der erste Gedanke, den wir morgens haben, meistens derselbe ist wie der letzte vor dem Einschlafen.*

Wir gehen zum Beispiel jede Wette ein, dass du schon Nächte erlebt hast, in denen du kaum einschlafen konntest, weil du dich schon so auf das Aufstehen am nächsten Morgen gefreut hast, vielleicht als Kind an Weihnachten oder am ersten Tag einer großen Urlaubsreise. Als an diesem Tag der Wecker klingelte, schlugst du die Augen auf und warst sofort bereit, aufzustehen und dich in den Tag zu stürzen. Warum? Weil der letzte Gedanke, den du vor dem Einschlafen in Bezug auf den kommenden Morgen hattest, positiv war.

Wenn sich dein letzter Gedanke vor dem Einschlafen dagegen ungefähr so anhört: *Ich kann es nicht fassen, dass ich in sechs Stunden schon wieder aufstehen muss – ich werde ganz schön fertig sein,* dann wird dein erster Gedanke am Morgen ungefähr so klingen: *Oh, nein, waren das etwa schon sechs Stunden? Nein, ich will noch weiterschlafen!*

Anders ausgedrückt: Es ist eine selbsterfüllende Prophezeiung und du erschaffst damit deine eigene Realität.

Der erste Schritt ist also, dich bewusst jeden Abend vor dem Einschlafen zu entscheiden, aktiv und aufmerksam eine positive Erwartung für den nächsten Tag zu erschaffen.

Denk darüber nach, was du für dich selbst und für deinen Herzensmenschen tun willst. Wie sieht deine Traumbeziehung aus? Visualisiere sie und bestätige sie dir und deinem Partner oder deiner Partnerin.

Als Hilfestellung und um die richtigen Worte für eine wirksame Morgenaffirmation zu finden, kannst du auf www.TMMBook.com kostenlos die *Miracle Morning Bedtime Affirmations* herunterladen.

Minute 2: Stell deinen Wecker auf die andere Seite des Zimmers

Wenn du es noch nicht getan hast, stell jetzt deinen Wecker so weit vom Bett entfernt auf wie möglich. Das bedeutet nämlich, dass du morgens aufstehen und dich körperlich bewegen musst, um den Tag anzufangen. Bewegung erschafft Energie, also hilft es dir auf ganz natürliche Art und Weise beim Aufwachen, wenn du aufstehst und das Zimmer durchquerst.

Die meisten Leute haben ihren Wecker neben dem Bett stehen. Denk mal darüber nach: Wenn du deinen Wecker an einem Ort stehen hast, den du vom Bett aus gut erreichen kannst, schläfst du noch halb, wenn er klingelt und dein Aufstehmotivationslevel (also dein AML) ist noch niedrig, sodass es sehr schwer ist, die Disziplin zu finden, aufzustehen. Es kann sogar sein, dass du den Wecker wieder ausschaltest und es nicht mal merkst! Es ist uns allen schon passiert, dass wir uns eingeredet haben, der Wecker sei nur Teil unseres Traums – damit bist du nicht allein, glaub uns.

Indem du dich zwingst, aufzustehen, um den Wecker auszuschalten, schaffst du die perfekte Grundlage zum Frühaufstehen, indem du dein AML unmittelbar erhöhst.

Auf einer Skala von eins bis zehn liegt dein AML aber wahrscheinlich trotzdem noch bei ungefähr fünf. Du fühlst dich vermutlich eher schläfrig als wach, also ist die Versuchung immer noch groß, direkt wieder ins Bett zu kriechen. Um dein AML etwas weiter zu steigern, versuch es mal mit …

Minute 3: Putz dir die Zähne

Sobald du aufgestanden bist und den Wecker ausgeschaltet hast, geh direkt ins Bad und putz dir die Zähne. Ja, wir wissen, was du jetzt wahrscheinlich denkst: *Im Ernst? Ihr erzählt mir, dass ich mir die Zähne putzen soll?*

Ja, genau! Wichtig daran ist, dass du in den ersten Minuten etwas tust, bei dem du nicht nachdenken musst, damit dein Körper Zeit hat, aufzuwachen.

Wenn du den Wecker ausgeschaltet hast, geh direkt ins Bad, putz dir die Zähne und spritz dir ein wenig warmes (oder kaltes) Wasser ins Gesicht. Diese einfache Tätigkeit wird dafür sorgen, dass dein AML weiter steigt. Jetzt ist dein Mund minzfrisch, also wird es Zeit für den nächsten Schritt:

Minute 4: Trink ein ganzes Glas Wasser

Es ist enorm wichtig, dass du dir morgens als Erstes Flüssigkeit zuführst. Nach sechs bis acht Stunden ohne Wasser bist du leicht dehydriert, und das macht schläfrig. Das ist häufig und zu jeder Tageszeit der Fall: Wenn man müde ist, braucht man oft gar keinen Schlaf, sondern mehr Wasser.

Nimm dir ein Glas Wasser (du kannst es auch machen wie wir und dir am Abend vorher schon Wasser bereitstellen) und trink es, so schnell du kannst. Brandy mag ihr Wasser am liebsten mit einem Spritzer Zitronensaft und ein paar Elektrolyten.

Das Ziel dabei ist, dir so die Flüssigkeit zurückzuholen, die du im Schlaf verloren hast. Übrigens, die Nebenwirkungen davon, morgens erst mal ein Glas Wasser zu trinken, sind bessere, jünger aussehende Haut und Unterstützung dabei, ein gesundes Gewicht zu halten. Nicht schlecht, oder? Das Glas Wasser hebt dein AML noch mal ein bisschen an, also kannst du weitermachen.

Minute 5: Zieh deine Sportsachen an (oder spring unter die Dusche)

Beim fünften Schritt hast du zwei Auswahlmöglichkeiten:

Entweder ziehst du deine Sportkleidung an, damit du sofort bereit bist, in deinen *Miracle Morning für Paare* zu starten, wenn du das Schlafzimmer verlässt. Du kannst dir die Kleider entweder zurechtlegen, bevor du ins Bett gehst, oder sogar darin schlafen (ja, im Ernst!). Für Paare ist die Vorbereitung am Vorabend besonders wichtig, damit ihr morgens gleich richtig loslegen könnt. Wenn du Kinder hast, kannst du das auch zu einem Teil ihres Zubettgehrituals machen, damit sie die Gewohnheit ebenfalls gleich aufbauen. Unsere Töchter wissen ganz genau, dass wir für unsere Beziehung jeden Morgen ein bisschen *Mama-Papa-Zeit* brauchen.

Die zweite Möglichkeit ist, direkt unter die Dusche zu gehen. Dadurch steigt dein AML ganz schnell auf ein Niveau, das es dir viel leichter macht, wach zu bleiben. Viele Leute duschen an diesem Punkt gern, weil es ihnen beim Wachwerden hilft und sie dadurch erfrischt in den Tag starten können. Du hast die Wahl.

Unabhängig davon, für welche Variante du dich entscheidest, wenn du diese fünf einfachen Schritte ausgeführt hast, sollte dein AML hoch genug sein, dass es dich nicht mehr viel Disziplin kostet, für deinen *Miracle Morning* wach zu bleiben.

Vergleich das mal mit dem Versuch, dich zu einem *Miracle Morning* durchzuringen, wenn dein Wecker gerade erst geklingelt hat und dein AML bei fast null ist. Da dürfte es dir viel schwerer fallen, dich dafür zu entscheiden. Mit den fünf Schritten baust du Schwung auf, sodass du innerhalb von nur ein paar Minuten bereit für den Tag bist, statt dich müde und schlapp zu fühlen.

Uns ist es noch nie passiert, dass wir diese ersten fünf Minuten geschafft haben und uns dann dafür entschieden haben, wieder zurück ins Bett zu gehen. Sobald wir aufgestanden sind und uns zielstrebig durch den Morgen bewegen, wird es immer einfacher, den Tag ebenfalls zielgerichtet zu verbringen und unsere Beziehung ebenso zu gestalten.

Miracle Morning-Bonustipps zum Aufwachen

Diese fünf Schritte haben zwar schon für Tausende von Menschen funktioniert, aber es gibt noch mehr Hilfestellungen, die es dir leichter machen können, morgens aufzustehen. Hier sind ein paar, die wir von anderen Anwendern des *Miracle Morning* gehört haben:

- Die *Miracle Morning Bedtime Affirmations*. Wenn du es noch nicht getan hast, nimm dir jetzt einen Moment Zeit und lade diese energiespendenden, zielausrichtenden Morgenvorsätze kostenlos auf www.TMMBook.com herunter. Nichts macht es leichter, vor dem Wecker aufzuwachen, als den eigenen Geist genau darauf zu programmieren, was man will.

- Nutze eine Zeitschaltuhr für das Licht im Schlafzimmer. Einer der Fans von *Miracle Morning* hat uns verraten, dass er das Licht in seinem Schlafzimmer über eine Zeitschaltuhr steuert, wie man sie online oder im Baumarkt bekommt. Wenn sein Wecker klingelt, geht im Schlafzimmer das Licht an. Was für eine tolle Idee! Es ist viel leichter, wieder wegzudösen, wenn es dunkel ist. Wenn das Licht angeht, wissen Körper und Geist, dass es Zeit zum Aufstehen ist. Wenn du keine Zeitschaltuhr benutzt, solltest du unbedingt das Licht einschalten, sobald du den Wecker ausgeschaltet hast.

- Nutze eine Zeitschaltuhr für die Heizung im Schlafzimmer. Eine andere *Miracle Morning*-Anwenderin hat uns erzählt, dass sie im Winter einen Timer für ihre Schlafzimmerheizung benutzt und sie jeden Tag eine Viertelstunde vor dem Aufwachen einschalten lässt. Nachts stellt sie eine kühlere Temperatur ein, aber zum Aufstehen hat sie es lieber warm, damit sie nicht so stark in Versuchung kommt, wieder zurück unter die Decke zu kriechen.

- Probiere einen Lichtwecker aus. Diese Wecker lassen es langsam immer heller in deinem Schlafzimmer werden, angefangen ungefähr eine halbe Stunde, bevor du aufstehen willst. Die Idee dabei ist, dass man natürlicher aufwacht, wenn man dem Hirn vorspielt, die Sonne ginge auf. Wie cool ist das denn bitte? Lichtwecker gibt es von vielen verschiedenen Herstellern.

Natürlich kannst du dir auch selbst Schritte für die fünfstufige Anti-Schlummer-Aufwachstrategie ausdenken und sie auf deine persönlichen Bedürfnisse anpassen.

Wenn du Lust hast, deine Erkenntnisse mit anderen zu teilen, würden wir uns sehr freuen, sie zu hören. Bitte poste sie unter www.MyTMMCommunity.com in die *Miracle Morning*-Community.

Beim konsequenten und einfachen Aufwachen geht es darum, eine effektive, vorher festgelegte Schritt-für-Schritt-Strategie zu haben, um dein AML am Morgen zu erhöhen.

Warte nicht, probiere es gleich aus! Beginne heute Abend mit der Lektüre der *Miracle Morning Bedtime Affirmations*, platziere deinen Wecker woanders, stell dir ein Glas Wasser auf den Nachttisch und nimm dir fest vor, auch die verbleibenden zwei Schritte durchzuführen.

Leg sofort los!

Du brauchst nicht auf irgendetwas zu warten, bis du die Gestaltung deiner neuen, wunderbaren Zukunft anpacken kannst. Anthony Robbins hat einmal gesagt: „Wann ist dieses JETZT, dieser perfekte Zeitpunkt, etwas zu tun?“ Genau jetzt ist doch perfekt! Es stimmt: Je früher du anfängst, desto eher wirst du Ergebnisse sehen, darunter mehr Energie, eine bessere Einstellung und natürlich ein glücklicheres Leben zu Hause und in deiner Beziehung.

Schritt Eins: Stell deinen Wecker jetzt sofort 30 bis 60 Minuten früher als normal und lass ihn 30 Tage so stehen. Das ist alles: nur 30 bis 60 Minuten für 30 Tage, ab sofort. Außerdem solltest du unbedingt eine Stunde für deinen ersten *Miracle Morning* in deinen Kalender eintragen – und zwar gleich für *morgen*. Richtig gehört, *du brauchst nicht erst dieses Buch fertigzulesen* und dadurch deinen Start aufzuschieben.

Wenn du jetzt einen gewissen Widerstand spürst, liegt das vielleicht daran, dass du in der Vergangenheit bereits versucht hast, etwas zu verändern, dass es aber nicht geklappt hat. In diesem Fall haben wir einen Vorschlag für dich: Blättere jetzt vor zum Kapitel „Die 30-Tage-*Miracle-Morning*-Challenge“, und lies es durch.

Darin findest du die richtige Geisteshaltung und Strategien, die dir nicht nur helfen, den Anfangswiderstand zu überwinden, sondern dir darüber hinaus auch noch die effektivste Methode an die Hand geben, dir eine neue Gewohnheit zuzulegen und sie durchzuhalten. Am besten funktioniert das, wenn du zu Anfang bereits an das Ende denkst.

Lass ab heute und zunächst mal für die nächsten 30 Tage deinen Wecker so stehen, dass du eine Stunde früher aufwachst, als du eigentlich müsstest. So kannst du damit anfangen, aufzuwachen, wann du *willst*, nicht wann du *musst*. Nutze die Zeit, jeden Tag mit einem *Miracle Morning* in den Tag zu starten, damit du zu der Person werden kannst, die du sein musst, um dich, deinen Herzensmenschen und deine Familie zu außergewöhnlich großem Erfolg zu führen.

Was du mit dieser Stunde genau anfangen sollst, erfährst du im nächsten Kapitel. Bis dahin empfehlen wir dir, während des *Miracle Morning* einfach weiter in diesem Buch zu lesen, bis du die ganze Routine gelernt hast.

Schritt Zwei: Melde dich jetzt in der *Miracle Morning*-Community auf www.MyTMMCommunity.com an. Dort findest du Unterstützung durch andere gleichgesinnte Frühaufsteher, von denen einige den *Miracle Morning* schon seit Jahren anwenden.

Schritt Drei: Bitte deinen Partner oder deine Partnerin, mit dir auf diese Abenteuerreise zu gehen, damit ihr euch über eure Fortschritte austauschen und euch gegenseitig Rechenschaft ablegen könnt, bis der *Miracle Morning für Paare* ein Teil von euch geworden ist.

Okay, kommen wir jetzt zu den sechs wirksamsten, nachgewiesenen Persönlichkeitsentwicklungsmethoden, mit denen du dein Du-Element auf das höchste menschenmögliche Niveau heben kannst. Wenn du diese Methoden zu einem Teil deines Lebens machst, schenkst du dir damit die Möglichkeit, die legendärste Beziehung zu erschaffen, die du dir vorstellen kannst.
Wir präsentieren dir … die *Life S.A.V.E.R.S.*

3. DU UND DIE LIFE S.A.V.E.R.S.

Sechs Methoden, mit denen du garantiert kein Potenzial im Leben mehr verschwendest

Was Hal unter der Abkürzung S.A.V.E.R.S. geschaffen hat, ist eine Mischung aus den besten Methoden, die die Menschheit über Jahrhunderte bewusster Entwicklung geschaffen hat, eingedampft auf die „Besten der Besten" und eingegossen in ein Morgenritual. Ein Ritual, das inzwischen auch Teil meines Tages geworden ist.

ROBERT KIYOSAKI, Bestsellerautor von *Rich Dad Poor Dad*

Es erfordert Mut, erwachsen zu werden, und zu werden, wer du wirklich bist.

E. E. CUMMINGS, amerikanischer Dichter, Maler, Essayist, Autor und Dramatiker

Wenn du deine Beziehung in Ordnung bringen möchtest, musst du erst mal dich selbst in Ordnung bringen. Wenn du möchtest, dass deine Beziehung gedeiht, musst du zuerst selbst gedeihen. Wenn du die großartigste Beziehung aufbauen möchtest, die es je gab, musst du zuerst dafür sorgen, dass du selbst so großartig wie möglich bist.

Das Problem ist, dass die meisten Menschen auf der falschen Seite einer deutlichen Lücke leben, die das, was wir sind, von dem trennt, was wir werden können. Diese Lücke hindert uns daran, das Leben und die Beziehung zu erschaffen, das wir uns wirklich wünschen.

Frustriert von uns selbst und unserem ständigen Mangel an Motivation, Einsatz und Ergebnissen in einem oder mehreren unserer Lebensbereiche *denken* wir viel zu viel darüber nach, was wir tun sollten, um zu erreichen, was wir wollen, statt es einfach zu *tun*. Wir wissen nämlich meistens, was wir tun müssten, aber wir wenden dieses Wissen nicht konsequent an.

Und alles beginnt bei dir. So war es bei uns auch. Wir hatten beide unsere eigenen Reisen zu unternehmen und unterschiedliche Bereiche unserer Persönlichkeiten zu entwickeln. Also musste das Abenteuer, uns die Ehe unserer Träume zu erschaffen, auch jeweils bei uns beiden separat anfangen.

Unsere engsten Beziehungen sind unsere besten Instrumente für menschliches Wachstum und Weiterentwicklung als Personen. Das liegt daran, das Paare auf dem Weg zu einer langlebigen Bindung verstehen müssen, dass ihre Beziehung sich im Lauf der Zeit wandeln und entwickeln wird, und dass ihre Ziele, Wünsche und Gewohnheiten sich anpassen werden, wenn sie aus ihrer alten Programmierung herauswachsen.

Wandel und Evolution wird es *immer* geben, ob es dir gefällt oder nicht. Ihr werdet *auf jeden Fall* Meinungsverschiedenheiten haben. *Das wirklich vollkommen zu verstehen und proaktiv anzugehen ist ein wichtiger Schritt auf dem Weg dahin, ständig als Person zu wachsen, was dir und deinem Herzensmenschen wiederum hilft, eine langfristige, glückliche und gesunde Beziehung aufzubauen.*

Das Du ist das Selbst einer Beziehung. Bevor du mit deinem Partner oder deiner Partnerin zusammenkamst, warst du eine eigenständige Person. Und das bist du immer noch! Im Stress des Lebens, insbesondere mit Kindern, riskieren wir oft, uns selbst zu verlieren, aber deine Beziehung braucht ein starkes Du, um zu gedeihen.

Dieses Du liegt in deiner Persönlichkeitsentwicklung, Selbstwahrnehmung und Gesundheit, in deinem Selbstvertrauen und Glück. Das Du ist dein Fundament der Beziehung. Wenn du nicht an deinem Du arbeitest, kannst du nicht dein bestes Selbst (oder zumindest dein „lernendes, wachsendes, besser werdendes Selbst") in die Beziehung einbringen und dich selbstbewusst den Elementen PARTNER, FREUNDE und LIEBENDE zuwenden.

Dein Du zu entwickeln ist das Wichtigste, was du tun kannst, wenn du eine legendäre Beziehung aufbauen willst. Eine Beziehung, auf die du stolz sein kannst. Eine Beziehung, die dir immer wieder massenhaft Freude bereitet. Eine Beziehung, von der deine Kinder lernen können, wie sie selbst eines Tages eine sinnhafte Liebesbeziehung führen können. Deine Kinder sollten von dir lernen können, wie sie mit sich selbst umgehen sollen, und wie sie erwarten sollen, von anderen behandelt zu werden.

Auf eigenen Füßen zu stehen ist ein unverzichtbarer Bestandteil einer engen und dauerhaften Liebesbeziehung. Damit legst du die Grenzen fest, die du brauchst, um emotionale Intimität zu erleben und sogar mit deinem Herzensmenschen zu verschmelzen, ohne befürchten zu müssen, dich selbst zu verlieren.

Dieser Prozess bildet die Grundlage deines Du, das zu einem tief verbundenen Wir führen wird.

Heutzutage sind wir mit neuen und alten Freunden über die sozialen Medien verbunden wie noch nie, aber gleichzeitig haben wir als Gesellschaft stärker die Verbindung zueinander verloren als je zuvor. Dabei sind Beziehungen unser größter Aktivposten.

Du bist hier, um diese Abkopplung umzukehren, indem du dein bestmögliches Du wirst, was dazu führt, dass du gleichzeitig zum besten Partner oder der besten Partnerin wirst, zu einer großartigen Mutter oder einem tollen Vater, die bzw. der wiederum die Kinder inspiriert, es nachzumachen. Wenn du dein bestes Du wirst – für dich selbst, für deinen Herzensmenschen, und für deine Kinder –, schaffst du damit ein Vermächtnis, das noch Generationen lang Bestand haben wird.

Der *Miracle Morning für Paare* basiert auf der Idee, dass ***zwei Menschen zunächst ihr jeweils bestes Selbst einbringen müssen, bevor sie anfangen, die tiefe Verbindung aufzubauen, die sie sich wünschen***, und eine gesunde und gedeihende Beziehung zu entwickeln.

Genau dafür gibt es die *Life S.A.V.E.R.S.* Wenn deine persönliche Entwicklung vorangeht, zeigt sie dir den Weg zur erfüllendsten Beziehung, die du dir vorstellen kannst.

Geht es dir manchmal auch so? Als läge das Leben und die Beziehung, die du dir wünschst – und der Mensch, der du sein müsstest, um beides zu erschaffen – gerade außerhalb deiner Reichweite? Denkst du nicht auch manchmal, dass andere Paare, die in einem bestimmten Bereich besonders gut sind oder auf einem Niveau handeln, das du und dein Herzensmensch selbst einfach nicht habt, irgendein Geheimnis kennen, ihr aber nicht? Als wüssten sie etwas, das ihr nicht wisst, weil ihr sonst auch alles schaffen könntet?

Das liegt genau daran, dass sie jeweils ihr eigenes Du so weit aufgebaut haben, dass jeder von ihnen seine Stärken in die Ehe oder Beziehung einbringen kann. Jeder dieser Partner hat die emotionale Intelligenz, die Selbstwahrnehmung und die Geisteshaltung, die es ihm erlaubt, mit seinem Herzensmenschen die Beziehung aufzubauen, die er sich wünscht.

Als Hal zum zweiten Mal in seinem Leben ganz unten ankam (das erste Mal passierte, als er nach einem Autounfall sechs Minuten lang klinisch tot war, das zweite Mal, als er in der Wirtschaftskrise von 2008 komplett pleiteging), fühlte er sich verloren und deprimiert. Was er auch ausprobierte, keine der Methoden, die er kannte, funktionierte. Seine Situation wollte einfach nicht besser werden.

Also machte er sich auf die Suche nach der schnellsten, effektivsten Strategie, um sein Leben wieder in die Spur zu bekommen und seinen Erfolg auf nächste Stufe zu heben. Er sammelte die besten Methoden zur Persönlichkeitsentwicklung, die von den erfolgreichsten Menschen der Welt benutzt werden.

Nachdem er sechs bewährte, nachgewiesene Persönlichkeitsentwicklungsmethoden gefunden hatte, die über alle Zeiten Gültigkeit haben, versuchte er zunächst herauszufinden, ob darunter eine oder zwei waren, die ihm schneller Erfolg verschaffen konnten als die anderen. Dann fragte er sich aber: *Was passiert eigentlich, wenn ich alle sechs Methoden anwende?*

Also probierte er es aus. Nachdem er zwei Monate lang alle sechs Methoden nahezu jeden Tag angewandt hatte, erreichte er bereits Ergebnisse, die man mit Fug und Recht als wundervoll bezeichnen kann. Er ließ seine Depression hinter sich, sein Einkommen stieg um mehr als das Doppelte, und er begann sofort damit, für einen 52-Meilen-Ultramarathon zu trainieren – ironischerweise, denn er lief eigentlich gar nicht gern. Um genau zu sein, hasste er es richtiggehend und war noch nie weiter als eine Meile gelaufen. Aber jetzt dachte er: *Das ist sicher der beste Weg, meine körperlichen, geistigen und emotionalen Fähigkeiten auf ein bisher ungeahntes Niveau anzuheben!* und machte es einfach.

Als Brandy Lance von den *S.A.V.E.R.S.* erzählte, war ihre Ehe gerade auf dem absoluten Tiefpunkt angekommen. Daraufhin begann Lance, an sich selbst zu arbeiten, sein Du-Element wieder aufzubauen und der Mann zu werden, der er sein wollte. Das waren die ersten Schritte, die er brauchte, um seine Ehe mit Brandy zu retten. Sie veränderten die Stoßrichtung ihrer Beziehung für immer. Und das können sie auch für dich tun.

Egal, ob du heute schon erfolgreich bist, wie der Self-Made-Multimillionär Robert Kiyosaki (der fast jeden Morgen mit einem *Miracle Morning* und den *Life S.A.V.E.R.S.* beginnt), oder ob du das Gefühl hast, das Leben, das du dir wünschst – und die Person, von der du weißt, dass du sie werden kannst –, liegt gerade außerhalb deiner Reichweite: Mit den *Life S.A.V.E.R.S.* ist es so gut wie garantiert, dass du das außergewöhnliche Leben bekommst, das du wirklich willst und verdienst.

Warum die Life S.A.V.E.R.S. funktionieren

Bei den *Life S.A.V.E.R.S.* handelt es sich um einfache, aber zutiefst wirksame, tägliche Morgenrituale, mit denen es praktisch garantiert ist, dass du mehr wirst und dein Potenzial erfüllst. Sie schenken dir Raum, um mehr Klarheit zu erlangen und helfen dir, dein Leben so zu planen und gestalten, wie du es dir wünschst. Sie erlauben dir, jeden Morgen den Höhepunkt deines körperlichen, geistigen, emotionalen und spirituellen Befindens zu erreichen, dieses Befinden konstant zu verbessern und jederzeit Höchstleistungen zu erbringen.

Jaja, wir wissen schon. Du hast keine Zeit. Bevor wir mit dem *Miracle Morning* begannen, wachten wir auch jeden Tag im größten Chaos auf und hatten kaum Zeit, uns und die Kinder anzuziehen, etwas zu essen und rechtzeitig für Schule und Arbeit zur Tür hinauszustürzen.

Du denkst wahrscheinlich, dass du es jetzt schon kaum schaffst, alles unterzubringen, was du tun *musst*, geschweige denn, was du tun *willst*. Wir hatten vor dem *Miracle Morning* auch „keine Zeit". Und dennoch sind wir jetzt hier, mit mehr Zeit, mehr Wohlstand und mehr Frieden, als wir es je zuvor hatten.

Mach dir klar, dass dir der *Miracle Morning für Paare* mehr Zeit schenken wird. Die *Life S.A.V.E.R.S.* sind das Werkzeug, das dir hilft, mit dem Kern deines Wesens Kontakt aufzunehmen und mit einem Ziel vor Augen aufzuwachen, nicht mit einer Menge Pflichten.

Diese Methoden helfen dir, Energie aufzubauen, Prioritäten klarer zu sehen und einen produktiven Ablauf für dein Leben zu finden. Mit anderen Worten: Die *Life S.A.V.E.R.S. rauben* dir keine Zeit aus deinem Tag, sondern *schenken* dir letzten Endes sogar mehr davon.

Jeder Buchstabe in *S.A.V.E.R.S.* steht für eine Methode, wie sie die erfolgreichsten Menschen der Welt anwenden. Von berühmten Filmstars über Weltklassesportler bis hin zu CEOs und Unternehmern wirst du kaum einen Höchstleistungsträger finden, der nicht auf mindestens einen der *S.A.V.E.R.S.* schwört.

Deshalb ist der *Miracle Morning* so wirksam: Du machst dir die bahnbrechenden Vorteile von nicht nur einer, sondern von *allen sechs der besten Methoden* zunutze, die die Menschheit im Lauf von Jahrhunderten bewusster Entwicklung entwickelt hat, kombiniert zu einem kurzen und komplett auf deine Bedürfnisse anpassbaren Morgenritual.

Das sind die *Life S.A.V.E.R.S.*:

- **S**ilence – Stille
- **A**ffirmations – Affirmationen
- **V**isualization – Visualisierung
- **E**xercise – Bewegung
- **R**eading – Lesen
- **S**cribing – Schreiben

Diese Methoden werden dir helfen, deine Persönlichkeitsentwicklung durch den neu entdeckten *Miracle Morning* massiv zu beschleunigen. Du kannst sie an dich, deinen Lebensstil und deine eigenen Ziele anpassen. Und du kannst gleich morgen früh damit anfangen.

Schauen wir uns die sechs Methoden zunächst einmal im Detail an:

S wie Silence – Stille

Stille, die erste der *Life S.A.V.E.R.S.*-Methoden, ist eine wichtige Gewohnheit für den Anfang deiner Reise zu einem besseren Du-Element, das dazu führen wird, dass du dein bestes Selbst in deine Beziehung einbringen wirst. Wenn du auch schon mal deinen Tag damit angefangen hast, dir dein Handy zu schnappen oder dich an den Computer zu setzen, nur um in der schier endlosen Flut aus E-Mails, Telefonaten, Social-Media-Benachrichtigungen und SMS zu ertrinken, ist das deine Gelegenheit, jeden Tag mit friedlicher, zielgerichteter *Stille* zu beginnen.

Wie bei den meisten Menschen fing auch unser Tag vor dem *Miracle Morning* mit dem Schrillen des Weckers an, der uns befahl, dass wir jetzt aufstehen mussten. Danach rennen die meisten Leute von morgens bis abends hin und her und versuchen verzweifelt, ihren Tag unter Kontrolle zu bekommen. Das ist kein Zufall. Wenn du stattdessen jeden Tag mit einer Zeit der Stille beginnst, baust du dadurch Stress ab und kannst den Tag mit der Ruhe und der

Klarheit beginnen, die du brauchst, um dich auf das Wesentliche zu konzentrieren.

Viele der erfolgreichsten Menschen der Welt umgeben sich jeden Tag mit Stille. Daran kannst du sehen, wie wichtig es ist. Es überrascht dich wahrscheinlich nicht, dass Fernsehstar Oprah Winfrey regelmäßig meditiert – und dass sie außerdem fast alle der anderen *Life S.A.V.E.R.S.* anwendet. Die Musikerin Katy Perry praktiziert Transzendentale Meditation, ebenso wie Sheryl Crow und Sir Paul McCartney. Film- und Fernsehstars wie Jennifer Aniston, Ellen DeGeneres, Jerry Seinfeld, Howard Stern, Cameron Diaz, Clint Eastwood und Hugh Jackman haben alle schon in Interviews von ihren täglichen Meditationsmethoden erzählt. Der Hip-Hop-Mogul Russell Simmons meditiert jeden Morgen 20 Minuten lang mit seinen beiden Töchtern. Sogar die berühmten Milliardäre Ray Dalio und Rupert Murdoch führen ihren finanziellen Erfolg darauf zurück, dass sie sich täglich mit Stille umgeben. Du bist also in guter (und stiller) Gesellschaft, wenn du es auch versuchst.

Wenn es jetzt so klingt, als würden wir dich bitten, einfach nur nichts zu tun, müssen wir wohl noch ein bisschen mehr ins Detail gehen. Du hast eine Menge Möglichkeiten zur Auswahl, wie du deine stille Zeit am besten nutzt. Hier sind ein paar Vorschläge für den Anfang:

- Meditation
- Gebet
- Reflexion
- Tiefenatmung
- Dankbarkeit

Was auch immer du für dich auswählst, stell sicher, dass du dabei nicht im Bett bleibst. Am besten verlässt du dein Schlafzimmer dafür komplett.

In einem Interview mit der Zeitschrift *Shape* sagte die Schauspielerin Kristen Bell: „Mach jeden Morgen 10 Minuten lang meditatives Yoga. Wenn du ein Problem hast – mit dem Straßenverkehr, mit deinem Kerl oder bei der Arbeit – kann sich dank Meditation alles so entwickeln, wie es soll."

Fürchte dich nicht davor, deinen Horizont zu erweitern. Meditation hat viele Gesichter. Angelina Jolie erzählte im *Stylist*-Magazin einmal: „Ich finde meine Meditation, wenn ich eine Stunde lang mit den Kindern auf dem Boden sitze und male, oder auf dem Trampolin. Tu etwas, das du liebst und das dich glücklich macht – das ist deine Meditation."

Die Vorzüge der Stille

Wie oft sind wir im Stress? Wie oft müssen wir uns mit dringenden Dingen auseinandersetzen, die uns von unserer Vision oder unserem Plan ablenken? Stress ist eine der häufigsten Nebenwirkungen des Lebens in einer miesen, abgekoppelten Beziehung. Wir müssen uns täglich der allgegenwärtigen Ablenkung durch andere Menschen stellen, die ebenso in unseren Zeitplan eingreifen wie die unvermeidlichen Notfälle, um die wir uns kümmern müssen. Dein Herzensmensch und deine Kinder haben eine fast übernatürliche Fähigkeit, genau die Knöpfe bei dir zu drücken, die dich besonders stressen. Nach einem langen Arbeitstag haben wir oft das Gefühl, wir könnten nicht mehr viel in unsere Beziehung einbringen. Der Wunsch, uns zu entspannen, kann schwerer wiegen als das Bedürfnis, mit dem Partner oder der Partnerin zu reden, was dazu führen kann, das wir uns immer weiter von unserem Herzensmenschen und unserer Familie entfernen und entfremden. Im schlimmsten Fall kann das Frustration und Streit einen Nährboden bieten.

Übermäßiger Stress hat verheerende Auswirkungen auf unsere Gesundheit. Er löst bei uns den Instinkt aus, zu kämpfen oder zu fliehen, der wiederum eine ganze Bandbreite von giftigen Hormonen durch unseren Körper jagt, die sich dort tagelang festsetzen können. Das ist kein größeres Problem, wenn man sich dieser Art von Stress nur ab und zu aussetzt, aber wenn es ein Dauerzustand wird, kann es äußerst problematisch werden.

Ein Artikel auf www.PsychologyToday.com beschreibt es so: „Das Stresshormon Cortisol ist die größte Gefahr für die öffentliche Gesundheit. Wissenschaftler wissen schon seit Jahren, dass ein erhöhter Cortisolspiegel unsere Lernfähigkeit und unser Gedächtnis beeinträchtigt, unser Immunsystem und unsere Knochendichte verschlechtert, Gewichtszunahme, Blutdruck, den Cholesterinspiegel und die Anfälligkeit für Herzkrankheiten begünstigt … Die Liste nimmt kein Ende. Chronischer Stress und ein erhöhter Cortisolspiegel steigern außerdem das Depressionsrisiko und verkürzen unsere Lebenserwartung."

Stille in Form von Meditation kann Stress abbauen und damit die Gesundheit verbessern. Eine wichtige Studie, die von verschiedenen Gruppen durchgeführt wurde, darunter auch die *National Institutes of Health*, die *American Medical Association*, die *Mayo Clinic* und Wissenschaftler von den Universitäten Harvard und Stanford, hat gezeigt, dass Meditation Stress abbaut und gegen hohen Blutdruck hilft.

Eine Studie von Dr. Norman Rosenthal, einem weltbekannten Psychiater, der eng mit der David-Lynch-Stiftung zusammenarbeitet, hat erst kürzlich sogar gezeigt, dass das Herzkrankheitsrisiko von Menschen, die meditieren, um 30 % sinkt.

Eine andere Harvard-Studie hat herausgefunden, dass nur acht Wochen Meditation ausreichen, um „die Dichte des Hirnoberflächengewebes im Hippocampus zu erhöhen, der direkt mit Lernfähigkeit und Erinnerungsvermögen zusammenhängt. Des Weiteren waren Hirnareale betroffen, die mit Selbsterfahrung, Mitgefühl und Introspektion in Verbindung gebracht werden."

Meditation hilft dir, einen Gang zurückzuschalten und dich auf dich selbst zu konzentrieren, selbst wenn es nur kurz ist. Wenn du anfängst, zu meditieren, kannst du dich hoffentlich schon bald von dieser speziellen Form von Vergesslichkeit verabschieden, die viele gestresste, überforderte Eltern betrifft.

„Ich habe angefangen zu meditieren, weil ich das Gefühl hatte, dass mir mein Leben davonlief", sagt die Sängerin Sheryl Crow. „Meditation hat mir geholfen, meinen Tag langsamer laufen zu lassen.“ Sie widmet noch heute jeden Tag 20 Minuten morgens und 20 Minuten abends der Meditation.

Dan Harris, ein Korrespondent von *ABC News*, Moderator von *Nightline*, Co-Moderator von *Good Morning America* und Autor von *Wie ich die entscheidenden 10 % glücklicher wurde: Meditation für Skeptiker* erzählt eine der besten Geschichten darüber, welchen positiven Einfluss Meditation auf sein Leben hatte. Im Juni 2004 hatte er eine Panikattacke vor laufender Kamera und vor fünf Millionen Zuschauern (das Video ist auf YouTube leicht zu finden). Er schnappte nach Luft, konnte nicht mehr sprechen und musste seine Reportage live im Fernsehen abbrechen.

Harris sagt, dass diese Panikattacke durch den Stress seiner Arbeit als Journalist (und andere Faktoren) ausgelöst wurde, und dass er danach begann, Hilfe zu suchen. Diese Suche führte ihn schließlich zur Meditation, die ihm erlaubt „weise zu handeln statt blind zu reagieren“, wenn es um die Situationen und Herausforderungen geht, die uns allen im täglichen Leben begegnen.

Herausforderungen wie die kleine Stimme, die uns immer wieder erzählt, dass wir nicht gut genug sind, wie das Problem, dass wir uns von unseren Gedanken kontrollieren und blind für manches machen lassen, wie unsere eigene Reizbarkeit, die dazu führt, dass wir in die Luft gehen, wenn unser Herzensmensch oder unsere Kinder etwas tun, das uns frustriert oder stresst.

Dan kann jetzt bezeugen – und tut das auch in seinen Büchern und seinem Podcast –, dass diese Methode sein Leben auf Arten verändert hat, die er sich früher nie ausgemalt hätte.

Wenn du still bist, legst du deine eigene Sauerstoffmaske an, bevor du anderen hilfst. Die Vorzüge dieser Methode sind riesig und können dir dringend benötigte Klarheit und Seelenruhe bringen.

Mit anderen Worten: Wenn du Stille praktizierst, baust du Stress ab, verbesserst deine kognitive Leistung und gewinnst gleichzeitig Selbstvertrauen.

Geführte Meditationen und Meditations-Apps

Mit dem Meditieren verhält es sich wie mit den meisten anderen Dingen: Wenn man es noch nie ausprobiert hat, kann es sich am Anfang schwierig oder peinlich anfühlen. Wenn du noch nie meditiert hast, empfehlen wir dir, mit einer geführten Meditation anzufangen.

In den letzten zehn Jahren ist das Meditieren immer beliebter geworden, deshalb gibt es dazu jede Menge Ressourcen und Werkzeuge, mit denen du anfangen kannst. Da ist für jeden was dabei! Hier sind ein paar unserer Lieblings-Meditations-Apps, die sowohl für iPhone und iPad als auch für Android-Geräte verfügbar sind:

- Headspace
- Calm
- Omvana
- Simply Being
- Insight Timer

Zwischen diesen Meditations-Apps gibt es kleine, aber wichtige Unterschiede, darunter auch die Stimme des Sprechers bzw. der Sprecherin.

Wenn du kein Gerät hast, auf das du Apps herunterladen kannst, such doch einfach bei YouTube oder Google nach dem Stichwort „geführte Meditation". Du kannst auch nach einer bestimmten Dauer suchen (z. B. nach „geführte Meditation 5 Minuten"), oder nach einem Thema (z. B. „geführte Meditation für mehr Selbstvertrauen").

Die (individuelle) Miracle Morning-Meditation

Wenn du dich dafür bereit fühlst, ohne Anleitung zu meditieren, kannst du für deinen *Miracle Morning* diese Schritt-für-Schritt-Meditation nutzen, auch wenn du es noch nie zuvor ausprobiert hast.

- Bevor du anfängst, ist es wichtig, dass du dich mental darauf einstellst und deine Erwartungen festlegst. Nutze diese Zeit, um deine Gedanken zu beruhigen und den ewigen Drang, ständig über etwas nachzudenken, loszulassen. Hör auf, über Vergangenes nachzugrübeln oder dir Sorgen um die Zukunft zu machen, aber dabei nie ganz im Hier und Jetzt zu sein. In dieser Zeit darfst du deine Stressfaktoren vergessen, dir eine Pause davon gönnen, permanent auf deinen Problemen herumzukauen, und dich ganz auf den aktuellen Moment konzentrieren. Es ist eine Zeit, in der du ganz bei dir selbst und deinem innersten Kern bist und tiefer in dich eintauchst, als nur zu sehen, was du besitzt, was du tust oder in welche Schubladen du schon so lange gesteckt wirst, dass du selbst angefangen hast, sie zu verinnerlichen. Wenn dir das seltsam und esoterisch vorkommt, ist das okay. So ging es uns auch. Das liegt wahrscheinlich daran, dass du es noch nie ausprobiert hast. Zum Glück kannst du jetzt damit loslegen.
- Such dir einen Ort, an dem du bequem sitzen kannst: auf der Couch, auf einem Stuhl, auf dem Boden oder auf einem Kissen.
- Setz dich aufrecht im Schneidersitz hin. Du kannst die Augen schließen oder einen Punkt auf dem Boden, ungefähr einen halben Meter vor dir, anschauen.
- Konzentriere dich zunächst auf deine Atmung. Atme tief und langsam ein und aus. Atme dabei durch die Nase ein und durch den Mund wieder aus. Wenn du richtig atmest, spürst du es im Bauch, nicht in der Brust.
- Fang jetzt an, möglichst gleichmäßig zu atmen: Atme drei Sekunden lang ein und zähl im Kopf mit („einundzwanzig, zweiundzwanzig, dreiundzwanzig"), halte drei Sekunden lang die Luft an und atme dann langsam über drei Sekunden aus. Spüre dabei, wie sich deine Gedanken und Gefühle beruhigen, während du dich auf deine Atmung konzentrierst. Es kann sein, dass ab und zu ein Gedanke vorbeikommt, während du deinen Geist zur Ruhe bringst. Nimm ihn kurz wahr, lass ihn wieder ziehen und konzentriere dich weiter auf deine Atmung.

- Lass zu, dass du völlig im Augenblick existierst. Konzentriere dich darauf, einfach nur zu *sein*. Achte weiterhin auf deinen Atem und stell dir vor, dass du positive, liebevolle und friedliche Energie einatmest, während du gleichzeitig alle Sorgen und allen Stress ausatmest. Genieß die Stille. Genieß den Augenblick. Atme. Sei.
- Wenn du merkst, dass dennoch weiter Gedanken auf dich einprasseln, kann es hilfreich sein, wenn du dich auf ein einziges Wort, einen Satz oder ein Mantra konzentrierst, das du innerlich wiederholst, während du ruhig weiteratmest. Du könntest zum Beispiel so etwas ausprobieren: (beim Einatmen) „Ich atme Selbstbewusstsein ein …" (beim Ausatmen) „… Ich atme Furcht aus".
  Natürlich kannst du die Wörter „Selbstbewusstsein" und „Furcht" durch andere ersetzen. „Selbstbewusstsein" kann auch alles andere sein, von dem du dir mehr in deinem Leben wünschst (Liebe, Kraft, Energie usw.), statt „Furcht" kannst du auch etwas anderes nehmen, das du loslassen musst (Stress, Sorgen, Unzufriedenheit usw.).
  Du kannst dich auch nur auf deine Atmung konzentrieren und mitzählen: „Eins" beim Einatmen, „zwei" beim Ausatmen und so weiter. Jedes Mal, wenn du bei zehn ankommst, fängst du wieder bei eins an.

Meditation ist ein Geschenk, das du dir selbst jeden Tag machst. Für uns ist die Zeit, die wir mit Meditation verbringen, einer unserer Lieblingsteile der *Miracle Morning*-Routine. Wir fühlen uns friedlich, dankbar und befreit von allem, was uns täglich Stress und Sorgen bereitet.

Du kannst dir deine tägliche Meditation wie eine Auszeit von deinen Problemen vorstellen.

Die sind zwar immer noch da, wenn du fertig meditiert hast, aber du wirst merken, dass du mehr bei dir selbst bist und sie deshalb auch besser lösen kannst.

A wie Affirmations – Affirmationen

Hast du dich schon einmal gefragt, wie manche Menschen es schaffen, anscheinend *alles* zu erreichen, was sie anpacken, und anhaltend auf einem so hohen Level zu arbeiten, dass du dir kaum vorstellen kannst, irgendwann auch dort anzukommen? Und warum andere es kaum schaffen, irgendwie durchzukommen? Es hat sich immer wieder gezeigt, dass die *Geisteshaltung* einer Person der entscheidende Faktor für die erbrachte Leistung und die erzielten Resultate ist.

Als Geisteshaltung bezeichnen wir alle angesammelten Glaubensgrundsätze, Haltungen und die emotionale Intelligenz eines Menschen. In ihrem Bestseller *Selbstbild: Wie unser Denken Erfolge oder Niederlagen bewirkt* erklärt Dr. Carol Dweck: „Meine Forschung zeigt seit zwanzig Jahren, dass das Selbstbild, das man hat, tiefschürfend beeinflusst, was für ein Leben man führt."

Die Menschen, die dich umgeben, können deine Geisteshaltung spüren. Sie zeigt sich in deiner Sprache, deinem Selbstvertrauen und deinem Verhalten. Deine Geisteshaltung zeigt sich in allem! Zeig uns ein Paar mit erfolgreicher Geisteshaltung, dann zeigen wir dir eine erfolgreiche Beziehung.

Wir wissen allerdings aus Erfahrung, dass es schwierig sein kann, sich die richtige Geisteshaltung – das Selbstvertrauen und die Begeisterung, ganz zu schweigen von der Motivation – zu erhalten, wenn man sich der Achterbahnfahrt aussetzt, auf der man sich als Liebespaar ständig befindet.

Das liegt zu einem nicht unwesentlichen Teil daran, dass wir unsere Geisteshaltung oft akzeptieren, ohne bewusst darüber nachzudenken. Unbewusst werden wir alle darauf programmiert, auf eine bestimmte Art zu denken, zu glauben, zu handeln und über uns selbst zu reden.

Diese Programmierung stammt aus vielen Quellen, zum Beispiel aus der Art, wie andere mit uns umgehen, daraus, was wir uns selbst einreden, und aus all unseren guten und schlechten Erfahrungen im Leben. Sie zeigt sich in jedem Bereich unseres Lebens, auch darin, wie wir vor unseren Kindern miteinander umgehen. Das heißt, dass du deine geistige Programmierung verbessern musst, wenn du dir eine bessere Familiendynamik wünschst.

Affirmationen sind die Methode, mit der du genau das erreichen kannst. Sie versetzen dich in die Lage, deine Ziele bewusster zu verfolgen, und verleihen dir gleichzeitig die Bestärkung und die positive Geisteshaltung, die du brauchst, um sie zu erreichen. Wenn du dir immer wieder sagst, wer du sein möchtest, was du erreichen willst und wie du es schaffen wirst, werden sich deine Überzeugungen und dein Verhalten durch dein Unterbewusstsein verändern. Sobald du Neues glaubst und dich entsprechend verhältst, wirst du anfangen, deine Affirmationen in der Wirklichkeit zu erkennen.

Es ist wissenschaftlich belegt, dass Affirmationen – wenn man sie richtig einsetzt – eine der wirksamsten Methoden sind, zu der Person zu werden, die man werden muss, um alles zu erreichen, was man sich im Leben wünscht – für sich selbst und für die eigene Familie. Trotzdem werden Affirmationen oft als etwas Negatives angesehen. Viele von uns haben sie ausprobiert und waren dann enttäuscht, weil sie nur geringe oder gar keine Ergebnisse verspürten. Es gibt aber eine Methode, Affirmationen so einzusetzen, dass sie garantiert Früchte für deine Beziehung tragen.

Wenn du dir immer wieder sagst, **was** du erreichen willst, **warum** es dir wichtig ist, **was** du dafür tun wirst und – am allerwichtigsten – **wann** genau du es tun wirst, veränderst du damit deine unterbewussten Überzeugungen und dein Verhalten. Wenn du auf neue Arten denkst und handelst, werden sich deine Affirmationen ganz automatisch schon bald in der Wirklichkeit zeigen. Aber lass mich erst etwas erklären:

Warum Affirmationen nach der alten Methode nicht wirken

Unzählige sogenannte Experten und Gurus für Persönlichkeitsentwicklung lehren schon seit Jahrzehnten Affirmationen, die erwiesenermaßen nicht funktionieren und stattdessen dafür sorgen, dass viele Menschen daran scheitern.

Hier sind zwei der häufigsten Probleme mit Affirmationen:

Problem Nr. 1: Sich selbst zu belügen funktioniert nicht

Ich bin Millionär. Wirklich?
Ich bin der beste Ehemann bzw. die beste Ehefrau, der/die ich sein kann. Stimmt das?
Ich habe 7 Prozent Körperfett. Im Ernst?
Ich habe dieses Jahr alle meine Ziele erreicht. Ach ja?

Affirmationen auf der Basis zu entwickeln, dass du bereits etwas erreicht hast oder geworden bist, ist wahrscheinlich der Hauptgrund dafür, dass sie bei vielen Menschen nicht funktionieren.

Bei dieser Technik lehnt dein Unterbewusstsein jedes Mal die Affirmation ab, die nicht in der Wahrheit begründet liegt. Als intelligenter, nicht von Wahnvorstellungen besessener Mensch kannst du ja gar nicht davon profitieren, dir immer wieder selbst in die Tasche zu lügen. *Die Wahrheit wird sich stets durchsetzen.*

Problem Nr. 2: Passive Sprache bringt keine Ergebnisse

Viele Affirmationen sind so formuliert, dass sie dir ein leeres Versprechen von etwas liefern, das du dir wünschst. Denk zum Beispiel mal an diese sehr beliebte Geld-Affirmation, die von vielen weltberühmten Gurus gelehrt wird:

Ich bin ein Geldmagnet. Geld fließt mir einfach und reichlich zu.

Diese Art von Affirmation sorgt vielleicht dafür, dass du dich für den Moment gut fühlst, weil du deine Geldsorgen vorübergehend verdrängen kannst, aber sie verschafft dir kein Einkommen. Menschen, die sich untätig hinsetzen und darauf warten, dass das Geld wunderbarerweise von selbst zu ihnen kommt, besitzen meist nicht allzu viel.

Um die Art von Reichtum zu erlangen, die du dir wünschst (oder irgendein anderes Ergebnis, was das betrifft), musst du tatsächlich etwas tun. Dein Handeln muss auf das erwünschte Ergebnis ausgerichtet sein und deine Affirmationen müssen beides – das Ergebnis und dein Handeln – ansprechen und bestätigen.

Vier Schritte zu Affirmationen, die deine Beziehung verbessern

Hier sind vier einfache Schritte, die dir helfen, zielorientierte *Miracle Morning*-Affirmationen zu entwickeln und anzuwenden, die deine bewussten und unbewussten Gedanken umprogrammieren. Damit richtest du dein Denken darauf aus, dein Handeln zu verbessern, sodass du Ergebnisse erzielen und deinen privaten und professionellen Erfolg in Höhen heben kannst, die du noch nie zuvor gekannt hast.

Erster Schritt: Finde das ideale Ergebnis, dem du dich verschreiben willst, und bestimme, warum es dir wichtig ist

Es ist dir sicher aufgefallen, dass ich nicht frage, was du *willst*. Jeder will irgendetwas, aber wir bekommen nicht das, was wir wollen, sondern das, dem wir uns voll und ganz verschrieben haben.

Du willst ein großartiges Vorbild für deine Kinder sein? Wer nicht? Willkommen im nicht besonders exklusiven Club. Aber wenn du dich zu 100 Prozent dem Ziel verschreibst, der beste Ehemann oder die beste Ehefrau der Welt zu werden, indem du so lange alles tust, was nötig ist, bis du zu es erreicht hast? Dann könnte etwas daraus werden.

Übung:

Schreib zuerst ein spezifisches, außergewöhnliches Ergebnis auf – eines, das dich herausfordert, das dein Leben signifikant verbessern würde, und dem du dich vollkommen verschreiben würdest – auch, wenn du noch gar nicht weißt, wie du es erreichen kannst. Dann verstärkst du deinen Entschluss, indem du einen zwingenden *Grund* hinzufügst, der dich bei der Stange hält.

Beispiele:
Ich nehme mir fest vor, einmal pro Woche mit meinem Schatz auszugehen, um meinen Kindern eine gesunde Beziehung vorleben zu können.

Oder:
Ich verspreche mir selbst hundertprozentig, so gesund wie möglich zu leben, um die Energie zu erhalten, die ich brauche, damit ich bei meinen Kindern und meinem Herzensmenschen voll präsent sein kann.

Oder:
Ich werde jeden Tag 10 Minuten meditieren, damit ich lernen kann, Dinge gehen zu lassen, die mich sonst aufregen, damit ich nicht mehr so oft wütend auf meinen Partner/meine Partnerin und meine Kinder bin.

Zweiter Schritt: Was du tun wirst und wann du es tun wirst

Eine Affirmation aufzuschreiben, die nur bestätigt, was du *willst*, ohne gleichzeitig zu beschreiben, was du dafür zu *tun* bereit bist, ist fast völlig nutzlos. Es kann sogar kontraproduktiv sein, weil es dein Unterbewusstsein dazu verleiten kann, zu glauben, das Ergebnis würde automatisch eintreten, ohne dass du etwas dafür tun musst.

Übung:
Benenne spezifische Handlungen, Aktivitäten oder Gewohnheiten, die du brauchst, um dein Wunschziel zu erreichen, und leg dabei ganz deutlich fest, wann und wie oft du die notwendigen Handlungen durchführen wirst.

Beispiele:
Um sicherzustellen, dass ich jede Woche mit meinem Schatz ausgehen kann, verspreche ich mir hundertprozentig, jede Woche bis Mittwoch

für das darauffolgende Wochenende einen Babysitter zu finden, mir zu überlegen, was wir unternehmen können, und Zeit in meinem Kalender zu blocken.

Oder:
Um sicherzustellen, dass ich so gesund wie möglich leben, verspreche ich mir hoch und heilig, fünfmal pro Woche zwischen 6 und 7 Uhr ins Fitnessstudio zu gehen und dort mindestens 20 Minuten lang auf dem Laufband zu laufen.

Oder:
Damit ich weniger wütend werde, wenn mich etwas aufregt, werde ich jeden Morgen 10 Minuten lang als Teil meiner Life S.A.V.E.R.S.-Routine meditieren.

Je *präziser* du deine Handlungen beschreibst, desto besser. Je effektiver du beschreibst, wie du dich ihnen verschrieben hast, desto wahrscheinlicher ist es, dass du bei der Stange bleibst. Achte darauf, dass du auf jeden Fall aufschreibst, *wann*, *wie häufig* und *wie lange* du die Handlungen durchführen wirst.

Dritter Schritt: Sprich deine Affirmationen jeden Morgen mit Gefühl laut aus

Denk daran, dass deine *Miracle Morning*-Affirmationen nicht nur dazu dienen, dass du dich besser fühlst. Diese aufgeschriebenen Absichtserklärungen sollen strategisch eingesetzt werden, um dein Unterbewusstsein mit Überzeugungen und einer Geisteshaltung neu zu programmieren, die du brauchst, um deine Wunschziele zu erlangen, und gleichzeitig dein bewusstes Denken zu steuern, damit du dich auf deine obersten Prioritäten konzentrierst und die Schritte unternimmst, die dich zum Ziel bringen.

Damit deine Affirmationen ihre ganze Wirkung entfalten, ist es allerdings wichtig, dass du mit deinen Emotionen in Berührung bist, wenn du sie aufsagst. Eine Affirmation gedankenlos herunterzubeten, ohne dabei bewusst zu spüren, wie wahr sie ist, wird dich nicht viel weiterbringen. Du bist selbst dafür zuständig, authentische Emotionen in dir zu finden, zum Beispiel Vorfreude und Entschlossenheit, und diese Emotionen jedes Mal in deine Affirmationen einfließen zu lassen, wenn du sie laut aussprichst.

Bestätige dir selbst, wer du werden musst, um die Dinge tun zu können, die du tun musst, um deine Wunschziele zu erreichen. Wir sagen es nochmal: Das ist keine Hexerei. Diese Strategie funktioniert, wenn es dir gelingt, *mit der Person in Kontakt zu treten, zu der du auf dem Weg zu deinem Ziel werden musst.* Wer du bist, beeinflusst das Ergebnis viel mehr als alles andere.

Übung:
Nimm dir jeden Tag Zeit, während des *Miracle Morning* deine Affirmationen zu lesen, um dein Unterbewusstsein zu programmieren und dein bewusstes Denken darauf zu fokussieren, was dir am wichtigsten ist und was du bereit bist, dafür zu unternehmen. Du hast richtig gelesen: jeden Tag. Affirmationen nur hin und wieder zu lesen ist so effektiv wie nur ab und zu Sport zu treiben. Resultate siehst du nur, wenn du es zum Teil deiner täglichen Routine machst.

Bewahre deine Affirmationen dort auf, wo du dich an sie erinnerst: unter der Sonnenblende deines Autos, am Badezimmerspiegel. Ein hervorragender Ort, sie dir vorzunehmen, ist unter der Dusche. Wenn du sie laminierst und dort liegen lässt, hast du sie jeden Tag gleich zur Hand. Du kannst sie sogar mit Whiteboardmarker direkt auf den Spiegel schreiben. Je öfter sie dir begegnen, desto leichter fällt es deinem Unterbewusstsein, sie zu verinnerlichen und dein Denken und Handeln zu ändern.

Vierter Schritt: Pass deine Affirmationen ständig an

Während du wächst und dich dabei verbesserst und entwickelst, sollte das Gleiche auch für deine Affirmationen gelten. Wenn dir ein neues Ziel, ein neuer Traum oder ein anderes außergewöhnliches Ergebnis einfällt, das du im Leben erschaffen willst, füge es einfach zur Liste deiner Affirmationen hinzu.

Wir selbst haben Affirmationen für jeden wichtigen Bereich unseres Lebens (unsere Ehe, Finanzen, Gesundheit, Glück, Beziehungen, Kinder usw.) und passen sie jedes Mal an, wenn wir etwas Neues lernen. Wir sind immer auf der Suche nach Zitaten (in diesem Buch wirst du einige davon finden!), Strategien und Philosophien, die wir hinzufügen können, um unsere Geisteshaltung weiter zu verbessern.

Denk einfach jedes Mal, wenn dir ein inspirierendes Zitat oder ein philosophischer Ansatz begegnet, der dich anspricht: *Wow, in diesem Bereich könnte ich mich noch mächtig verbessern*, und erweitere deine Affirmationen entsprechend.

Vergiss dabei aber nicht, dass deine Affirmationen auf dich und darauf, wie du dich in deinem Leben und deiner Beziehung verhalten willst, zugeschnitten sein müssen und mit dem Wort „ich" beginnen sollten. Sie müssen spezifisch sein, damit sie eine Auswirkung auf dein Unterbewusstsein haben.

Deine Programmierung kann ab sofort jederzeit verändert und verbessert werden. Du kannst alles, von dem du glaubst, dass es dich einschränkt, wegprogrammieren und durch neue Grundsätze und Verhaltensweisen ersetzen, die dir helfen, in jedem Lebensbereich erfolgreicher zu werden.

Kurz gesagt: Deine neuen Selbstbestätigungen drücken die großen Ziele aus, denen du dich verschrieben hast, und warum sie dir so wichtig sind.

Von noch größerer Bedeutung ist allerdings, dass du darin formulierst, was du dir vornimmst, dafür zu tun, und wann du es tun wirst. Nur so kannst du sicherstellen, dass du das hohe Maß an Erfolg erreichst, das du im Leben willst (und verdienst).

Affirmationen für eine legendäre Beziehung

Zusätzlich zu der oben aufgeführten Formel, mit der du deine eigenen Affirmationen erschaffen kannst, geben wir dir eine Liste von Beispielen an die Hand, die deine Kreativität anregen können. Bonustipp: Wenn du deine Beziehungsaffirmationen zusammengestellt hat, teile sie mit deinem Herzensmenschen. Vielleicht könnt ihr sogar zusammen Affirmationen entwickeln und so die Vision entstehen lassen, die ihr miteinander und voneinander habt.

- Ich bin es ebenso wert, eine legendäre Beziehung zu führen, wie jeder andere Mensch auf der Welt; ich habe es verdient und ich kann es schaffen – und heute werde ich das durch alles, was ich tue, beweisen.
- Ich möchte, das meine Beziehung zu meinem Partner/meiner Partnerin als Modell für das dient, was ich meinen Kindern in Zukunft wünsche, deshalb werde ich zunächst lernen, besser zuzuhören.
- Wo ich jetzt bin, hängt von der Person ab, die ich *war*, aber wohin ich gehe, liegt allein an der Person, die zu sein ich mich ab sofort *entscheide*.
- Veränderungen in meiner Beziehung beginnen bei *mir*. Ich nehme mir fest vor, 30 bis 60 Minuten meines Tages in den *Miracle Morning* und die *Life S.A.V.E.R.S.* zu investieren, damit ich weiter zu der Person werden kann, die ich sein muss, um die Beziehung zu erschaffen, die ich mir in meinem Leben wünsche.
- Ich werde mich darauf konzentrieren, neue Dinge zu lernen und mein Du-Element jeden Tag zu verbessern. Deshalb werde ich ab sofort jeden Monat mindestens ein Buch lesen oder wiederlesen, das mir dabei hilft.
- Ich werde meinem Herzensmenschen helfen, sich selbst zu entfalten und zu entwickeln, indem ich jeden Tag mit ihm teile, was ich gelernt habe.
- Ich werde mich ständig und immer weiter in den Aufgaben verbessern, die nötig sind, damit ich jeden Tag optimal funktionieren kann.
- Ich werde meinen Herzensmenschen genau so lieben, wie er heute ist, und ich werde eine Liste der Gründe schreiben, aus denen ich ihn liebe. Diese Liste werde ich mit selbst jeden Tag vorlesen und auswendig lernen.

- Ich nehme mir fest vor, beim Abendessen an fünf Tagen pro Woche alle Handys und Tablets vom Tisch zu verbannen, damit wir als Familie stärker werden und unsere Verbindung zueinander stärken können.

Das sind nur ein paar Beispiele für Affirmationen. Du kannst sie gerne verwenden oder dir nach der oben beschriebenen Formel deine eigenen erschaffen. Alles, was du dir regelmäßig mit Gefühl selbst sagst, wird in dein Unterbewusstsein einprogrammiert, hilft dir, neue Überzeugungen zu finden, und zeigt sich in dem, was du tust. Und vergiss nicht, sie mit deinem Schatz zu teilen!

V für Visualization – Visualisierung

Visualisierung ist schon seit langem eine beliebte Methode für Spitzensportler, die ihre Leistungen noch verbessern möchten. Olympiateilnehmer und Überflieger in vielen Sportarten nutzen die Kraft der Visualisierung als Teil ihres täglichen Trainings. Weniger bekannt ist die Tatsache, dass auch Menschen in glücklichen, erfolgreichen Beziehungen diese Methode häufig anwenden.

Visualisierung ist eine Technik, bei der man seine Fantasie dafür nutzt, sich ein überzeugendes Bild der Zukunft zu erschaffen, um dadurch mehr Klarheit und Motivation zu erlangen, die dabei helfen, diese Vision wahr werden zu lassen.

Wenn du ein paar faszinierende Infos darüber erhalten möchtest, *warum* Visualisierungen funktionieren, google einfach mal nach „Spiegelneuronen". Neuronen sind Zellen, die das Gehirn mit anderen Körperteilen verbinden, und Spiegelneuronen sind eine Unterart davon, die immer dann aktiv wird, wenn wir etwas tun oder jemand anderen dabei beobachten, wie er etwas tut. Dieser Forschungsbereich der Neurologie ist noch relativ jung, aber es scheint so, als könnten uns diese Zellen helfen, unsere eigenen Fähigkeiten zu verbessern, indem wir anderen Menschen dabei zusehen, wie sie etwas machen, *oder* indem wir uns vorstellen, es selbst zu tun.

Manche Studien deuten darauf hin, dass erfahrene Gewichtheber ihre Muskelmasse allein dadurch vergrößern können, dass sie es sich vorstellen. Das ist die Kraft von Spiegelneuronen. In bestimmten Hinsichten kann unser Gehirn nicht zwischen einer lebhaften Visualisierung und einer tatsächlichen Erfahrung unterscheiden. Verrückt, nicht wahr?

Was visualisierst du?

Die meisten Paare schränken sich selbst ein, indem sie sich ihre Resultate aus der Vergangenheit vorstellen. Vor ihrem inneren Auge tauchen immer wieder Gelegenheiten auf, bei denen sie gescheitert sind oder ihnen das Herz gebrochen ist. Das führt zu sich wiederholenden Mustern aus schlechter Konfliktbewältigung, sodass Herausforderungen immer wieder nur kurzfristig beigelegt werden können.

Kreative Visualisierung dagegen ermöglicht dir, eine neue Vision zu entwerfen, die deinen Geist beschäftigt und sicherstellt, dass die Zukunft dein größter Einfluss ist – eine überzeugende, spannende und grenzenlose Zukunft. So schafft ihr es als Paar, die Startlinie hinter euch zu lassen, an der ihr eure Beziehung nur immer wieder kittet, und in die Beziehung zu stürmen, die ihr euch wirklich wünscht.

Wie visualisiert man also? Zunächst liest du deine Affirmationen durch, dann setzt du dich aufrecht hin, schließt die Augen und atmest ein paar Mal langsam, tief durch. Dann visualisierst du fünf bis zehn Minuten lang die *konkreten Maßnahmen*, die notwendig sind, um deine kurz- bis langfristigen Ziele zu verwirklichen.

Hast du gemerkt, dass wir *nicht* gesagt haben, du solltest die Ergebnisse visualisieren? Viele Menschen werden in dieser Frage anderer Meinung sein, aber es gibt einige Studien, die zeigen, dass die Visualisierung eines Resultats (des neuen Autos, des Traumhauses, des Schritts über die Ziellinie, des Applauses, den du auf der Bühne entgegennimmst, usw.) deinen Antrieb sogar verringern kann, weil dein Gehirn die Belohnung auf einer gewissen Ebene bereits erlebt hat.

Stattdessen empfehlen wir dir, dich bei deiner Visualisierung auf die nötigen Schritte zum Ziel zu konzentrieren. Stell dir vor, wie du Dinge tust – insbesondere solche, die du für gewöhnlich nicht gerne tust und häufig aufschiebst –, und zwar auf eine Weise, die dir ein überzeugendes geistiges und emotionales Bild dieser Tätigkeit erschafft.

Hal zum Beispiel hasste Laufen, aber er nahm sich trotzdem vor, einen 52-Meilen-Ultramarathon zu laufen (und sprach auch in der Öffentlichkeit darüber). Während seiner fünf Trainingsmonate nutzte er die *Miracle Morning*-Visualisierungen dafür, sich vorzustellen, wie er sich die Laufschuhe zuband und loslief – *mit schwungvollen Schritten und einem Lächeln im Gesicht* –, also hatte er die Erfahrung bereits zu etwas Positivem und Angenehmen umprogrammiert, als es Zeit war, mit dem Training loszulegen.

Du könntest dir zum Beispiel vorstellen, wie du dich gut gelaunt mit deinem Partner oder deiner Partnerin unterhältst. Nimm dir Zeit und male dir aus, wie ihr beim Abendessen miteinander redet. Wie sieht das aus? Wie fühlt es sich an, eine großartige Beziehung aufzubauen? Stell dir auch vor, wie du ganz ruhig mit Rückschlägen und Hindernissen umgehst.

Such dir die wichtigen Tätigkeiten oder Fähigkeiten aus, bei denen du das Gefühl hast, du könntest sie noch besser machen. Wenn du sowohl das Ergebnis als auch die Schritte auf dem Weg dorthin visualisierst, ist es fast garantiert, dass der Tag mit deinem Schatz ein voller Erfolg wird.

Drei einfache Schritte für die Miracle Morning-Visualisierung

Unmittelbar nach dem Leser deiner Affirmationen ist der perfekte Zeitpunkt, dir vorzustellen, wie du ideal im Einklang mit ihnen lebst.

Erster Schritt: Vorbereitung

Manche Menschen lassen bei der Visualisierung gerne Instrumentalmusik im Hintergrund laufen, zum Beispiel klassische oder Barockmusik. Achte darauf, dass die Musik keinen Text hat, der dich ablenken könnte. Lance hört sich gern eine hervorragende Spotify-Playlist namens „Music for Concentration“ an. Wenn du mit Musik experimentieren willst, ist es wichtig, dass du sie nicht zu laut drehst.

Setz dich jetzt aufrecht und bequem hin, auf einen Stuhl, aufs Sofa oder mit einem Kissen auf den Boden. Atme tief durch. Schließ die Augen, schieb deine Gedanken beiseite und lass alle selbstauferlegten Einschränkungen los, während du dich darauf vorbereitest, die Vorteile von Visualisierungen zu genießen.

Zweiter Schritt: Visualisiere, was du wirklich willst

Vielen Menschen gefällt der Gedanke nicht, sich Erfolg vorzustellen; manche haben sogar Angst davor, zu erfolgreich zu werden. Dadurch spüren sie einen inneren Widerstand gegen diese Methode. Einige von ihnen fühlen sich sogar schuldig, weil sie 95 Prozent der anderen hinter sich lassen, wenn sie Erfolg haben.

Dieses berühmte Zitat von Marianne Williamson hilft allen, die mentalen oder emotionalen Widerstand verspüren, wenn sie versuchen zu visualisieren: *Unsere tiefste Angst ist nicht, nicht genug zu sein. Unsere tiefsitzendste Angst ist es, grenzenlose Macht zu haben. Unser Licht jagt uns mehr Furcht ein als unsere Finsternis. Wir fragen uns: „Wer bin ich, dass ich brillant, wunderschön, talentiert, großartig sein sollte?“ Ich frage zurück: Wer bist du, dass du es nicht bist? Du bist ein Kind Gottes. Du hilfst der Welt nicht, indem du dich klein machst. Zu schrumpfen, um andere nicht zu verunsichern, hat nichts mit Erleuchtung zu tun. Wir sind dafür gemacht zu strahlen, so wie alle Kinder. Wir sind dazu geboren, Gottes Glanz, der in uns schlummert, in die Welt zu tragen. Und das betrifft nicht nur manche von uns, der Glanz steckt in jedem. Wenn wir unser eigenes Licht scheinen lassen, geben wir damit unbewusst den Menschen in unserer Umgebung die Erlaubnis, das Gleiche zu tun. Wenn wir unsere eigene Furcht abstreifen, befreien wir damit automatisch andere.*

Betrachte das als das größte Geschenk, das du deinen Liebsten machen kannst: dass du dein ganzes Potenzial im Leben ausschöpfst. Wie sieht das für dich aus? Was willst du wirklich? Vergiss Logik, Einschränkungen und praktische Überlegungen. Wenn du alles erreichen könntest, beruflich und privat, wie sähe das dann aus?

Sieh, fühle, höre, berühre und schmecke jede Einzelheit deiner Vision. Setz alle deine Sinne ein, um deine Visualisierung noch wirksamer zu gestalten. Je lebendiger sie dir vor Augen steht, desto größer wird dein Antrieb, die nötigen Schritte zu unternehmen, um sie wahr werden zu lassen.

Dritter Schritt: Visualisiere, wie du dein Ziel problemlos (und mit Freuden) erreichst

Sobald du dir ein klares Bild davon erschaffen hast, was du willst, führe dir vor Augen, was du genau tun musst, um deine Vision mit dem größten Selbstvertrauen und Vergnügen wahr werden zu lassen. Stell dir vor, wie du die notwendigen Schritte ausführst (wie du dich bewegst, schreibst, verkaufst, präsentierst, einen Vortrag hältst, telefonierst, E-Mails schreibst usw.). Stell dir vor, dass man dir das enorme Selbstvertrauen ansieht, das du spürst, während du dich eingehend mit deinem Herzensmenschen über wichtige Dinge unterhältst. Stell dir vor, wie du anwesend und konzentriert bleibst, während du ihm zuhörst.

Sieh und *spüre*, wie du auf dem Laufband strahlst, weil du so stolz darauf bist, dass du die Selbstdisziplin aufgebracht hast, bei der Stange zu bleiben. Mit anderen Worten: Visualisiere dich selbst, wie du voller Freude tust, was zu tun ist – insbesondere, wenn es etwas ist, das du normalerweise nicht so gerne machst. Stell dir vor, wie es sich anfühlt, wenn es dir doch Spaß macht.

Sieh vor deinem inneren Auge, wie entschlossen dein Gesicht aussieht, während du immer wieder voller Selbstvertrauen den

Kontakt zu deinem Herzensmenschen suchst, dir seine Bedürfnisse anhörst und dann umsetzt, was er von dir braucht. Visualisiere dich selbst als ruhiger, selbstsicherer und gut vorbereiteter Teil der Beziehung. Stell dir vor, wie ihr ganz natürlich miteinander umgeht, wie du den Abend planst, an dem ihr zusammen ausgeht, und alles organisierst. Mal dir aus, wie du gemeinsam mit deinem Schatz etwas ausprobierst, was du schon immer mal machen wolltest. Stell dir vor, wie deine Familie mehr zu lächeln und lachen beginnt, wenn sie auf dein glücklicheres Ich reagiert.

Dich selbst als Person zu *sehen*, die alles im Griff hat, ist der erste Schritt auf dem Weg dazu, eine Person zu *werden*, die alles im Griff hat.

Abschließende Gedanken zur Visualisierung

Wenn du deine Visualisierungen jeden Morgen mit den Affirmationen kombinierst, kurbelst du damit die Umprogrammierung deines Unterbewusstseins so richtig an, damit du schon bald durch Höchstleistungen zum Erfolg kommst. Täglich zu visualisieren richtet deine Gedanken, deine Gefühle und dein Verhalten ganz auf deine Vision aus. Dadurch wird es dir viel leichter fallen, dir die Motivation zu erhalten, die du brauchst, um immer wieder zu tun, was nötig ist. Außerdem baust du dadurch dein Selbstvertrauen auf, wirst präsenter und förderst und forderst dein Du-Element, sodass du dein Bestes in die Beziehung einbringen kannst. Visualisierung kann ein mächtiges Werkzeug sein, wenn es darum geht, selbsteinschränkende Überzeugungen (zum Beispiel die Angewohnheit, alles auf die lange Bank zu schieben) zu überwinden und endlich zu tun, was nötig ist, um außergewöhnliche Ergebnisse zu erreichen.

E wie Exercise – Bewegung

Bewegung sollte einen festen Bestandteil deines *Miracle Morning* darstellen. Schon ein paar Minuten körperlicher Ertüchtigung pro Tag verbessern deine Gesundheit, dein Selbstvertrauen und deine emotionale Balance entscheidend und helfen dir dabei, klarer zu denken und dich länger zu konzentrieren. Du wirst außerdem feststellen, wie viel mehr Energie du hast, wenn du dich täglich bewegst, und das merkt auch dein Schatz.

Die Experten für Persönlichkeitsentwicklung und Selfmade-Multimillionäre Eben Pagan und Tony Robbins (der darüber hinaus auch noch Bestsellerautor ist) sind sich einig, dass der Schlüssel zum Erfolg darin liegt, jeden Morgen mit einem Erfolgsritual zu beginnen. Beide schwören in ihren jeweiligen Ritualen auf irgendeine Art von Bewegung. Eben betont, wie wichtig ihm *Früh*sport ist: „Du musst jeden Morgen dafür sorgen, dass dein Puls und dein Kreislauf in Schwung kommen, und dass sich deine Lungen mit Sauerstoff füllen."

Er fährt fort: „Beweg dich nicht nur abends oder im Lauf des Tages. Selbst wenn du lieber zu diesen Zeiten Sport treibst, solltest du morgens zumindest 10 bis 20 Minuten lang Hampelmänner oder eine andere Art von Aerobic-Übung machen." Hey, wenn das für Eben und Tony funktioniert, dann passt das für uns (und dich!) auch.

Wenn du jetzt denkst, du müsstest gleich anfangen, für einen Triathlon oder einen Marathon zu trainieren, können wir dich beruhigen. Wenn du bereits Sport treibst, muss die neue Bewegung am Morgen auch nicht das ersetzen, was du nachmittags oder abends machst. Du kannst immer noch zur gewohnten Zeit ins Fitnessstudio gehen. Die Vorzüge, wenn du dich auch nur fünf Minuten zusätzlich am Morgen bewegst, sind jedoch nicht zu übersehen: Dein Blutdruck und dein Blutzuckerspiegel werden sich verbessern und gleichzeitig sinkt das Risiko, an einigen besonders fiesen Dingen wie Herzkrankheiten, Osteoporose, Krebs und Diabetes zu erkranken. Am wichtigsten ist allerdings wahrscheinlich, dass du nach einer Runde Bewegung am Morgen mehr Energie für den anspruchsvollen Rest des Tages hast.

Wie wäre es zum Beispiel mit einem Spaziergang, einer Runde Laufen oder einem Yogavideo auf YouTube? Oder ein paar Kniebeugen, Liegestützen oder Rumpfbeugen? Vielleicht probierst du auch mal die hervorragende App *7-Minute Workout* aus, die dir in nur 7 Minuten ein umfassendes Ganzkörpertraining verschafft. Du hast die Wahl; such dir eine Sportart aus und leg einfach los!

Für die eigene Beziehung alles zu geben, ist nicht leicht. Du brauchst dafür Konzentration und Hingabe. Deshalb solltest du dir einen unerschöpflichen Energievorrat zulegen, damit du die Herausforderungen spielend meisterst, die dir jeden Tag begegnen – und ein tägliches Frühsportritual verleiht dir genau das.

Frühsport fürs Gehirn

Falls dir deine körperliche Fitness völlig egal sein sollte, solltest du bedenken, dass Bewegung dich außerdem klüger macht, was deine Fähigkeit, Probleme zu lösen, nur verbessern kann. Dr. Steven Masley, ein Arzt und Ernährungsexperte aus Florida, der sich in seiner Praxis auf Manager spezialisiert hat, erklärt den direkten Zusammenhang zwischen Bewegung und geistigen Fähigkeiten:

„Wenn wir über Hirnleistung sprechen, stellen wir schnell fest, dass die aerobe Kapazität die beste Methode ist, zu messen, wie schnell das Gehirn funktioniert. Wie schnell man einen Hügel hinauf laufen kann, steht in direktem Zusammenhang dazu, wie schnell das Gehirn funktioniert und auf neue Eindrücke und Herausforderungen reagiert."

Masley hat ein Wellnessprogramm für Unternehmen entwickelt, das auf der Arbeit mit über 1.000 Patienten basiert. „Im Durchschnitt verbessert sich die Hirngeschwindigkeit der Teilnehmer an diesem Programm um 25 bis 30 Prozent."

Lance macht jeden Morgen etwa 10 bis 15 Minuten lang verschiedene Übungen mit dem eigenen Körpergewicht. Dabei folgt er den Vorgaben einer Pyramiden-Routine (Sets von je 5, 10, 15, 10 und 5 Wiederholungen). Brandy geht den Hügel in unserer Straße hoch und hinunter und hört dabei einen inspirierenden Podcast (und trainiert so gleichzeitig ihr Gehirn!). Hal hat sich für seinen Frühsport für Yoga entschieden und damit kurz nach der Erfindung des *Miracle Morning* angefangen. Seither liebt er es.

Abschließende Gedanken zur Bewegung

Du weißt wahrscheinlich schon, dass du dich regelmäßig bewegen musst, wenn du gesund bleiben und mehr Energie bekommen willst. Das ist schließlich allgemein bekannt. Aber nicht so bekannt ist es, wie einfach es ist, Ausreden zu finden. Die zwei häufigsten sind: „Ich habe keine Zeit“ und „Ich bin zu müde“, aber die Liste ist natürlich noch viel länger. Du kannst dir praktisch unendlich viele verschiedene Ausreden ausdenken. Und je kreativer du bist, desto mehr fallen dir ein.

Das ist das Schöne daran, Bewegung zu einem Teil deines *Miracle Morning* zu machen: Du kümmerst dich darum, bevor du von deinem Tag erschöpft bist und einen ganzen Tag lang Zeit hattest, dir Ausreden auszudenken. Weil der *Miracle Morning* jeden Tag als Erstes kommt, ist er eine todsichere Methode, deinen inneren Schweinehund zu überwinden und Frühsport zu einer täglichen Angewohnheit zu machen.

Haftungsausschluss: Es versteht sich von selbst, aber wir weisen vorsichtshalber darauf hin, dass du mit deinem Hausarzt sprechen solltest, bevor du anfängst, Sport zu treiben, insbesondere dann, wenn du Schmerzen, Beschwerden oder Behinderungen hast. Es ist möglich, dass du deine sportlichen Betätigungen deinen persönlichen Bedürfnissen anpassen oder sogar ganz darauf verzichten musst.

R wie Reading – Lesen

Eine der schnellsten Methoden, alles zu erreichen, was man sich wünscht, ist, sich erfolgreiche Vorbilder zu suchen. Welches Ziel du dir auch immer gesteckt hast, es ist sehr wahrscheinlich, dass es irgendwo einen Experten gibt, der das gleiche oder ein ähnliches Ziel bereits erreicht hat. Tony Robbins drückt es so aus: „Erfolg hinterlässt Spuren.“

Glücklicherweise teilen einige der Allerbesten ihre Geschichten in schriftlicher Form. Das bedeutet, dass all diese Baupläne für Erfolg nur darauf warten, von jemandem angewandt zu werden, der sich die Zeit nimmt, sie zu studieren. Bücher sind eine schier unerschöpfliche Quelle für Hilfe und praktische Anleitungen, die du jederzeit zu Rate ziehen kannst.

Wenn du sowieso schon gerne liest, ist das toll! Aber falls du zu der Mehrheit unserer Gesellschaft gehörst, die damit zufrieden ist, morgens ein- und abends auszustempeln und möglichst wenig für einen mittelmäßigen Lohn zu tun, wartet hier eine unglaubliche Gelegenheit auf dich.

Manchmal hören wir jemanden sagen: „Ich bin so beschäftigt, zum Lesen habe ich einfach keine Zeit." Das können wir verstehen. Es gibt aber auch noch andere Möglichkeiten, etwas Zeit in Bücher zu investieren. Du könntest zum Beispiel ein Hörbuch hören (und dabei in dein Tagebuch schreiben – Bonus!), auch das ist Lesen. Wir sind außerdem große Fans von Brian Johnsons *Philosopher's Notes*-Reihe, in der er die großen Thesen seiner Lieblingsbücher, von denen viele Persönlichkeitsentwicklungs-Bestseller sind, zusammenfasst.

Es zahlt sich aus, jeden Tag eine, zehn oder sogar zwanzig Minuten Zeit zu finden, um sich die Weisheit zu erschließen, die in Büchern steckt. Nutze einfach ein paar der Strategien, die wir weiter vorne im Buch beschrieben haben, surfe fünf Minuten weniger auf Facebook herum, bevor du in den Tag startest, oder lies beim Mittagessen und ernähre gleichzeitig deinen Körper und deinen Geist.

Hier sind ein paar Buchempfehlungen von Hal und uns, mit denen du anfangen kannst. Glaub uns, wenn du erst einmal angefangen hast zu lesen, wirst du nie wieder damit aufhören wollen!

Zum Thema „Beziehungen und Liebe":

- *Die 7 Geheimnisse der glücklichen Ehe* von Dr. John Gottman
- *Die fünf Sprachen der Liebe. Wie Kommunikation in der Ehe gelingt* von Gary Chapman
- *Love: What Life is All About …* von Leo Buscaglia

- *Vollendung in Liebe. Von der Kunst, mit sich und den anderen glücklich zu werden* von Don Miguel Ruiz
- *Nie mehr Mr. Nice Guy. Wie Sie als Mann bekommen, was Sie wollen – im Leben, in der Liebe und beim Sex* von Robert Glover (für Männer)
- *Lieben heißt die Angst verlieren* von Gerald Jampolsky

Zum Thema „Mindset"

- *Selbstbild: Wie unser Denken Erfolge oder Niederlagen bewirkt* von Dr. Carol Dweck
- *The Art of Exceptional Living* von Jim Rohn
- *The One Thing: Die überraschend einfache Wahrheit über außergewöhnlichen Erfolg* von Gary Keller und Jay Papasan
- *Die 7 Wege zur Effektivität: Prinzipien für persönlichen und beruflichen Erfolg* von Stephen R. Covey
- *Perfekt! Der überlegene Weg zum Erfolg* von Robert Greene
- *Die 4-Stunden-Woche: Mehr Zeit, mehr Geld, mehr Leben* von Timothy Ferris
- *Das Lebensspiel und seine Regeln* von Florence Scovel Shinn
- *The Compound Effect: Jumpstart Your Income, Your Life, Your Success* von Darren Hardy
- *Taking Life Head On: How to Love the Life You Have While You Create the Life of Your Dreams* von Hal Elrod
- *Denke nach und werde reich* von Napoleon Hill
- *Vision to Reality: How Short Term Massive Action Equals Long Term Maximum Results* und *Business Dating: Applying Relationship Rules in Business for Ultimate Success* von Honorée Corder
- *In meinem Element. Wie wir von erfolgreichen Menschen lernen können, unser Potenzial zu entdecken* von Sir Ken Robinson und Lou Aronica
- *Spirit Led Instead: The Little Tool Book of Limitless Transformation* von Jenai Lane

Bücher sind nicht nur Werkzeuge, die deine Beziehung zum Erfolg führen. Sie können dir auch helfen, dein Selbstwertgefühl zu steigern und deine Kommunikationsfähigkeit zu verbessern. Du kannst daraus lernen, wie man gesund lebt und jeden anderen Lebensbereich verbessert, den du dir vorstellen kannst. Geh in die Bibliothek oder die Buchhandlung bei dir vor Ort – oder mach es wie wir und geh auf www.amazon.de – und du wirst mehr Bücher zu jedem Lebensbereich finden, den du verbessern willst, als du dir vorstellen kannst.

Eine vollständige Liste von Hals Lieblingsbüchern zum Thema Persönlichkeitsentwicklung – darunter auch die, die den größten Einfluss auf seinen Erfolg, seine Gesundheit und sein Glück hatten – findest du auf der Liste mit Leseempfehlungen auf www.TMMBook.com.

Wie viel sollte ich lesen?

Wir empfehlen, dass du dir mindestens zehn Seiten am Tag vornimmst (es ist aber auch okay, mit fünf Seiten am Tag anzufangen, wenn du langsam liest oder noch nicht so viel Spaß daran hast).

Zehn Seiten klingt nach nicht besonders viel, aber rechnen wir es doch mal durch. Wenn du jeden Tag zehn Seiten liest, kommst du im Jahr auf 3.650 Seiten – also ungefähr achtzehn Bücher mit je 200 Seiten, die dich auf die nächste Stufe heben, damit du das Gleiche auch für deine Beziehung tun kannst. Und das alles in nur zehn bis fünfzehn Minuten am Tag, oder vielleicht fünfzehn bis dreißig Minuten, wenn du nicht so schnell liest.

Glaubst du, dass du deine Geisteshaltung verbessern, selbstbewusster werden und neue Beziehungserfolgsstrategien lernen kannst, wenn du in den nächsten zwölf Monaten achtzehn Bücher über Persönlichkeitsentwicklung und/oder Beziehungsentwicklung liest? Dass du zu einer besseren, fähigeren Version der Person werden kannst, die du heute bist? Dass sich das auch in deiner Beziehung zeigen wird? Dann liegst du genau richtig! Jeden Tag zehn Seiten zu lesen ist nur wenig Aufwand, aber die Früchte, die es trägt, sind enorm.

Abschließende Gedanken zum Lesen

- Denk am besten bereits an das Ergebnis, wenn du loslegst. Was erhoffst du dir von einem bestimmten Buch? Nimm dir jetzt einen Moment Zeit und stell dir diese Frage zu *Miracle Morning für Paare*.
- Du musst dich nicht zwingen, ein Buch von Anfang bis Ende durchzulesen; du musst es nicht einmal ganz zu Ende lesen. Denk daran, dass deine Lesezeit ganz *dir selbst* gehört. Schau ins Inhaltsverzeichnis, um keine Teile zu übersehen, die dich interessieren, und zögere nicht, ein Buch wegzulegen und ein anderes zur Hand zu nehmen, wenn es dir nicht zusagt. Es gibt so unendlich viele interessante Informationen, da brauchst du keine Zeit auf mittelmäßige Bücher zu verschwenden.
- Viele Anwender des *Miracle Morning* nutzen ihre Lesezeit für religiöse Texte wie die Bibel oder die Torah.
- Wenn du das Buch nicht gerade aus einer Bibliothek oder von einem Freund geliehen hast, nimm dir die Freiheit, Passagen, Sätze und einzelne wichtige Wörter zu unterstreichen, einzukreisen und zu markieren, dem Buch Eselsohren zuzufügen und Randnotizen zu machen. Wenn du das Buch beim Lesen so markierst, kannst du jederzeit zu ihm zurückkehren und gezielt die wichtigsten Ideen, Lehrsätze und Inspirationen finden, ohne es noch einmal komplett lesen zu müssen. Auf einem E-Book-Reader wie dem Kindle oder Nook, oder über die iBooks-App, kannst du solche Hervorhebungen ganz leicht sortieren, sodass du sie jedes Mal siehst, wenn du das Buch durchblätterst. Du kannst sogar direkt in die Liste deiner Notizen und Markierungen gehen.
- Halte die wichtigsten Ideen, Einsichten und denkwürdigen Passagen in deinem Journal fest. So baust du dir deine eigene Zusammenfassung deiner Lieblingsbücher auf, in der du in nur ein paar Minuten die Schlüsselinhalte nachschlagen kannst.
- Gute Bücher über Persönlichkeitsentwicklung mehrmals zu lesen ist eine sehr wirksame Strategie, die leider oft unterschätzt

wird. Dabei kommt es nur sehr selten vor, dass man den gesamten Wert eines Buches schon beim ersten Lesen vollständig erfasst. Um Meister einer Disziplin zu werden, muss man üben. Wir haben Bücher wie *Selbstbild: Wie unser Denken Erfolge oder Niederlagen bewirkt* von Dr. Carol Dweck schon dreimal gelesen und schlagen mehrmals im Jahr etwas darin nach. Das, was wir daraus gelernt haben, wenden wir sogar bei unseren Töchtern an! Versuch es doch gleich einmal mit diesem Buch – nimm dir vor, es gleich noch einmal anzufangen, wenn du damit fertig bist, um mehr zu lernen und dir selbst mehr Zeit zu schenken, um den *Miracle Morning* zu meistern.

- Hörbücher sind auch Bücher! Du bekommst die gleichen Informationen, aber du kannst nebenher noch etwas anderes machen, dich zum Beispiel bewegen oder zur Arbeit fahren. Wenn ich ein Buch besonders eingehend studieren will, höre ich das Hörbuch an, während ich gleichzeitig den Text lese. Dadurch kann ich mir Notizen machen oder etwas unterstreichen, ohne mich zu lange damit aufzuhalten. Ich lese relativ langsam, aber Hörbücher kann ich auf anderthalbfacher oder doppelter Geschwindigkeit hören, sodass ich viel schneller vorwärtskomme.
- Am wichtigsten ist, dass du sofort umsetzt, was du liest. Plane *gleich beim Lesen* Zeit ein, um die Schritte, die dich ansprechen, in die Tat umzusetzen. Am besten legst du deinen Kalender vorher bereit und trägst gleich ein, wann du das Gelernte anwenden wirst. Werde nicht zum Persönlichkeitsentwicklungsjunkie, der alles liest, aber nichts davon umsetzt. Wir kennen viele Menschen, die sehr stolz darauf sind, wie viele Bücher sie gelesen haben, als wäre das schon ein Wert an sich. Uns selbst ist es lieber, ein gutes Buch zu lesen und anzuwenden, als zehn Bücher zu lesen und dann nichts anderes zu tun, als das elfte Buch anzufangen. Lesen ist zwar eine großartige Methode, sich Wissen, Einsichten und Strategien anzueignen, aber was dich im Leben und in deiner Karriere wirklich voranbringt, ist es, diese neuen Strategien auch in der Praxis umzusetzen. Bist du entschlossen genug, das, was du in diesem Buch lernst, an-

zuwenden, indem du die 30-Tage-Herausforderung am Ende annimmst?

Das ist schön zu hören! Dann kommen wir jetzt zum zweiten „S" in *Life S.A.V.E.R.S.*

S wie Scribing – Schreiben

„Scribing" bedeutet nichts anderes als „Schreiben", der letzte Bestandteil der *Life S.A.V.E.R.S.* Dieser Teil hilft dir, zu notieren, wofür du dankbar bist und deine Gedanken, Ideen, Inspirationen, Feststellungen, Erfolge und gelernten Lektionen ebenso wie neue Bereiche für Potenzial, persönliche Entwicklung und Verbesserung festzuhalten.

Die meisten Anwender des *Miracle Morning* schreiben jeden Tag während des Rituals fünf bis zehn Minuten Tagebuch. Indem du deine Gedanken aus dem Kopf bekommst und sie schriftlich festhältst, verschaffst du dir sofort höhere Aufmerksamkeit, mehr Klarheit und wertvolle Erkenntnisse, die dir sonst entgangen wären.

Wenn es dir genauso geht wie Hal früher, hast du wahrscheinlich zumindest ein paar angefangene und dann nie wieder angefasste Notiz- und Tagebücher. Für ihn wurde das Schreiben erst zu einer seiner liebsten täglichen Gewohnheiten, als er anfing, den *Miracle Morning* anzuwenden. Wie Tony Robbins häufig sagt: „Ein lebenswertes Leben ist es auch wert, festgehalten zu werden."

Tägliches Schreiben ermöglicht dir, deine Gedanken bewusst zu ordnen. Was aber noch wichtiger ist, sind die Einsichten, zu denen du gelangst, wenn du deine Journale noch einmal von Anfang bis Ende durchgehst – insbesondere, wenn das Jahr sich dem Ende zuneigt.

Es ist nicht leicht, in Worte zu fassen, wie unglaublich konstruktiv es ist, seine alten Tagebücher noch einmal durchzulesen. Michael Maher, der Co-Autor von *The Miracle Morning for Real Estate Agents*, ist ein glühender Anhänger der *Life S.A.V.E.R.S.*

Ein Teil seiner Morgenroutine besteht darin, dass er das, was er zu schätzen weiß und seine Affirmationen in einem Journal festhält, das er sein „Segensbuch“ nennt. Er hat die besten Worte dafür gefunden:

„Was wir zu schätzen wissen … weiß auch uns zu schätzen. Es ist an der Zeit, dass wir unseren unstillbaren Hunger nach dem, was wir wollen, durch unendliche Dankbarkeit für und Lust auf das ersetzen, was wir schon haben.

Schreib auf, wofür du dankbar bist, bleib dankbar und anerkennend, dann bekommst du auch mehr von dem, was du brauchst: bessere Beziehungen, größeren materiellen Wohlstand und mehr Glück.“

Es liegt eine besondere Kraft darin, aufzuschreiben, was du zu schätzen weißt. Dieses Material noch einmal durchzulesen kann deine Geisteshaltung an einem schwierigen Tag verbessern. Eine tolle Übung, die du zum Teil deiner Routine machen kannst, ist, täglich aufzuschreiben, was du an jedem deiner Kinder, deinem Partner und ganz besonders an dir selbst magst.

Wenn wir niederschreiben, was wir an unseren Liebsten schätzen – sogar dann (oder gerade dann), wenn wir nicht unbedingt zufrieden sind – können wir uns leichter auf das konzentrieren, was wir an ihnen mögen.

Außerdem ist es ein toller Schritt in Richtung der Aktivitäten, die wir in Teil 2 dieses Buches mit dir teilen werden!

Stell dir zum Beispiel vor, du bist wütend auf deinen Sohn, weil er deine Tochter geschlagen hat, obwohl er hinterher versucht hat, sie zu trösten. Statt dich auf sein ungünstiges Verhalten zu konzentrieren, könntest du auch dankbar sein, dass er danach Mitgefühl gezeigt hat.

Ein anderes Beispiel: Dein Schatz verspätet sich, wenn ihr euch für ein bisschen Zeit zu zweit verabredet habt. Du könntest entweder sauer werden oder dankbar sein, dass er es sicher nach Hause geschafft hat und ihr jetzt ungestört Zeit ohne die Kinder zusammen verbringen könnt.

Täglich Tagebuch zu schreiben, bringt viele wertvolle Vorteile mit sich. Hier sind einige meiner liebsten.

Wenn du regelmäßig schreibst, erhältst du:

- **Mehr Klarheit** – Tagebuch zu führen, wird dir helfen, deine Vergangenheit und deine aktuellen Lebensumstände klar zu sehen und zu verstehen, damit du dich kommenden Herausforderungen leichter stellen kannst. Gleichzeitig kannst du dabei Ideen sammeln, Prioritäten festlegen und deine Handlungen für jeden Tag planen, damit du deine Zukunft besser gestalten kannst.
- **Überblick über deine Ideen** – Indem du deine Ideen aufschreibst, hältst du sie fest und kannst sie besser ordnen und ausbauen. Außerdem verhindert es, dass du die wichtigen Ideen vergisst, die du dir für einen passenden Moment in der Zukunft aufhebst.
- **Lernen durch Wiederholung** – Ein Tagebuch ist perfekt dafür geeignet, das festzuhalten, zu reflektieren und zu wiederholen, was du aus deinen Erfolgen und Misserfolgen gelernt hast.
- **Aufzeichnen von Fortschritten** – Deine alten Tagebucheinträge aus dem letzten Jahr oder auch nur der letzten Woche noch einmal herauszuholen und zu lesen, ist wundervoll, denn es zeigt dir deutlich, wie viele Fortschritte du in der Zwischenzeit gemacht hast.
  Das zu sehen ist eine der angenehmsten, aufschlussreichsten und bestärkendsten Erfahrungen, die man machen kann. Sie ist durch nichts anderes zu ersetzen.
- **Verbesserung des Gedächtnisses** – Man glaubt ja oft, dass man sich an alles erinnern wird, aber wenn du schon mal ohne Einkaufszettel im Supermarkt warst, weißt du, dass das einfach nicht stimmt. Wenn wir etwas aufschreiben, erhöhen wir damit die Wahrscheinlichkeit, dass wir uns daran erinnern. Und wenn wir dann doch etwas vergessen sollten, können wir einfach noch mal zurückblättern und es erneut nachlesen.

Wirksames Tagebuchschreiben

Diese drei einfachen Schritte helfen dir dabei, mit dem Tagebuchschreiben anzufangen oder deinen aktuellen Schreibprozess zu verbessern.

1. Schritt: Wähle ein Format, physisch oder digital. Du solltest dich vorab entscheiden, ob du lieber ein traditionelles Papiertagebuch führen möchtest oder ob du besser mit einem digitalen Journal zurechtkommst (auf dem Computer oder als App auf dem Handy oder Tablet). Wenn du dich nicht entscheiden kannst, probiere beides einmal aus und leg dich dann fest.

2. Schritt: Besorg dir ein Tagebuch. Es ist nicht so, als würde alles andere nicht funktionieren, aber wenn es um ein „echtes" Tagebuch aus Papier geht, spricht einiges für ein hübsches, langlebiges Buch, das du gern anschaust und in die Hand nimmst. Idealerweise wirst du es schließlich für den Rest deines Lebens behalten. Wir kaufen gern schöne, ledergebundene Bücher mit linierten Seiten, aber es ist dein Tagebuch, also such dir eines aus, das dir gefällt. Manche Menschen haben lieber leere Seiten, damit sie kleine Zeichnungen einfügen oder Mindmaps erschaffen können. Andere mögen Kalender mit einer Seite pro Tag, weil es ihnen hilft, bei der Stange zu bleiben.

Hier sind ein paar der beliebtesten Papiertagebücher der TMM-Facebookgruppe:

- *The Five Minute Journal* ist unter Leistungsträgern sehr beliebt. Es enthält Denkanstöße für jeden Tag, zum Beispiel „Ich bin dankbar für …" oder „Wodurch könnte dieser Tag besonders gut werden?". Es lässt sich in fünf Minuten oder weniger ausfüllen und enthält ein Feld für den Abend, in dem man den Tag noch einmal Revue passieren lassen kann. Dieses Format eignet sich besonders gut, um aufzuschreiben, was man an seinem Herzensmenschen zu schätzen weiß.
  www.FiveMinuteJournal.com

- *The Freedom Journal* enthält einen strukturierten, täglichen Prozess, der darauf ausgerichtet ist, dir bei genau einer Sache zu helfen: *in 100 Tagen dein wichtigstes Ziel zu erreichen*. Erschaffen wurde es von John Lee Dumas von *Entrepreneurs On Fire*, speziell als Werkzeug dafür, sich ein bestimmtes Ziel nach dem anderen zu setzen und zu erreichen.
www.TheFreedomJournal.com
- *The Plan: Your Legendary Life Planner* wurde von Freunden von uns entworfen. Es ist ein ganzes System, mit dem du Ziele festlegen und Fortschritte bei Gewohnheiten aufzeichnen kannst. Dieses Tagebuch ist besonders für Menschen geeignet, die bereit sind, ihr Leben ins Gleichgewicht zu bekommen und zielgerichtet in jedem Lebensbereich 10 von 10 möglichen Punkten zu erreichen. www.LegendaryLifePlan.com
- *The Miracle Morning Journal* ist so formatiert, dass es dich beim *Miracle Morning* unterstützt und dir hilft, organisiert zu bleiben, regelmäßig Bilanz zu ziehen und deine *S.A.V.E.R.S.* täglich aufzuzeichnen.Du kannst dir auf www.TMMbook.com sofort eine Leseprobe des *Miracle Morning Journals* herunterladen und ausprobieren, ob es für dich geeignet ist.
www.MiracleMorningJournal.com

Wenn dir ein digitales Journal lieber ist, hast du ebenfalls eine Menge Auswahl. Hier sind ein paar meiner Favoriten:

- *The Five-Minute Journal* gibt es auch als App für iPhones, die das gleiche Format hat wie die Papierversion, in die du aber außerdem Fotos deiner täglichen Einträge hochladen kannst. Darüber hinaus schickt dir die App morgens und abends hilfreiche Erinnerungen daran, dass du Einträge machen sollst.
www.FiveMinuteJournal.com
- *Day One* ist eine sehr beliebte Tagebuch-App und eignet sich optimal für dich, wenn du keine vorgegebene Struktur magst und Wert darauf legst, so viel schreiben zu können, wie du willst. In *Day One* findest du leere Seiten für deine täglichen Einträge.

Wenn du also gern längere Tagebucheinträge schreibst, ist diese App genau richtig für dich. www.DayOneApp.com

- *Penzu* ist ein Online-Journal, auf das du direkt vom Computer aus zugreifen kannst. Du brauchst also kein iPhone, iPad oder Android-Gerät. www.Penzu.com

Am wichtigsten bei der Auswahl ist natürlich, was du dir von einem Tagebuch wünschst und welche Funktionen du erwartest. Wenn dir keine dieser digitalen Versionen zusagt, google einfach nach „Online-Journal" oder such in deinem App Store nach dem Stichwort „Tagebuch". So bekommst du eine breite Auswahl an anderen Möglichkeiten.

3. Schritt: Schreib täglich. Es gibt unendlich viel, über das du schreiben kannst – Notizen zu dem Buch, das du gerade liest, eine Liste der Dinge, für die du dankbar bist, oder deine obersten drei bis fünf Prioritäten für den Tag sind ein guter Anfang. Schreib alles auf, was dafür sorgt, dass du dich gut fühlst und dass dein Tag optimal verläuft. Mach dir dabei keine Gedanken um Grammatik, Rechtschreibung oder Zeichensetzung. Dein Tagebuch ist ein Raum für ungebremste Fantasie. Also leg deinem inneren Kritiker einen Maulkorb an und überarbeite nichts – schreib einfach drauflos!

Pass die S.A.V.E.R.S. auf deine Bedürfnisse an!

Wir wissen, an manchen Tagen wirst du es nicht schaffen, einen ganzen *Miracle Morning* auf einmal zu machen. Teil die *Life S.A.V.E.R.S.* also ruhig so auf, wie es dir am besten passt. Hier wollen wir ein paar Ideen mit dir teilen, die dir helfen, die *Life S.A.V.E.R.S.* genau auf deinen Zeitplan und deine Bedürfnisse abzustimmen. Deine aktuelle Morgenroutine erlaubt dir vielleicht nur eine sechs, zwanzig oder dreißig Minuten lange Variante des *Miracle Morning*, aber du kannst dir auch vornehmen, am Wochenende eine längere Version davon zu machen.

Der sechzig Minuten lange *Miracle Morning* mit den *Life S.A.V.E.R.S.* hat für viele Menschen diese oder eine ähnliche Struktur:

Silence – Stille: 10 Minuten
Affirmations – Affirmationen: 5 Minuten
Visualization – Visualisierung: 5 Minuten
Exercise – Bewegung: 10 Minuten
Reading – Lesen: 20 Minuten
Scribing – Schreiben: 10 Minuten

Du kannst die Reihenfolge natürlich ändern, wenn du willst. Lance macht zum Beispiel gern ein paar Hampelmänner, um sein Gehirn zu wecken, bevor er meditiert. Brandy meditiert zuerst und verlässt dann das Schlafzimmer für den Rest ihres *Miracle Morning.* Hal fängt seinen Tag am liebsten mit einer Weile friedlicher, zielgerichteter Stille an, damit er langsam aufwachen, seine Gedanken sammeln und seine Energie konzentrieren kann. Denk daran: Der *Miracle Morning* gehört ganz dir allein. Probiere also ruhig verschiedene Abfolgen aus, um die zu finden, die am besten zu dir passt.

Ego-Depletion und dein Miracle Morning

Hast du dich schon mal gefragt, warum du einer kleinen Süßigkeit am Morgen relativ leicht widerstehen kannst, warum es aber gegen Nachmittag und Abend immer schwerer wird? Woher kommt es, dass unsere Willenskraft manchmal so unerschütterlich ist und uns dann wieder völlig im Stich lässt? Das liegt daran, dass unsere Willenskraft wie ein Muskel ist, der müde wird, wenn man ihn benutzt. Deshalb fällt es uns am Ende des Tages schwerer, uns selbst davon zu überzeugen, Dinge zu tun, die gut für uns sind und solche zu vermeiden, die uns schaden. Es bedeutet auch, dass wir nachmittags und abends nicht mehr besonders geduldig mit unseren Liebsten umgehen können – gerade dann, wenn es wahrscheinlich am nötigsten wäre.

Die gute Nachricht ist, dass wir diesen Mechanismus verstanden haben und unseren Tag so planen können, dass uns mit Sicherheit alles gelingt. Und die wirklich großartige Nachricht? Der *Miracle Morning* ist ein wesentlicher Teil des Plans. Um zu sehen, wie das funktioniert, müssen wir uns aber erst mal über Ego-Depletion unterhalten.

In ihrem Buch *Die Macht der Disziplin: Wie wir unseren Willen trainieren können* beschreiben die Autoren Roy F. Baumeister und John Tierney *Ego-Depletion* als „die verminderte Fähigkeit einer Person, ihre Gedanken, Gefühle und Handlungen zu regulieren". Ego-Depletion wird gegen Ende des Tages und immer dann, wenn wir Hunger haben, müde sind oder unsere Willenskraft zu oft oder zu lange unter Beweis stellen müssen, schlimmer.

Wenn du mit den wichtigen Dingen, die dir Energie verleihen und dir helfen, die Person zu werden, die du sein willst, bis zum Abend wartest, wirst du feststellen, dass deine Ausreden sich viel einleuchtender anhören und deine Motivation komplett flöten gegangen ist. Aber wenn du aufwachst und gleich als Erstes deinen *Miracle Morning* durchführst, bekommst du dein erhöhtes Energieniveau und die Achtsamkeit, die die *Life S.A.V.E.R.S.* dir bringen, bevor die Ego-Depletion dir in die Quere kommen kann.

Wenn du die *Life S.A.V.E.R.S.* gewohnheitsmäßig jeden Tag durchführst, lernst du dadurch außerdem, wie man sich eine Gewohnheit zulegt, während man die meiste Willenskraft besitzt. Dieses Wissen und die Energie, die du am Morgen gewinnst, kannst du dann dazu nutzen, dir auch zu anderen Tageszeiten kleine, machbare Gewohnheiten anzueignen.

Abschließende Gedanken zu den Life S.A.V.E.R.S.

Alles ist so lange schwer, bis es einfach wird. Jede neue Erfahrung ist so lange unbequem, bis wir uns daran gewöhnen. Je länger du die *Life S.A.V.E.R.S.* anwendest, desto natürlicher und normaler werden sie sich anfühlen.

Als Hal zum ersten Mal versuchte, zu meditieren, hätte er beinahe gleich wieder das Handtuch geworfen, weil seine Gedanken rasten wie ein Ferrari und völlig unkontrolliert von einem Thema zum nächsten sprangen wie die Kugel in einem Flipper. Heute liebt er Meditation, und auch wenn er immer noch kein Meister darin ist, sagt er, er sei nicht schlecht.

So ähnlich ging es uns mit den Affirmationen, als wir zum ersten Mal den *Miracle Morning* ausprobierten. Wir hatten einfach keine Ahnung, was wir uns bestätigen wollten, also benutzten wir ein paar aus *Miracle Morning: Die Stunde, die alles verändert* und dachten uns dazu selbst ein paar aus. Das war okay, aber es *bedeutete* uns zunächst nicht besonders viel. Mit der Zeit begegneten uns aber immer mehr Dinge, die uns ansprachen, also fügten wir sie unseren Affirmationen hinzu und passten die ursprünglichen entsprechend an. Inzwischen bedeuten uns die Affirmationen eine Menge, und sie täglich anzuwenden, ist uns viel wichtiger geworden.

Übrigens, die Affirmation: „Wir versprechen uns selbst, dass wir *Miracle Morning für Paare* noch dieses Jahr fertigschreiben werden, indem wir uns an Deadlines halten und uns die Zeit zum Schreiben nehmen werden“ haben wir genutzt, um uns täglich zu motivieren, dieses Buch zu schreiben!

Wir empfehlen dir, sofort mit den *Life S.A.V.E.R.S.* anzufangen, damit du sie so schnell wie möglich als bekannt und bequem empfindest. Damit hast du schon einen Vorsprung, wenn du die 30-Tage-*Miracle-Morning*-Challenge beginnst.

Der Miracle Morning in sechs Minuten

Wenn es dein größtes Problem ist, genug Zeit für einen *Miracle Morning* zu finden, können wir dir helfen. Du kannst nämlich in nur sechs Minuten einen ganzen *Miracle Morning* schaffen und von allen Vorzügen der *Life S.A.V.E.R.S.* profitieren. Wir empfehlen dir zwar nicht, den *Miracle Morning* jeden Tag in sechs Minuten zu absolvieren, aber für Tage, an denen man rein gar keine Zeit hat, ist es eine tolle Abkürzung, jeden der *S.A.V.E.R.S.* eine Minute lang zu machen.

- **Minute eins (S)**: Schließ die Augen und gönn dir einen Moment friedlicher, zielgerichteter Stille, um den Kopf klar zu bekommen und deine Mitte für den Tag zu finden.
- **Minute zwei (A)**: Lies dir deine wichtigste Affirmation laut vor, um zu verstärken, *was* du erreichen willst, *warum* es dir wichtig ist, *was* du tun musst, um es zu erreichen und – vor allem – *wann* du die entsprechenden Handlungen vornehmen wirst.
- **Minute drei (V)**: Visualisiere, wie du die wichtigste Herausforderung des kommenden Tages problemlos meisterst.
- **Minute vier (E):** Steh auf und mach ein paar energische Hampelmänner oder leg dich hin und mach Liegestütze und Rumpfbeugen, um deinen Puls anzuregen und deinen Körper in Schwung zu bringen.
- **Minute fünf (R)**: Schnapp dir das Buch, das du gerade liest, und lies eine Seite (oder einen Absatz).
- **Minute sechs (S):** Nimm dein Journal zur Hand und notiere eine Sache, für die du dankbar bist, und ein wichtiges Ziel für den kommenden Tag.

Jetzt siehst du sicher schon, wie die *S.A.V.E.R.S.* dich in nur sechs Minuten auf den Tag vorbereiten können – und falls du später noch einmal die Gelegenheit dazu hast, dich um einen oder mehrere der *S.A.V.E.R.S.* zu kümmern, kannst du sie ja immer noch nachholen. Die Sechs-Minuten-Übung ist auf jeden Fall eine tolle Methode, eine Art Mini-Gewohnheit aufzubauen, die dir auch an einem stressigen Morgen Selbstsicherheit verleiht oder als Platzhalter für den vollen *Miracle Morning* steht, wenn du ihn sonst einfach nicht schaffst.

Eine andere Mini-Gewohnheit, die du dir zu eigen machen kannst, ist, vorerst nur mit einem der *Life S.A.V.E.R.S.* anzufangen und die anderen fünf nach und nach hinzuzufügen, wenn du immer früher aufstehst. Denk daran, dass das Ziel ist, dir mehr Zeit zu verschaffen, um an deinen persönlichen Zielen und deiner Geisteshaltung zu arbeiten. Wenn du dich überfordert fühlst, kann das Ganze nicht funktionieren.

Unser persönlicher *Miracle Morning* ist inzwischen zu einem täglichen Erneuerungs- und Inspirationsritual geworden, das wir lieben. In den kommenden Kapiteln werden wir dir eine Menge Informationen an die Hand geben, (darunter auch noch eine Morgenroutine, die ihr beide zusammen als Paar durchführen könnt!), die deinen Herzensmenschen und dich in ein wahrhaft glückliches Paar verwandeln können. Wir können es kaum erwarten, sie mit dir zu teilen!

TEIL II:

DIE NICHT GANZ OFFENSICHTLICHEN DU-PRINZIPIEN

4. Nicht ganz offensichtliches Du-Prinzip Nr. 1: SELBSTFÜHRUNG

Das Niveau deiner Persönlichkeitsentwicklung wird so gut wie immer höher sein als dein Erfolgspegel. Erfolg ist nämlich etwas, das du anziehst, indem du ein anderer Mensch wirst.

JIM ROHN, amerikanischer Unternehmer, Autor und Motivationsredner

Was wäre, wenn das wahre Geheimnis dahinter, mehr im Leben zu bekommen, nicht darin läge, mehr zu *tun*, sondern mehr zu *werden*?

Das ist die Philosophie, die zum *Miracle Morning* geführt hat und bis heute seine Grundlage bildet: *Unser Erfolgspegel in jedem Bereich unseres Lebens hängt unmittelbar mit dem Niveau unserer Persönlichkeitsentwicklung* (also unseren Überzeugungen, unserem Wissen, unserer emotionalen Intelligenz, unseren Fähigkeiten, unserem Glauben und so weiter) *zusammen.* Wenn wir also mehr *erreichen* wollen, müssen wir zuerst mehr *werden.*

Betrachte es doch einmal so: Wenn du deinen Erfolg in verschiedenen Bereichen deines Lebens auf einer Skala von 1 bis 10 messen könntest, hättest du doch bestimmt gern überall eine 10, oder? Wir haben noch nie jemanden getroffen, der gesagt hätte: „Ach, ich will gar nicht allzu glücklich, gesund oder wohlhabend sein. Mir reicht es, mein Potenzial nicht voll auszuschöpfen und mich mit einem Leben auf Stufe 5 zufriedenzugeben."

Also ist die Frage: Was tust du jeden Tag, um sicherzustellen, dass du eine 10er-Person wirst und dein Du-Element stetig wächst?

Andrew Bryant, der Gründer von *Self-Leadership International*, fasst es so zusammen: „Selbstführung ist eine Methode, dein Denken, deine Gefühle und dein Verhalten zielgerichtet darauf auszurichten, dass du dein(e) Ziel(e) erreichst ... Es bedeutet, dass du einen Sinn dafür entwickelst, wer du bist, was du kannst, und wohin du gehst, verbunden mit der Fähigkeit, deine Kommunikation, deine Emotionen und dein Verhalten so zu beeinflussen, dass du es auch erreichst."

Bevor wir auf die Schlüsselprinzipien der Selbstführung eingehen, möchten wir etwas mit dir teilen, was wir über den grundlegenden Einfluss der *Geisteshaltung* auf effektive Selbstführung gelernt haben. Deine Überzeugungen, dein Selbstbild und deine Fähigkeit, dich in wichtigen Momenten auf andere zu verlassen und mit ihnen zusammenzuarbeiten, die du in der Vergangenheit besessen hast, sind wichtige Faktoren, wenn es darum geht, dich selbst so gut wie möglich zu führen.

Mach dir deine selbst auferlegten Einschränkungen bewusst und betrachte sie skeptisch

Vielleicht hältst du immer noch an falschen, einschränkenden Überzeugungen fest, die dich unbewusst daran hindern, deine beruflichen und privaten Ziele zu erreichen.

Zum Beispiel gehörst du vielleicht zu den Menschen, die sich immer wieder sagen: „Ich wünschte, ich wäre besser organisiert." In Wirklichkeit bist du aber sehr wohl in der Lage, dir die Struktur und die Inspiration zu erschaffen, die man braucht, um gut organisiert zu sein. Wenn du aber glaubst, du könntest es nicht, setzt du bereits voraus, dass du scheitern wirst, und nimmst dir dadurch selbst die Möglichkeit, erfolgreich zu werden. Im Leben hat man schon genug Hindernisse, also hör auf, dir noch mehr davon zu erschaffen!

Personen, die sich effektiv selbst führen, untersuchen ihre Überzeugungen kritisch, entscheiden, welche davon ihnen nützen, und löschen die aus, die es nicht tun.

Wenn du ab sofort merkst, dass du etwas denkst oder sagst, das nach einer einschränkenden Überzeugung klingt, von „Ich habe nicht genug Zeit" bis hin zu „Das könnte ich nie", nimm dir einen Moment Zeit und verwandle diese selbsteinschränkende Aussage in eine Frage, die dir hilft, dich selbst zu ermächtigen: *Wie kann ich mehr Zeit in meinem Zeitplan schaffen? Wie könnte ich das auch schaffen?*

Dadurch zapfst du deine angeborene Kreativität an und findest leichter Lösungen. Wenn du dich einer Sache verschrieben hast, findest du nämlich immer einen Weg. Wie Tennislegende Martina Navratilova einmal gesagt hat: „Der Unterschied zwischen etwas, das man macht und etwas, dem man sich voll verschrieben hat, ist wie der Unterschied zwischen Schinken und Ei. Das Huhn macht mit, aber das Schwein ist voll dabei." Und voll dabei zu sein ist der Schlüssel dazu, etwas zustande zu bringen.

Sieh dich selbst als besser denn je

Wie Hal in *Miracle Morning: Die Stunde, die alles verändert* schreibt, leiden die meisten von uns am Rückspiegelsyndrom. Das bedeutet, dass wir unsere aktuellen und zukünftigen Ergebnisse dadurch einschränken, wer wir in der Vergangenheit waren. Denk daran, *wer du jetzt bist, ist zwar das Ergebnis davon, wer du in der Vergangenheit warst, aber wohin du gehst, hängt allein von der Person ab, die zu sein du dich jetzt entscheidest.* Das ist für Paare besonders wichtig. Ihr werdet Fehler machen. Aber lasst euch durch ein schlechtes Gewissen nicht davon abhalten, nach vorne zu schauen. Lernt aus euren Fehlern und macht es beim nächsten Mal besser.

Sara Blakely, die Gründerin von *Spanx* und jüngste Selfmade-Milliardärin in den USA, führt ihren Erfolg auf die Geisteshaltung zurück, die ihr Vater ihr vermittelt hat: „Als ich klein war, ermutigte er uns zu scheitern. Wenn wir aus der Schule kamen, fragte er uns beim Abendessen: ‚Und, woran seid ihr heute gescheitert?' und war enttäuscht, wenn wir ihm nichts zu erzählen hatten. Das war eine sehr interessante Art von umgekehrter Psychologie. Wenn ich nach Hause kam und ihm erzählte, dass ich etwas ausprobiert hatte und furchtbar schlecht darin war, gratulierte er mir." Wenn wir es zulassen, können unsere Fehler zu den besten Lebenslektionen werden.

Wir alle machen Fehler! Menschen kommen nun mal nicht mit einer Gebrauchsanweisung und es wird sich immer jemand finden, der dir ungefragt erzählen möchte, was du im Leben besser machen könntest. Hör nicht auf solches Hintergrundrauschen! Vertraue deinen Entscheidungen und such dir Rat und Hilfe, wenn du dir nicht sicher bist.

Alle erfolgreichen Menschen haben sich irgendwann entschieden, sich selbst als besser zu betrachten, als sie es je zuvor getan hatten. Sie hörten auf, einschränkende Überzeugungen aufrechtzuerhalten, die sie in der Vergangenheit aufgebaut hatten, und ersetzten sie durch Überzeugungen, die im Glauben an ihr eigenes unbegrenztes Potenzial gründeten.

Eine der besten Methoden, das zu schaffen, ist es, der vierstufigen *Miracle Morning*-Affirmationsformel zu folgen und erfolgsorientierte Affirmationen zu erschaffen, wie im letzten Kapitel beschrieben.

Achte darauf, dass deine Affirmationen bestätigen, was dir möglich ist. Beschreibe dein ideales Ergebnis, warum es für dich wichtig ist, was du bereit bist, dafür zu tun, und wann genau du es tun wirst.

Suche aktiv nach Unterstützung

Jeder Mensch braucht Unterstützung. Trotzdem tun sich viele damit schwer und leiden lieber still vor sich hin, weil sie annehmen, alle anderen wären einfach besser, und weigern sich deshalb gerade, um Hilfe und Unterstützung zu bitten.

Menschen, die sich gut selbst führen, wissen, dass sie es nicht allein schaffen können. Vielleicht brauchst du zum Beispiel jemanden, der dich moralisch unterstützt, damit du die Batterien wieder aufladen kannst, die das Leben nur zu gerne immer wieder leert.

Oder du brauchst eine Person, der du Rechenschaft ablegen kannst, damit du nicht immer wieder aufgibst, wenn eine Aufgabe ein bisschen schwieriger wird als gedacht.

Wir brauchen alle Hilfe in verschiedenen Lebensbereichen – das verstehen die Menschen, die sich am besten selbst führen, und sie nutzen es zu ihrem Vorteil.

Die *Miracle Morning*-Community auf Facebook ist ein perfekter Ausgangspunkt auf der Suche nach Unterstützung. Ihre Mitglieder sind positiv und reaktionsfreudig. Darüber hinaus könntest du dich aber auch einer Gruppe bei dir vor Ort anschließen.

Auf Meetup.com oder Nebenan.de kannst du ganz einfach Menschen finden, denen es ähnlich geht wie dir. Wir können dir nur empfehlen, dir einen Rechenschaftspartner und, wenn möglich, Life Coaching oder Beziehungsberatung zu suchen, die dir helfen – oder sogar Herzensmenschen als Rechenschaftspartner anzuwerben.

Die fünf grundlegenden Prinzipien der Selbstführung

Selbstführung ist eine Fähigkeit und gründet wie alle Fähigkeiten auf einer Basis aus Prinzipien. Um zu wachsen und den Erfolg deiner Träume zu erreichen, musst du zunächst lernen, wie du dich am besten selbst führst.

Unsere Lieblingsmethode, die Lernkurve zu verkürzen und schneller im obersten Prozent anzukommen, ist es, die Prinzipien, Wesenszüge und Verhaltensweisen derer nachzuahmen, die bereits erreicht haben, was wir uns wünschen.

Diese fünf Prinzipien haben unseres Erachtens den größten Einfluss auf die Fähigkeit zur Selbstführung:

1. Übernimm die Verantwortung zu 100 Prozent
2. Mach Fitness zu einer Priorität und genieße Bewegung
3. Setz dir finanzielle Freiheit/Sicherheit zum Ziel
4. Systematisiere deine Welt
5. Handle konsequent

Prinzip Nr. 1: Übernimm die Verantwortung zu 100 Prozent

Es ist nicht besonders schön, aber es ist wahr: Wenn du im Leben und in deiner Beziehung nicht dort stehst, wo du möchtest, ist das allein deine Schuld. Je schneller du dich dieser Wahrheit stellst, desto schneller kannst du beginnen, weiter voranzukommen. Das ist nicht böse gemeint. Erfolgreiche Menschen sind nur selten Opfer. Im Gegenteil, einer der Gründe für ihren Erfolg liegt darin, dass sie absolut, komplett und total die Verantwortung für jeden Bereich ihres Lebens übernehmen – und zwar sowohl im Geschäft als auch im Privatleben, für das Gute wie das Schlechte und für ihre eigenen Aufgaben ebenso wie für die von anderen.

Opfer neigen dazu, Zeit und Energie darauf zu verschwenden, die Schuld bei anderen zu suchen und sich zu beschweren. Erfolgreiche Menschen nutzen ihre Zeit lieber dafür, die Ergebnisse und Lebensumstände zu erschaffen, die sie sich wünschen. Sie sind so darauf fokussiert, positive Ergebnisse zu erschaffen, dass sie keine Zeit zum Jammern haben.

Hal sagte einmal: „Der Moment, in dem du 100 Prozent der Verantwortung für alles in deinem Leben übernimmst, ist der Moment, indem du die Macht erhältst, alles an deinem Leben zu verändern. Dabei ist es allerdings wichtig, festzuhalten, dass Verantwortung nicht das Gleiche ist wie Schuld. Bei Schuld geht es darum, herauszufinden, wer eine bestimmte Situation verursacht hat, bei Verantwortung liegt der Fokus darauf, herauszufinden, wer die Situation verbessern wird. Wer schuld an einer Sache ist, spielt nur sehr selten eine Rolle. Alles, was zählt, ist, was du zu tun bereit bist, um deine Situation zu verbessern.“ Er hat recht. Und es gibt dir jede Menge Kraft, so zu denken und zu handeln. Plötzlich hast du die Kontrolle über dein eigenes Leben und deine Ergebnisse.

Wenn du dein Leben wahrhaftig in Besitz nimmst, bleibt dir keine Zeit, darüber zu diskutieren, wer an irgendetwas schuld ist oder etwas verbockt hat. Die Schuld bei anderen zu suchen, ist immer einfach, aber dafür gibt es jetzt keinen Platz mehr in deiner Welt. Dir gehören deine Resultate selbst – die guten und die schlechten. Die guten kannst du feiern, von den sogenannten schlechten kannst du lernen. So oder so hast du immer eine Wahl, wie du auf eine bestimmte Situation reagierst und was du daraus machst. Das gilt insbesondere in Situationen, in denen dich dein Partner oder deine Partnerin (oder die Kinder) auf die Palme bringt.

Einer der Gründe, warum diese Geisteshaltung so wichtig ist, liegt darin, dass du ein Vorbild für andere bist. Wenn du immer auf der Suche nach einem Schuldigen bist, merkt dein Herzensmensch das und respektiert es vermutlich nicht besonders.

Wir raten dir, ab sofort bewusst diese Veränderung in deiner Geisteshaltung herbeizuführen: Nimm all deine Entscheidungen, Handlungen und Resultate in Besitz. Ersetze die unnötige Suche nach Schuld durch unerschütterliche Verantwortung. Wenn jemand anders einen Fehler macht, frag dich selbst, was du dagegen hättest unternehmen können. Du kannst zwar nicht ändern, was bereits passiert ist, aber die gute Nachricht ist, dass du alles andere selbst in der Hand hast.

Ab sofort gibt es keinen Zweifel mehr, wer das Steuer in der Hand hat und für all deine Ergebnisse verantwortlich ist. Du triffst die Entscheidungen, du tust, was nötig ist, du bestimmst die Resultate, die du willst, und du erreichst sie. Deine Ergebnisse sind zu 100 Prozent deine eigene Verantwortung. Alles klar?

Denk daran: Du hast die Kontrolle; du kannst alles erreichen, was du willst.

Prinzip Nr. 2: Mach Fitness zu einer Priorität und genieße Bewegung

Wo würdest du dein Fitnessniveau und deine Gesundheit auf einer Skala von 1 bis 10 einschätzen? Bis du fit? Stark? Geht es dir öfter gut als schlecht?

Wie steht es um deinen Energiepegel im Laufe des Tages? Hast du mehr Energie, als du brauchst? Kannst du aufwachen, bevor der Wecker klingelt, alles schaffen, was der Tag dir bringt, und dich um die unvermeidlichen Notfälle kümmern, ohne jemals aus der Puste oder ans Ende deiner Kräfte zu kommen?

Wir haben bereits über Bewegung, das „E“ in *S.A.V.E.R.S.*, gesprochen, aber wir wollen es trotzdem noch einmal tun. Es ist eine Tatsache, dass dein Gesundheitszustand und deine Fitness ein riesiger Faktor sind, wenn es um deinen Energiepegel und deinen Erfolg geht – besonders für Paare.

Es überrascht daher nicht besonders, dass die drei obersten Prioritäten der Top-Leistungsträger damit zu tun haben, was sie essen, wie sie schlafen und wie viel sie sich bewegen. Das musst du dir auch unbedingt aneignen! Im nächsten Kapitel, wenn wir über Energiemanagement reden, betrachten wir diese drei Bereiche noch einmal genauer, aber fangen wir doch gleich schon mal damit an, sicherzustellen, dass du dich jeden Tag ausreichend bewegst. Und der Schlüssel dazu ist es, eine Sportart zu finden, die dir wirklich Spaß macht.

Sorge dafür, dass du Freude an der Bewegung hast. Der Zusammenhang zwischen körperlicher Fitness, Glück und Erfolg ist unbestreitbar. Es ist kein Zufall, dass du selten einen Höchstleistungsträger treffen wirst, der körperlich nicht in Form ist. Die meisten von ihnen planen täglich 30 bis 60 Minuten ein, die sie dafür investieren, im Fitnessstudio zu trainieren oder laufen zu gehen, weil sie wissen, wie wichtig tägliche Bewegung für ihren Erfolg ist.

Das „E“ in *S.A.V.E.R.S.* sorgt schon mal dafür, dass du jeden Tag mit 5 bis 10 Minuten Bewegung beginnst, aber wir empfehlen dir, dir vorzunehmen, mindestens drei- bis fünfmal pro Woche zusätzlich 30 bis 60 Minuten lang zu trainieren. Dadurch steigt dein Fitnesslevel und verleiht dir die Energie und das Selbstbewusstsein, die du brauchst, um richtig erfolgreich zu werden.

Noch besser ist es, wenn du eine Sportart für dich findest, die dir von Grund auf Spaß macht. Das kann eine Wanderung in der Natur sein, ein wenig Ultimate Frisbee, oder ein Ergometer, den du vor dem Fernseher aufstellst, damit du beim Sport eine Folge „Breaking Bad" schauen und ganz vergessen kannst, dass du gerade trainierst. Du kannst es auch machen wie Hal. Er liebt Wakeboarding und Basketball – zwei großartige Sportarten –, also macht er an jedem Werktag eins von beidem. Weiter hinten in diesem Buch zeigen wir dir Hals grundlegenden Zeitplan, in dem du sehen kannst, wie er diese Aktivitäten mit dem Rest seiner Prioritäten unter einen Hut bringt.

Welche körperlichen Betätigungen machen dir so viel Spaß, dass du sie als Teil einer täglichen Fitnessroutine in deinen Kalender aufnehmen kannst?

Prinzip Nr. 3: Setz dir finanzielle Freiheit/Sicherheit zum Ziel

Wo bist du auf dem Weg zur finanziellen Unabhängigkeit? Verdienst du jeden Monat deutlich mehr Geld, als du zum Überleben brauchst? Kannst du regelmäßig einen beträchtlichen Teil deines Einkommens sparen, investieren und spenden? Bist du schuldenfrei und hast ordentliche Rücklagen, die du nutzen kannst, wenn sich eine gute Gelegenheit bietet, oder um eine finanziell ungünstige Phase durchzustehen?

Läuft dein Weg zur finanziellen Freiheit dahin, dass dein passives Einkommen regelmäßig deine monatlichen Fixkosten übersteigt? Wenn ja, herzlichen Glückwunsch! Dann gehörst du zu den sehr wenigen Menschen, deren Finanzen wirklich in Ordnung sind.

Wenn nicht, bist du damit aber wenigstens nicht alleine. Die meisten Menschen besitzen nicht mehr als 10.000 Dollar und haben im Durchschnitt 16.000 Dollar ungedeckte Schulden. Wenn deine Finanzen nicht ganz dem entsprechen, was du dir wünschst, schauen wir dich also nicht schief an. Stattdessen möchten wir dich zurück auf Prinzip Nr. 1 verweisen und dir raten, 100 Prozent der Verantwortung für deine finanzielle Situation zu übernehmen.

Wir haben schon alle möglichen Gründe und Ausreden gesehen und gehört, warum man Schulden macht, nichts spart und keine Rücklagen bildet. Darum geht es jetzt aber überhaupt nicht. Natürlich wäre die beste Zeit, einen Teil deines Einkommens anzusparen, vor fünf, zehn oder sogar zwanzig Jahren gewesen. Aber der zweitbeste Zeitpunkt dafür ist genau jetzt.

Egal, ob du 20, 40, 60 oder 80 Jahre alt bist, es ist nie zu spät, die Kontrolle über deine persönlichen Finanzen zu übernehmen. Du wirst merken, dass es dir geradezu Flügel verleiht, wenn du das Steuer in die Hand nimmst. Dein angespartes Vermögen wirst du nutzen können, um noch mehr Wohlstand zu erschaffen, weil du dann tatsächlich die Mittel hast, in gute Gelegenheiten zu investieren. Klingt doch gut, oder?

Finanzielle Freiheit ist nichts, was man von einem auf den anderen Tag erschaffen kann. Sie ist das Ergebnis davon, sich die Geisteshaltung und die Gewohnheiten zuzulegen, die dich auf den richtigen Weg zur finanziellen Unabhängigkeit bringen. Hier sind drei praktische Schritte, mit denen du heute schon anfangen kannst, auf diesen Weg zu starten.

1. Lege 10 Prozent deines Einkommens auf die Seite, um sie zu sparen und zu investieren

Daran führt kein Weg vorbei. Wir raten dir, jetzt *sofort* zehn Prozent des Geldes, das du aktuell auf der Bank hast, zu nehmen und auf ein separates Sparkonto zu überweisen. Wir warten so lange hier. Pass deinen Lebensstil so an, dass es dir möglich ist, von 90 Prozent dessen zu leben, was du gerade verdienst. Ein wenig Disziplin und ein paar kleine Opfer machen dabei einen riesigen Unterschied. Wenn du siehst, wie diese zehn Prozent sich im Lauf der Zeit aufaddieren, wird es spannend, weil du dann anfängst zu *spüren*, welche Möglichkeiten du in Zukunft haben wirst.

2. Nimm noch mal 10 Prozent und verschenke sie

Die meisten wohlhabenden Menschen spenden einen Teil ihres Einkommens an gute Zwecke, an die sie glauben. Du brauchst aber nicht zu warten, bis du reich bist, um damit anzufangen. Tony Robbins hat einmal gesagt: „Wenn du nicht im Stande bist, 1 Dollar von 10 abzugeben, dann wirst du auch niemals eine Million von 10 Millionen spenden.“

Schaffst du es nicht, 10 Prozent deines Einkommens abzugeben, weil du dann die Miete nicht bezahlen kannst? Dann fang mit fünf, zwei oder einem Prozent an. Dabei kommt es nicht auf die Höhe deiner Spende an, sondern darauf, dass du die Geisteshaltung entwickelst und dir eine Gewohnheit zulegst, die deine finanzielle Zukunft verändern und dir für den ganzen Rest deines Lebens dienlich sein wird.

Du musst deinem Unterbewusstsein beibringen, dass du ein mehr als ausreichendes Einkommen schaffen kannst, und dass immer mehr hinzukommen wird.

3. Entwickle deine Haltung zum Geld kontinuierlich weiter

Das ist eines der wichtigsten Themenfelder, die du meistern musst. Fang am besten gleich damit an, indem du dir die folgenden Bücher auf deine Leseliste setzt, die verschiedene Aspekte des Wegs zur finanziellen Freiheit behandeln:

- *Profit First: Ein einfaches System, jedwedes Unternehmen von einem kapitalfressenden Monster in eine Geldmaschine zu verwandeln* von Mike Michalowicz
- *So denken Millionäre: Die Beziehung zwischen Ihrem Kopf und Ihrem Kontostand* von T. Harv Eker

- *The Total Money Makeover: A Proven Plan for Financial Fitness* von Dave Ramsey
- *The Millionaire Fastlane: Crack the Code to Wealth and Live Rich for a Lifetime* von M. J. DeMarco
- *Money: Die 7 einfachen Schritte zur finanziellen Freiheit* von Tony Robbins
- *Denke nach und werde reich. Die Erfolgsgesetze* von Napoleon Hill
- *Rich Dad Poor Dad: Was die Reichen ihren Kindern über Geld beibringen* von Robert Kiyosaki
- *Magic Money: A Course in Creating Abundance* von Holly Alexander

Denke aber bitte immer daran, dass Geld einer der Hauptstreitpunkte für Paare ist. Deshalb ist es sehr wichtig, dass du dich mit deinem Partner oder deiner Partnerin über eure finanzielle Lage und deine Bestrebungen, finanziell unabhängig zu werden, austauschst – egal, wo du dich auf dieser Reise gerade befindest.

Es ist vielleicht nicht unbedingt das romantischste Thema und oft ein bisschen schwierig anzusprechen, aber wenn ihr euch zur Angewohnheit macht, regelmäßig über Geld zu sprechen und eure Finanzen zu prüfen, vermeidet ihr damit den ganz großen Streit in der Zukunft.

Prinzip Nr. 4: Systematisiere deine Welt

Menschen, die sich effektiv selbst führen, haben Systeme für so gut wie alles: von geschäftlichen Dingen wie Zeitplanung, Nachfassen, Bestellungen und Bedankungskarten, bis hin zu persönlichen Aktivitäten wie Schlafen, Essen, Finanzplanung, Hausarbeit und Familienangelegenheiten. Diese Systeme machen das ganze Leben leichter.

Hier sind ein paar Beispiele für grundlegende Systeme, die du sofort anwenden kannst, um deine Welt zu systematisieren:

1. Automatisiere, was du kannst

In unserem Haushalt ist es sehr wichtig, dass bestimmte Lebensmittel immer da sind. Früher mussten wir ständig in den Supermarkt rennen und einkaufen, was manchmal ganz schön viele Umstände machte. Dann entdeckten wir einen Service, der Lebensmittel nach Hause liefert, also beschlossen wir, dass wir sie ab sofort bestellen würden, statt ständig selbst einkaufen zu gehen. Wenn du etwas in deinem Leben findest, das dir keinen Spaß macht, versuche, es durch einen automatischen Prozess aus deinem Tagesplan zu streichen.

Bei uns putzt zum Beispiel niemand gern die Toiletten; und Wäsche waschen mögen wir auch nicht. Deshalb haben wir eine Haushaltshilfe eingestellt, die uns diese Aufgaben abnimmt. Ein Vorteil daran ist, dass es uns motiviert, dafür zu sorgen, dass das Haus nicht zu chaotisch wird. Die Putzkraft kann ihre Arbeit nämlich nur dann erledigen, wenn Böden und Oberflächen frei sind. Also ist jetzt Sonntagabend „Aufräumabend“. Die ganze Familie macht mit und gemeinsam machen wir das Haus bereit für die Haushaltshilfe. Wir wissen, dass sich nicht jede Familie eine Haushaltshilfe leisten kann, aber wenn es bei euch finanziell nicht drin ist, könntest du zum Beispiel Freunde fragen, ob sie Aufgaben mit dir tauschen möchten, oder eine andere kreative Lösung finden. Einer unserer Freunde nutzt den Sportteil seiner *Life S.A.V.E.R.S.* zum Hausputz. So schafft er jeden Morgen ein kleines bisschen.

2. Aktentaschen und mehr

Hal ist nicht nur Bestsellerautor, er ist außerdem häufig auf Vortragsreisen. Oft reist er wochenlang durchs Land und ins Ausland, um die frohe Kunde vom *Miracle Morning* unters Volk zu bringen. Dabei hat er gemerkt, dass es viel Zeit verschlingt und dabei auch noch ineffizient und wenig effektiv ist, jedes Mal alles zusammenzupacken, was er unterwegs braucht. Es ist ihm nämlich schon viel zu oft passiert, dass er etwas Wichtiges zu Hause oder im Büro vergessen hat. Als er zum dritten Mal das Ladekabel für seinen Laptop zu Hause vergessen hatte und sich für 99 Dollar (autsch!) im Apple Store ein neues kaufen oder an der Rezeption nach einem Handyladekabel, einem Rasierer oder einem Paar Manschettenknöpfe fragen musste, die vielleicht ein anderer Gast im Hotel vergessen hatte, hatte er die Nase voll. Er stellte sich eine Reisetasche mit allem zusammen, was er unterwegs benötigt. Jetzt kann er jederzeit das Haus verlassen, weil er schon alles gepackt hat, was er braucht, um auf Reisen zu arbeiten: Visitenkarten, Broschüren, seine Bücher, Adapter und Ladekabel für Handy und Laptop. Er hat sogar Ohrstöpsel hineingepackt, falls der Zimmernachbar im Hotel besonders laut sein sollte.

Ein System brauchst du also immer dann, wenn eine Herausforderung öfter wiederkehrt, oder wenn du feststellst, dass dir zum x-ten Mal etwas Wichtiges fehlt, weil du dich nicht ausreichend vorbereitet hast. Wenn du ab und zu gerade noch rechtzeitig aus der Tür kommst, um zum ersten Ziel des Tages zu hetzen, nur um dann festzustellen, dass du vergessen hast, das Auto aufzutanken, brauchst du ein System, das dir erlaubt, früher aus dem Haus zu kommen. Hier sind ein paar Ideen, was du gut vorausplanen könntest:

- Pack dein Mittagessen, deine Hand- oder Aktentasche und deine Sporttasche abends zusammen und leg dir ein Outfit für den nächsten Tag zurecht.
- Wenn du Kinder hast, bereite außerdem abends alles vor, was sie am nächsten Tag brauchen werden.
- Bereite gesunde Snacks für Tage vor, an denen du viel unterwegs bist (Äpfel, Grünkohlchips, Möhren, usw.), damit du nicht unterwegs beim Bäcker oder gar im Schnellrestaurant etwas Ungesunderes holen musst.

Anders ausgedrückt: Immer, wenn es dir schwer fällt, die Kurve zu kriegen, brauchst du für diese Sache ein System. Ein Leben ohne Systeme ist ein Leben voll unnötigem Stress. Das gilt besonders für vielbeschäftigte Paare und ganz besonders dann, wenn ihr auch noch Kinder habt.

3. Grundlegende Zeitplanung

Ein grundlegender Zeitplan ist der Schlüssel zu maximaler Konzentration, maximaler Produktivität und maximalem Einkommen. Wenn wir zu viele Tage damit verbringen, von einer Aufgabe zur nächsten zu springen und uns abends viel zu oft fragen, wohin die Zeit verschwunden ist und welche wichtigen Fortschritte wir heute gemacht haben, verpassen wir damit viel mehr gute und wichtige Gelegenheiten, als wir uns vorstellen können. Geht es dir auch manchmal so?

Wir teilen jetzt etwas mit dir, das deine Fähigkeit, dauerhaft spektakuläre Erfolge zu erbringen, radikal verändern wird. *Du brauchst einen grundlegenden Zeitplan, der deine Tage und Wochen zielgerichtet strukturiert.* Ein grundlegender Zeitplan in unserem Sinne ist ein festgelegter, wiederkehrender Plan aus Zeitblöcken, in denen du dich auf deine wichtigsten Tätigkeiten konzentrierst. Den meisten von uns ist intuitiv klar, welche Vorzüge ein Zeitplan mit sich bringt, aber nur wenige setzen dieses Wissen konsequent in die Tat um.

Schon gut, schon gut, wir wissen, was du jetzt sagen willst. Du bist erwachsen geworden, um dich endlich von festen Strukturen lösen zu können. Glaub mir, das verstehen wir gut. Aber je effizienter du deinen grundlegenden Zeitplan und seine (normalerweise ein bis drei Stunden langen) Zeitblöcke nutzt, die ausschließlich den Projekten und Aufgaben gewidmet sind, die dir helfen, das Beste aus deiner Beziehung und deinem Leben herauszuholen, desto mehr Freiheit hast du letzten Endes.

Das soll natürlich nicht heißen, dass du deinen Zeitplan völlig starr einhalten musst. Im Gegenteil, wir raten dir dringend, Zeit für Flexibilität *einzuplanen*. Vergiss auch nicht, genug Zeit für die Familie, Hobbys, Freizeitaktivitäten und Erholung in deinen Kalender zu schreiben. Du könntest sogar so weit gehen, einen „wonach mir gerade ist"-Zeitblock aufzuschreiben, in dem du genau das machst: wonach dir in diesem Moment ist. Wenn nötig, kannst du die Zeitblöcke auch verschieben und austauschen. Wichtig daran ist, dass du mit möglichst viel Klarheit durch deine Tage und Wochen gehst und dabei jede Stunde deines Tages bewusst und zielgerichtet nutzt, sogar dann, wenn du sie nutzt, um einfach nur *zu machen, was du willst.* Wenigstens hast du es dann so geplant. Einen grundlegenden Zeitplan einzuhalten ist eine großartige Methode, deine Produktivität zu verbessern, sodass du dich in Zukunft abends nur noch sehr selten fragen musst, wohin deine Zeit verschwunden ist. Sie kann nämlich nicht mehr einfach so vergehen, ohne dass du eine bewusste Entscheidung dazu getroffen hast, weil du jede einzelne Minute zielgerichtet verbracht hast.

Wir haben Hal gebeten, seinen grundlegenden Wochenplan mit uns zu teilen, damit du dir ein mögliches Beispiel für einen solchen Plan anschauen kannst. Hal genießt zwar den Luxus unternehmerischer Freiheit und muss sich an keinen von außen auferlegten Zeitplan halten, aber wenn du ihn fragst, wird er dir sagen, dass dieser grundlegende Plan eine der Schlüsselstrategien ist, mit denen er sicherstellt, dass er aus jedem Tag das Beste herausholt.

Natürlich passiert es Hal (wie den meisten Menschen), dass er seinen grundlegenden Zeitplan abändern muss, zum Beispiel wenn er auf Vortragsreise, bei einem Event oder im Urlaub ist, aber diese Änderungen sind immer nur vorübergehend. Sobald er wieder zu Hause und in seinem Büro ist, fällt er wieder in diesen regelmäßigen Ablauf zurück.

Diese Methode ist unter anderem deshalb so effektiv, weil sie dir die emotionale Achterbahn erspart, auf die du dich begeben musst, wenn du Entscheidungen darüber triffst, was du jeden Tag tun wirst. Wie oft ist es dir schon passiert, dass ein Termin schlecht gelaufen ist und sich dadurch negativ auf deinen Gefühlszustand und deine Konzentrationsfähigkeit für den Rest des Tages ausgewirkt hat? Wenn du dann einem grundlegenden Zeitplan gefolgt wärst, an den du dich hältst, und dieser Kalender dir gesagt hätte, dass du dich als Nächstes um ein Netzwerkevent, Anzeigenschaltungen oder Anrufe kümmern musst, hättest du gewusst, was als Nächstes zu tun ist, und trotzdem einen produktiven Nachmittag gehabt.

Hals grundlegender Zeitplan

Uhrzeit	Montag	Dienstag
4:00 Uhr	S.A.V.E.R.S.	S.A.V.E.R.S.
5:00 Uhr	Schreiben	Schreiben
6:00 Uhr	E-Mails	E-Mails
7:00 Uhr	Kinder zur Schule bringen	Kinder zur Schule bringen
8:00 Uhr	Belegschaftsmeeting	1. Priorität
9:00 Uhr	1. Priorität	Wakeboard
↓	↓	↓
11:00 Uhr	Mittagessen	Mittagessen
12:00 Uhr	Basketball	Prioritäten
13:00 Uhr	Prioritäten	Interview
14:00 Uhr	Prioritäten	Interview
15:00 Uhr	Prioritäten	Interview
16:00 Uhr	Prioritäten	Prioritäten
17:00 Uhr	FAMILIE	FAMILIE
↓	↓	↓
22:00 Uhr	Ins Bett	Ins Bett

(Hinweis: Jede Stunde ist durchgeplant.)

Mittwoch	Donnerstag	Freitag	Sa/Sonntag
S.A.V.E.R.S.	S.A.V.E.R.S.	S.A.V.E.R.S.	S.A.V.E.R.S.
Schreiben	Schreiben	Schreiben	Schreiben
E-Mails	E-Mails	E-Mails	↓
Kinder zur Schule bringen	Kinder zur Schule bringen	Kinder zur Schule bringen	Familienzeit
1. Priorität	1. Priorität	1. Priorität	↓
↓	Wakeboard	↓	↓
↓	↓	↓	↓
Mittagessen	Mittagessen	Mittagessen	↓
Basketball	Prioritäten	Basketball	↓
Kundenanrufe	Interview	Prioritäten	↓
Kundenanrufe	Interview	Prioritäten	↓
Kundenanrufe	Interview	Prioritäten	↓
Prioritäten	Prioritäten	PLANUNG	↓
FAMILIE	FAMILIE	Zeit zu zweit	↓
↓	↓	↓	↓
Ins Bett	Ins Bett	Ins Bett	Ins Bett

Übernimm die Kontrolle! Überlass deine Produktivität nicht mehr dem Zufall und lass deine Zeit nicht mehr von äußeren Einflüssen bestimmen. Erschaffe dir einen grundlegenden Zeitplan mit allem, was du schaffen musst, und Zeit für die Familie, Freizeitaktivitäten und Erholung, und halte dich daran, egal, was kommt.

Wenn du merkst, dass du Hilfe dabei brauchst, bei der Stange zu bleiben, schick deinem Rechenschaftspartner oder deinem Coach eine Kopie des Plans und bitte ihn oder sie, dich dabei zu unterstützen. Wenn du dich an dieses eine System hältst, bekommst du dadurch deutlich mehr Kontrolle über deine Produktivität und deine Ergebnisse.

Prinzip Nr. 5: Handle konsequent

Wenn es einen nicht ganz offensichtlichen Schlüssel zum Erfolg gibt, dann ist es dieser: *Handle immer konsequent.* Wenn du dir ein Ergebnis wünschst – von körperlicher Fitness über beruflichen Erfolg bis hin zu mehr Familienzeit – musst du es konsequent verfolgen, um es zu erreichen.

In den kommenden Kapiteln werden wir dir helfen, die Einsicht und die richtige Richtung zu finden, die du brauchst, um konsequent zu handeln. Für den Moment reicht es, wenn du dich geistig darauf einstellst, das Durchhaltevermögen zu zeigen, das du brauchst, um immer weiterzumachen – sogar dann, wenn dir die Ergebnisse, die du dir wünschst, nicht schnell genug kommen. Die glücklichsten Menschen bleiben konsequent, beständig und unermüdlich dabei, jeden Tag zu handeln. So musst du auch werden.

Wie steht es um dein Selbstwertgefühl?

Selbstwertgefühl verleiht dir den Mut, Neues auszuprobieren, und die Kraft, an dich selbst zu glauben. Der amerikanische Dramatiker

August Wilson hat einmal gesagt: „Stell dich deinen dunklen Seiten und arbeite daran, sie mit Licht und Vergebung zu vertreiben. Deine Bereitschaft, mit deinen Dämonen zu kämpfen, bringt deine Engel zum Singen."

Es ist enorm wichtig, dass du dir erlaubst, stolz auf dich selbst zu sein. Wir müssen zwar realistisch bleiben, was unsere Schwächen betrifft, und ständig versuchen, uns zu verbessern, aber zögere auch nicht, stolz auf deine Stärken zu sein und deine Siege ein wenig zu genießen.

Viele Tage sind voll von Enttäuschungen, Verzögerungen und Ablehnungen, deshalb ist es umso wichtiger, dass du dich selbst liebst. Wenn du dein Bestes gibst, lobe dich auch dafür. Wir haben in unseren Tagebüchern ein paar Extraseiten, die wir nutzen, um uns selbst kleine Liebesbriefe zu schreiben. An Tagen, an denen wir ein bisschen mehr Ermutigung brauchen, schreiben wir alles auf, was wir an uns selbst lieben und schätzen.

Ein unaufhaltsames Selbstwertgefühl ist ein mächtiges Werkzeug. Du weißt wahrscheinlich schon, dass dich eine negative Einstellung nicht weiterbringt – und das ganz schön schnell. Mit der richtigen Geisteshaltung kannst du die Herausforderungen des Tages einfach an dir abperlen lassen. Du bleibst ruhig und machst weiter. Wenn du deinen Fähigkeiten vertraust und dir vornimmst, immer konsequent zu handeln, wird sich dein Verhalten ändern – und dann wird es fast unvermeidlich, dass du erfolgreich sein wirst.

Selbstführung in der Praxis

Betrachten wir die Konzepte, um die es in diesem Kapitel ging, noch einmal. Wir haben darüber gesprochen, wie wichtig Selbstführung ist, wenn man sein Leben verbessern will. Wenn du dich selbst besser führst, nimmst du dadurch in deinem ganzen Leben das Steuer in die Hand. Verabschiede dich von der Opferrolle und lerne die Werte, Glaubensgrundsätze und Visionen besser kennen, die du dir für dein Leben wünschst.

Schritt 1: Lies dir die fünf Schlüsselprinzipien der Selbstführung noch einmal durch und verinnerliche sie:

1. **Übernimm die Verantwortung zu 100 Prozent.** Denk daran, der Moment, in dem du die Verantwortung für *alles* in deinem Leben übernimmst, ist der Moment, in dem du die Kontrolle über *alles* übernimmst, was du im Leben ändern möchtest. Dein Erfolg hängt zu 100 Prozent von dir selbst ab.
2. **Mach Fitness zu einer Priorität und genieße Bewegung.** Wenn tägliche Bewegung nicht bereits eine Priorität in deinem Leben ist, ändere das. Nimm dir drei- bis fünfmal pro Woche Zeit für 30 bis 60 Minuten Sport, zusätzlich zur Bewegung am Morgen. Übrigens, falls du dich jetzt fragst, welche Ernährung dir Energie ohne Ende verleiht: Darüber reden wir im nächsten Kapitel.
3. **Setz dir finanzielle Freiheit/Sicherheit zum Ziel.** Fang an, Überzeugungen und Gewohnheiten zu entwickeln, die dich unaufhaltsam zu einem Leben in finanzieller Freiheit führen. Spare 10 Prozent deines Einkommens, mach dich schlau zum Thema Geld und such dir zusätzliche Einnahmequellen.
4. **Systematisiere deine Welt.** Erschaffe dir zuerst einen grundlegenden Zeitplan und such dann die Bereiche in deinem Leben und deinem Beruf, die sich durch Systeme und Zeitblöcke leicht verbessern lassen würden.
   Wenn du dich ganz auf den Prozess konzentrierst, der dir die besten Ergebnisse liefert, ist es so gut wie garantiert, dass du erfolgreich sein wirst. Am wichtigsten ist allerdings, dass du dir ein Rechenschaftssystem zulegst, indem du mit einem Kollegen, einem Coach oder deinem Herzensmenschen zusammenarbeitest.
5. **Handle konsequent.** Jeder braucht Strukturen. Entscheide dich dafür, konsequent zu handeln und deine persönlichen Werte und Erwartungen einzuhalten. Wenn du eine neue Herangehensweise ausprobierst, gib ihr genug Zeit, um wirklich wirken zu können, bevor du die Flinte ins Korn wirfst.

Schritt 2: Nimm deine Affirmationen und Visualisierungen zu Hilfe, um deine Selbstkontrolle und dein Selbstbild zu verbessern. Achte darauf, sie so schnell wie möglich auf deine Bedürfnisse anzupassen – es dauert eine Weile, bis sie Früchte tragen, und je schneller du damit anfängst, desto früher siehst du Resultate.

Wir hoffen, du hast jetzt einen Einblick bekommen, wie wichtig deine Persönlichkeitsentwicklung für deinen Erfolg ist. Während du dieses Buch liest (idealerweise mehrmals), solltest du dir systematisch die Bereiche vornehmen, von denen du weißt, dass du sie verbessern und erweitern musst. Wenn dein Selbstwertgefühl ein bisschen mehr Auftrieb gebrauchen könnte, solltest du schnell die nötigen Schritte einleiten, es zu verbessern. Überlege dir Affirmationen, die es mit der Zeit steigern und weiterentwickeln. Visualisiere, wie du selbstbewusster handelst, deine persönlichen Standards erhöhst und dich selbst mehr liebst.

Das klingt jetzt vielleicht nach einer Menge, aber erinnere dich an die Macht der kleinen Schritte. Du musst nicht alles auf einmal machen. Und wir haben noch eine gute Nachricht für dich: Im nächsten Kapitel erklären wir dir, wie du dir mehr als genug körperliche, geistige und emotionale Energie erschaffst, um jeden Tag außergewöhnlich viel Klarheit, Fokus und Handlungsfähigkeit zu erhalten.

5. Nicht ganz offensichtliches Du-Prinzip Nr. 2: ENERGIEMANAGEMENT

Die Welt gehört dem, der Energie besitzt.

RALPH WALDO EMERSON, amerikanischer Essayist, Lektor, Philosoph und Dichter

Für uns Menschen steht und fällt alles mit der eigenen Energie. Meistens haben wir nicht genug davon und können deshalb das Leben nicht richtig genießen. An manchen Tagen – und wir wissen genau, dass es dir auch manchmal so geht – wacht man auf und hat einfach nicht genug Energie und Motivation, um sich den unvermeidlichen Herausforderungen zu stellen. Das Leben kann sehr anstrengend sein, körperlich ebenso wie geistig. Mitten im Chaos aus Überforderung und Unsicherheit die Konzentration nicht zu verlieren ist nicht einfach. An guten Tagen brauchst du Energie, Begeisterung und Durchhaltevermögen. An schlechten Tagen? Das Gleiche, und noch viel mehr davon.

Leute mit einem niedrigen Energiepegel müssen einiges erleiden. Es fällt ihnen schwer, motiviert zu bleiben. Konzentrieren können sie sich oft nur, wenn sie anregende Mittel zu sich nehmen, zum Beispiel Kaffee. *Für ein legendäres Leben brauchst du unerschöpfliche Energie!* Daran führt kein Weg vorbei. Du kannst den besten Plan für den Tag haben, aber wenn du nicht genug *Energie* hast, um alles zu schaffen, wird es dir unnötig schwer fallen, deine Ziele zu erreichen. Wenn du das Beste aus deinem Leben herausholen willst, brauchst du Energie – je mehr, desto besser, und je *anhaltender*, desto besser.

- Energie ist der Treibstoff, der dir erlaubt, klar im Kopf zu bleiben, dich zu konzentrieren und so zu handeln, dass du jeden Tag die besten Ergebnisse erbringst.
- Energie ist ansteckend. Sie springt von dir auf deine Umwelt über wie ein positives Virus, das überall Begeisterung und Zustimmung auslöst.
- Energie ist die Basis von so gut wie allem und wirkt sich direkt darauf aus, wie viel Erfolg wir haben.

Die Frage ist also: *Wie richtest du dein Leben strategisch so ein, dass du dauerhaft jede Menge nachhaltiger Energie hast*, auf die du jederzeit zurückgreifen kannst?

Wenn wir Probleme mit unserem Energiepegel haben, können wir sie eine Weile mit Kaffee und anderen anregenden Mitteln ausgleichen. Das funktioniert aber nicht ewig und endet unweigerlich in einem Crash. Das ist dir vielleicht auch schon auch mal aufgefallen: Die Energie geht immer dann zu Ende, wenn man sie gerade am dringendsten braucht.

Wenn du dich bisher nur mit Kaffee und purer Willenskraft betankt hast, hast du noch nicht einmal angefangen zu entdecken, was du alles schaffen kannst, wenn du verstehst, wie Energie funktioniert, und dein Leben auf optimales Energiemanagement ausrichtest.

Der natürliche Energiekreislauf

Als Erstes musst du verstehen, dass das Ziel beim Energiemanagement nicht ist, die ganze Zeit mit voller Kraft zu laufen. Es ist praktisch nicht möglich, immer nur Leistung zu erbringen. Bei uns Menschen unterliegt der Energiepegel natürlichen Gezeiten. Tatsächlich verhält es sich damit nicht so viel anders als mit dem Ziel, dein bestes Selbst zu werden. Dafür musst du wissen, wie du in stressigeren Zeiten des Jahres besonders tief aus deiner inneren Energiequelle schöpfen kannst, und wie du dir Zeit nimmst, um dich auszuruhen und aufzutanken, wenn der Stress nachlässt.

So wie eine Topfpflanze Wasser braucht, müssen auch unsere Energiereserven regelmäßig neu aufgefüllt werden. Du kannst eine ganze Weile unter Volldampf laufen, aber irgendwann musst du deinem Gehirn, deinem Körper und deinem Geist eine Pause gönnen. Stell dir dein Leben als ein Gefäß voll Energie vor. Wenn du nicht ordentlich mit seinem Inhalt umgehst, ist das, als hätte es ein Loch. Egal, wie viel du hineinschüttest, es wird nie ganz voll und du wirst dich nie von Energie erfüllt fühlen.

Rachel Hollis hat dieses Bild noch erweitert, um den Unterschied zwischen dem zu verdeutlichen, was die meisten von uns tun und dem, was wir eigentlich tun sollten: Die meisten von uns gießen den Inhalt unseres Gefäßes aus, um alles, was wir haben, für andere zu geben. Stattdessen sollten wir eigentlich versuchen, immer mehr in unser Gefäß zu gießen, sodass es am Ende überläuft und alle um uns herum ebenfalls davon profitieren.

Lass also nicht zu, dass du an den Punkt kommst, an dem du völlig überarbeitet, abgekämpft und gestresst bist, sondern nimm dein Energieniveau selbst in die Hand und schaff dir ein System, das automatisch dafür sorgt, dass du dich erholen kannst! So stopfst du die Löcher in deinem Gefäß und erlaubst dir, es mit der Energie zu füllen, die du brauchst.

Wenn du dich damit abgefunden hast, dich müde, grantig, außer Form, immer ein bisschen hinterher auf deiner To-do-Liste und unglücklich zu fühlen, habe ich jetzt eine tolle Nachricht für dich.

Ständig erschöpft zu sein ist nicht nur inakzeptabel, *du musst dich auch nicht in dein Schicksal fügen.* Es gibt ein paar einfache Methoden, die dir bringen, was du brauchst und willst: mehr Ruhe, Zeit zum Auftanken, inneren Frieden und Glück. Ist das eine Menge? Ja. Unmöglich? Auf keinen Fall!

Hier geht es darum, wie du dein Leben strategisch so einrichtest, dass du möglichst viel und anhaltende körperliche, geistige und emotionale Energie erhältst. Wir folgen diesen drei Prinzipien, um unsere Energiereserven so voll zu halten, wie wir können, damit sie uns jederzeit zur Verfügung stehen, wenn wir sie brauchen.

1. Iss und trink für Energie

Für dein Energiemanagement ist es am allerwichtigsten, was du isst und trinkst. Wenn es dir geht wie den meisten Menschen, suchst du dir dein Essen nach dem Geschmack aus und denkst erst in zweiter Linie an die Folgen (wenn überhaupt). Leider ist das, was sich unsere Geschmacksknospen im entsprechenden Moment wünschen, nicht immer das Gleiche wie das, was uns Energie für den ganzen Tag spendet.

Es ist völlig in Ordnung, Dinge zu essen, die gut schmecken, aber wenn du wirklich gesund leben und Energie für Höchstleistungen haben willst, solltest du dir das hier hinter die Ohren schreiben: Es ist zwingend notwendig, dass wir eine bewusste Entscheidung treffen, **mehr Wert auf die Folgen unserer Ernährung für unsere Gesundheit und unseren Energiepegel zu legen als auf den Geschmack.** Warum? Weil es unseren Körper mit die meiste Energie überhaupt kostet, etwas zu verdauen. Brauchst du dafür einen Beweis? Dann denk daran, wie erschlagen du dich nach einer großen, schweren Mahlzeit wie einem Weihnachtsessen fühlst. Es ist kein Zufall, dass wir nach einer reichhaltigen Mahlzeit meistens schläfrig werden und oft erst mal ein Nickerchen machen müssen. Der Begriff „Fresskoma" kommt nicht von ungefähr.

Bestimmte Nahrungsmittel wie Brot, Fleisch, Milchprodukte und verarbeitete Produkte zu verdauen verbraucht mehr Energie, als sie deinem Körper zuführen. Statt dir also Energie zu verleihen, entziehen diese quasi „toten" Lebensmittel sie dir, damit du sie überhaupt verdauen kannst und du hast unterm Strich ein Energiedefizit. „Lebende" Nahrungsmittel dagegen – Obst, Gemüse, Nüsse und Samen zum Beispiel – verleihen dir in aller Regel mehr Energie als du brauchst, um sie zu verdauen, und verschaffen dir einen Energieüberschuss, mit dem du deine besten Leistungen erbringen kannst.

Ganz einfach ausgedrückt: Alles, was du in deinen Körper hineinsteckst, hat entweder gute oder schlechte Auswirkungen auf deine Gesundheit und deine Energie. Ein Glas Wasser ist ein Sternchen auf der Plusseite, ein doppelter Tequila eher nicht. Wenn du dich vorwiegend von frischem Obst und Gemüse ernährst, ist das jedes Mal ein weiteres Plus. Im Schnellimbiss ein paar Burger runterschlingen? Nicht so gut. Wir wissen, das ist dir schon klar. Hier geht es nicht um hochkomplizierte Wissenschaft, aber das ist vielleicht der wichtigste Bereich deines Lebens, den du optimieren solltest. Du musst nur aufhören, dir selbst etwas vorzugaukeln.

Wenn du es nicht bereits tust, ist jetzt der Zeitpunkt gekommen, um anzufangen, strategisch und bewusst zu essen – und zwar, was du isst, wann du isst und, am allerwichtigsten, *warum* du isst –, um dein Leben so einzurichten, dass du immer maximale Energie hast.

Strategische Ernährung

Bis jetzt hast du dich vielleicht gefragt: „Wann bekomme ich beim *Miracle Morning* eigentlich etwas zu essen?“ Das erklären wir dir jetzt. Außerdem verraten wir dir, *warum* die Entscheidung für bestimmte Lebensmittel wahrscheinlich die wichtigste Frage überhaupt ist.

Wann du essen solltest – Erinnere dich noch einmal daran, dass deine Verdauung jeden Tag eine Menge deiner Energie verbraucht. Je größer deine Mahlzeiten sind, desto mehr gibst du deinem Körper zu verdauen, und desto erschöpfter fühlst du dich. Mit dieser Information im Hinterkopf raten wir dir, deine erste Mahlzeit des Tages erst *nach* dem *Miracle Morning* zu dir zu nehmen. Dadurch ist sichergestellt, dass dein Blut während der *Life S.A.V.E.R.S.* ins Gehirn strömt, nicht in Magen und Darm, sodass du möglichst wach und konzentriert sein kannst.

Allerdings empfehlen wir dir, den Tag mit einer kleinen Menge gesunder Fette als Hirnfutter zu beginnen. Studien haben gezeigt, dass die Art von Fetten, die du zu dir nimmst, großen Einfluss darauf haben, wie wach dein Geist und wie stabil deine Gefühlslage sind. „Unser Gehirn besteht zu mindestens 60 Prozent aus Fett. Diese Fette, Omega-3 zum Beispiel, müssen wir aus unserer Nahrung gewinnen", sagt Dr. med. Amy Jamieson-Petonic, eine lizensierte Ernährungsberaterin, Direktorin der Wellness-Coaching-Abteilung an der Klinik von Cleveland und Sprecherin der *American Dietetic Association.*

Wir beginnen jeden Morgen nach dem ersten Glas Wasser mit einem Esslöffel Bio-Kokosnussbutter (genauer gesagt mit *Nutiva Organic Coconut Manna*, das man bei Amazon bestellen kann) und einer großen Tasse Bio-Kaffee mit Bulletproof-Kakaobutter (erhältlich auf www.bulletproof.com). Der Esslöffel Kokosnussbutter ist so wenig, dass wir ihn leicht verdauen können, und enthält genug gesunde Fette, dass er unser Gehirn richtig ankurbelt. Die gesundheitlichen Vorzüge von Kakao sind zahlreich: Er kann unseren Blutdruck senken, ist eine hervorragende Quelle von Antioxidanten (Kakao steht auf der Liste der 20 besten Nahrungsmittel in Bezug auf ihre Fähigkeit, oxidierende Radikale zu binden, der „ORAC"-Skala) und vieles mehr.

Am wichtigsten ist allerdings, dass es uns glücklich macht, Kakao zu essen. Er enthält Phenylethylamin (auch bekannt als die „Liebesdroge"), das für unseren Gemütszustand verantwortlich ist und dafür sorgen kann, dass wir uns fühlen wie frisch verliebt. Außerdem wirkt es anregend und kann unsere Konzentrationsfähigkeit erhöhen. Kakao ist also der absolute Hauptgewinn!

Wenn du gar nicht darum herumkommst, morgens erst mal etwas zu essen, achte darauf, dass es nur eine kleine, leichte, gut verdauliche Mahlzeit ist, zum Beispiel frisches Obst oder ein Smoothie (dazu gleich mehr).

Warum du essen solltest – Nehmen wir uns einen Moment lang Zeit und betrachten wir ein wenig genauer, *warum* du isst, was du isst. Welche Kriterien legst du an, wenn du beim Einkaufen im Supermarkt oder beim Lesen einer Speisekarte entscheidest, was du zu dir nehmen willst? Gehst du ausschließlich nach dem Geschmack? Der Konsistenz? Deiner Bequemlichkeit? Denkst du an deine Gesundheit? Deine Energie? Gibt es Dinge, die du nicht verträgst, gegen die du allergisch bist oder die du einfach nicht gerne isst?

Die meisten Leute denken nur an den *Geschmack*, wenn sie sich für eine bestimmte Mahlzeit entscheiden, oder sie entscheiden aufgrund einer tiefliegenden emotionalen Verbundenheit für Nahrungsmittel, die sie mögen. Was würde zum Beispiel passieren, wenn du jemanden fragst, warum er Eiscreme oder Softdrinks zu sich nimmt, oder warum er ein Brathähnchen im Supermarkt gekauft hat? Wahrscheinlich würdest du solche Antworten bekommen: „Hmmm, ich liebe Eiscreme! … Ich trinke gern Softdrinks! … Mir war gerade nach Brathähnchen.“ All diese Antworten basieren auf einem Genussgefühl, das hauptsächlich daher kommt, wie diese Dinge schmecken. In diesen Fällen wird dir die befragte Person höchstwahrscheinlich nicht erzählen, dass sie sehr viel Wert darauf legt, dass diese Lebensmittel gesund sind oder ihr besonders viel anhaltende Energie verleihen.

Worauf wir hinauswollen: Wenn wir mehr Energie wollen (und das tun wir alle), und wenn wir wollen, dass unser Leben gesund und frei von Krankheiten ist (was wir auch alle tun), müssen wir uns unbedingt klar darüber werden, warum wir essen, was wir essen. Ab sofort führt für dich kein Weg daran vorbei, *deutlich mehr Wert auf die Folgen deiner Ernährung für deine Gesundheit und deinen Energiepegel zu legen als auf den Geschmack.* Wir wissen, wir wiederholen uns, aber das kann man nicht oft genug sagen. Der Geschmack macht dir nur ein paar Minuten lang Freude, aber der Einfluss deiner Ernährung auf deine Energie und deine Gesundheit hält den ganzen Rest des Tages und den ganzen Rest deines Lebens an.

Kennst du das alte Sprichwort „Du bist, was du isst“? Kümmere dich gut um deinen Körper, dann zahlt er es dir auch zurück. Du wirst dich sofort energiegeladener und klarer fühlen.

Was wir damit allerdings auf keinen Fall sagen wollen, ist, dass wir alle unserer Gesundheit und unserer Energie zuliebe Dinge essen sollten, die uns nicht schmecken. Wir sagen, dass du beides haben kannst. Wenn wir jeden Tag vor Energie übersprudeln wollen, damit wir unsere besten Leistungen erbringen können, und obendrein noch ein langes und gesundes Leben haben wollen, müssen wir uns entscheiden, mehr Lebensmittel zu uns zu nehmen, die unserer Energie und unserer Gesundheit zugutekommen, dabei aber auch gut schmecken.

Wir haben uns abgewöhnt, Lebensmittel als kleine Belohnung oder Trost zu betrachten. Stattdessen sehen wir sie jetzt als Treibstoff. Wir wollen uns gerne lecker und gesund ernähren, von Dingen, die unseren Energiepegel erhöhen und uns erlauben, so lange alles zu geben, wie wir müssen und wollen.

Versteh uns bitte nicht falsch. Wir essen auch gerne mal etwas, was nicht unbedingt gesund ist, aber wir achten strategisch darauf, das zu Zeiten zu tun, an denen wir nicht so viel Energie wie möglich brauchen, zum Beispiel abends oder am Wochenende.

Wie man bessere Ernährungsentscheidungen trifft

Bessere Entscheidungen über unsere Ernährung zu treffen fällt uns leichter, wenn wir darauf achten, wie wir uns fühlen, nachdem wir bestimmte Dinge gegessen haben. Wir haben angefangen, nach jeder Mahlzeit einen Wecker auf 60 Minuten zu stellen und unser Energieniveau zu betrachten, wenn er klingelt. Mit dieser Methode brauchten wir nicht lange, um zu merken, welche Lebensmittel uns eine Menge Energie gaben und welche nicht.

Tage, an denen wir einen Smoothie trinken oder einen Salat essen, fühlen sich deutlich anders an als Tage, an denen wir uns einen Hähnchenburger oder eine duftende Pizza gönnen. An den ersten Tagen haben wir mehr Energie als wir benötigen, an den anderen leiden wir an Energiemangel.

Wie wäre es, wenn du deinem Körper genau das geben könntest, was er braucht, um so lange zu arbeiten und die Freizeit zu genießen, wie du willst? Wie wäre es, wenn du dir genau das gönnst, was du verdienst? Schenk dir selbst hervorragende Gesundheit, indem du dich bewusst dafür entscheidest, was du essen und trinken willst.

Wenn du den ganzen Tag lang fast vergisst, etwas zu dir zu nehmen und irgendwann total ausgehungert einen Stopp im Schnellrestaurant einlegst, solltest du unbedingt anfangen, über eine neue Strategie nachzudenken.

Diese Fragen solltest du dir stellen:

- Kann ich anfangen, bewusst über die Folgen dessen nachzudenken, was ich esse – sowohl für meine Gesundheit als auch für meine Energie – und sie höher bewerten als den Geschmack?
- Kann ich jederzeit Wasser griffbereit haben, damit ich mir zielgerichtet Flüssigkeit zuführen kann und vermeide, mich zu dehydrieren?
- Kann ich meine Mahlzeiten (und gesunden Snacks) so im Voraus planen, dass ich dadurch alle Muster durchbreche, die mir nicht gut tun?

Ja, das kannst du, und noch viel mehr. Stell dir vor, wie viel besser dein Leben sein wird und wie viel mehr Energie du für deine Beziehung haben wirst, wenn du dir deine Ess- und Trinkgewohnheiten bewusst machst und sie zielgerichtet veränderst.

- Dein Geistes- und Gefühlszustand werden sich ganz einfach verbessern. Ein niedriger Energiepegel sorgt dafür, dass wir uns schlecht fühlen, aber wer viel Energie hat, bei dem sind auch Gemütszustand, Aussichten und die gesamte Haltung positiv.
- Du wirst mehr Selbstdisziplin haben. Wenn unser Energieniveau niedrig ist, haben wir weniger Willenskraft, sodass wir uns öfter für den *einfachen* Weg anstelle des *richtigen* entscheiden. Wer mehr Energie hat, hat auch mehr Selbstdisziplin.
- Du wirst gesünder und länger leben und dich dabei viel besser fühlen.

- Du wirst den Menschen, die du führst, und den Menschen, die du liebst, ein gutes Vorbild. Wie wir unser Leben führen, erlaubt auch anderen um uns herum, es uns nachzutun.
- Du wirst länger leben.
- Bonus: Du wirst dich ganz ohne zusätzlichen Aufwand auf dein Idealgewicht einpendeln.

Letzten Endes musst du dir nur eine einfache Sache merken: Essen ist Treibstoff. Wir sollten es nutzen, um vom Anfang des Tages bis zum Ende zu kommen, uns dabei großartig zu fühlen und möglichst viel Energie zu haben. Mehr Wert auf die Folgen unserer Ernährung für unser Energieniveau zu legen, als darauf, wie es uns schmeckt, und bevorzugt Dinge zu essen, die unseren Energiepegel heben, ist der erste Schritt auf dem Weg zu besserem Energiemanagement.

2. Gut schlafen und als Gewinner aufwachen

Schlaf mehr, dann erreichst du mehr. Das ist vielleicht das am wenigsten offensichtliche Produktivitätsmantra, das du je hören wirst, aber es ist wahr. Der Körper braucht jede Nacht genug Erholung, um richtig zu funktionieren und sich nach einem anstrengenden Tag zu regenerieren. Schlaf spielt außerdem eine wichtige Rolle für unser Immunsystem, unseren Stoffwechsel, unser Gedächtnis, unsere Lernfähigkeit und andere wichtige Körperfunktionen. In dieser Zeit heilt und repariert sich unser Körper, ruht sich aus und wächst. Wenn man nicht genug schläft, treibt man dadurch Raubbau an sich selbst.

Schlaf und genug Schlaf

Wie viel Schlaf ist genug? Der Unterschied zwischen gerade genug Schlaf, um über die Runden zu kommen, und der Schlafmenge, die man braucht, um optimal zu funktionieren, ist gewaltig. Forscher an der *University of California* in San Francisco haben entdeckt, dass manche Menschen über ein Gen verfügen, das ihnen erlaubt, mit weniger als sechs Stunden Schlaf pro Nacht klarzukommen. Allerdings ist dieses Gen sehr selten: Es kommt nur in weniger als drei Prozent der Bevölkerung vor. Für die restlichen 97 Prozent von uns sind sechs Stunden nicht einmal annähernd genug. Dass du es manchmal schaffst, mit nur fünf bis sechs Stunden Schlaf auszukommen, bedeutet nicht, dass du dich nicht viel besser fühlen und mehr schaffen könntest, wenn du dir ein oder zwei Stunden länger im Bett gönnen würdest.

Das klingt jetzt vielleicht etwas komisch. Du denkst bestimmt: „Mehr schlafen und trotzdem mehr schaffen? Wie soll das gehen?" Es ist aber gut belegt, dass genug Schlaf dem Körper erlaubt, höhere Leistungen zu erbringen. Du arbeitest dadurch nicht nur besser und schneller, es verbessert außerdem deine Einstellung.

Falls es dir so geht wie den meisten Leuten, kannst du dich nur schwer konzentrieren, klar denken oder dich an Dinge erinnern, wenn du nicht genug Ruhe bekommst. Vielleicht fällt dir auf, dass du zu Hause oder bei der Arbeit nicht effektiv oder konzentriert genug bist, vielleicht schiebst du das sogar darauf, dass du eben viel zu tun hast. Je mehr Schlaf dir fehlt, desto klarer treten diese Symptome zutage.

Darüber hinaus kann ein Mangel an Ruhe und Entspannung deine Stimmung gewaltig beeinflussen. Es ist wissenschaftlich bewiesen, dass sich bei Menschen, die nachts nicht genug schlafen, die Persönlichkeit verändert. Sie sind insgesamt schlechter gelaunt, ungeduldiger und schnauzen ihre Mitmenschen öfter an. Wenn du dir nicht genug wohlverdiente Ruhe gönnst, wirst du dadurch ein bisschen zum Monster, was für niemanden gut ist – auch nicht für dich selbst.

Die meisten Erwachsenen schlafen weniger, um mehr Aktivität in ihren Tag packen zu können. Wenn man gegen die Uhr arbeitet, um eine Deadline einhalten zu können, ist die Versuchung groß, ein bisschen weniger zu schlafen, um mehr zu schaffen. Leider führt Schlafmangel dazu, dass dein Körper schlappmacht und damit Krankheiten und Viren eine winzige Lücke gewährt, durch die sie angreifen können. Wenn du nicht genug schläfst, schadest du damit deinem Immunsystem, sodass du dir alles Mögliche einfangen kannst. Eine durch Schlafmangel ausgelöste oder begünstigte Krankheit kann dich Arbeitstage oder sogar ganze Wochen kosten.

Wenn du dagegen genug schläfst, läuft dein Körper so, wie er soll, es macht Spaß, in deiner Nähe zu sein, und dein Immunsystem ist stärker. Und genau aus diesem Grund wirst du geduldiger und reagierst gelassener auf deinen Partner bzw. deine Partnerin und eure Familie. Gesunder Schlaf ist wie die Zeit, in der du deinen inneren Magneten einschaltest.

Wie viel Schlaf brauchen wir wirklich?

Wenn du einen Schlafexperten fragst, wie viel Schlaf der Mensch pro Nacht braucht, wird er dir sagen, dass er dir keine allgemeingültige Stundenzahl nennen kann. Die ideale Länge des Nachtschlafs ist von Mensch zu Mensch unterschiedlich und wird von vielen Faktoren beeinflusst: Alter, genetischer Veranlagung, Stressniveau, Gesundheitszustand, wie viel sich die Person bewegt, ihrer Ernährung – und wann sie zum letzten Mal etwas gegessen hat – und unzähligen weiteren.

Wenn du zum Beispiel viel Fast Food, verarbeitete Lebensmittel, übermäßig viel Zucker und so weiter zu dir nimmst, muss dein Körper schwer arbeiten, um dich aufzutanken und zu verjüngen, während du schläfst. Er schuftet bis spät in die Nacht, um dich zu entgiften und alle schädlichen Stoffe herauszufiltern, die du ihm beschert hast. Wenn du dich dagegen „sauber" von lebenden Nahrungsmitteln ernährst, wie oben besprochen, kommt dein Körper leichter zur Ruhe. Wer sich gut ernährt, wacht morgens immer erholter, mit mehr Energie und besser für den Tag aufgestellt auf als jemand, der auf ungesunde Ernährung setzt – sogar dann, wenn er weniger Schlaf bekommen hat.

Wir sind darauf konditioniert zu denken, wir bräuchten acht bis zehn Stunden Schlaf, aber die *National Sleep Foundation* hat allerdings auch herausgefunden, dass lange Schlafzeiten von neun

Stunden und mehr im Zusammenhang mit Krankheiten, Unfällen und sogar einer erhöhten Sterblichkeit stehen können. Außerdem haben ihre Forscher festgestellt, dass Krankheiten wie Depressionen besonders häufig bei Menschen auftreten, die lange schlafen.

Wie lange man schlafen sollte, ist also von Mensch zu Mensch unterschiedlich, aber die Wissenschaft hat festgestellt, dass der durchschnittliche Erwachsene ungefähr sieben bis acht Stunden benötigt, um die Energie zu tanken, die er braucht, um sich den ganzen Tag lang den Herausforderungen des Lebens zu stellen.

Manchmal brauchen wir weniger Schlaf, manchmal etwas mehr. Ob du genug schläfst, findest du am leichtesten heraus, indem du im Lauf des Tages immer wieder überprüfst, wie es dir geht. Wenn du lange genug geschlafen hast, fühlst du dich vom Aufwachen bis zu dem Moment, wenn du wieder ins Bett gehst, energiegeladen und aufmerksam. Wenn nicht, greifst du am Vormittag oder am Nachmittag – oder beides – irgendwann zu Koffein oder Zucker.

Die wahren Vorzüge des Schlafens

Vielleicht ist dir nicht klar, wie wichtig Schlafen wirklich ist. Während du fröhlich durch deine Träume spazierst, arbeitet dein Schlaf hart für dich und bringt dir eine Menge Vorzüge mit.

Schlafen verbessert dein Gedächtnis. Dein Geist ist überraschend aktiv, während du schlummerst. Im Schlaf reinigst du dich von schädlichen Giftstoffen, die jeden Tag durch deine Gehirnaktivitäten anfallen, verstärkst deine Erinnerungen und übst Dinge, die du gelernt hast, während du wach warst. Diesen Prozess nennt man „Konsolidierung".

„Wenn man versucht, etwas zu lernen, sei es körperlich oder geistig, kommt man mit Übung bis zu einem gewissen Punkt", sagt Dr. David Rapoport, Schlafexperte und Professor am *NYU Langone Medical Center*, „aber wenn man schläft, passiert etwas, wodurch man es noch besser lernt."

Mit anderen Worten: Wenn du versuchst, etwas Neues zu lernen, sei es Spanisch, einen Tennisaufschlag oder die Sprache der

Liebe, die dir erlaubt, besser mit deinem Herzensmenschen zu kommunizieren, es wird dir leichter fallen, wenn du ausreichend lange schläfst.

Schlafen lässt dich länger leben. Zu viel oder zu wenig Schlaf kann mit einer verkürzten Lebensdauer in Zusammenhang gebracht werden, auch wenn nicht ganz klar ist, was Ursache und was Wirkung ist. In einer Studie von 2010, bei der Frauen zwischen 50 und 79 Jahren untersucht wurden, wurde festgestellt, dass Frauen, die weniger als fünf oder mehr als sechseinhalb Stunden pro Nacht schliefen, häufiger starben. Die richtige Menge Schlaf ist also langfristig eine gute Idee für deine Gesundheit.

Schlafen macht kreativer. Bevor du Pinsel und Staffelei oder Stift und Papier in die Hand nimmst, solltest du dir erst mal eine Mütze Schlaf gönnen! Schlafen konsolidiert und verstärkt nämlich nicht nur deine Erinnerungen, es sieht so aus, als nutze dein Gehirn die Zeit auch, um sie neu zu ordnen, was zu mehr Kreativität führt.

Forscher der Universität Harvard und des Boston College haben herausgefunden, dass Menschen anscheinend die emotionale Komponente ihrer Erinnerungen verstärken, was vermutlich ebenfalls dabei hilft, kreativer zu denken.

Schlafen hilft dir, ein gesundes Gewicht zu erreichen und zu halten. Wenn du Übergewicht hast, kannst du nicht so viel Energie haben wie jemand, der ein gesundes Gewicht hält. Deshalb solltest du, wenn du dein Leben auf mehr Bewegung und eine bessere Ernährung ausrichtest, auch gleich eine frühere Schlafenszeit mit einplanen. Zusätzliche körperliche Beanspruchung bedeutet nämlich auch, dass du andererseits mehr Ruhe brauchst, um sie auszugleichen.

Die gute Nachricht daran: Forscher an der Universität von Chicago haben herausgefunden, dass Menschen, die auf Diät waren, viel mehr Fett abbauen konnten, wenn sie genug Schlaf erhielten – bis zu 56 Prozent mehr –, als andere, die zu wenig schliefen und mehr Muskelmasse verloren. Die Patienten waren sogar hungriger, wenn sie nicht genug Ruhe bekamen. Schlaf und Stoffwechsel werden nämlich von den gleichen Hirnarealen kontrolliert. Wenn du nicht genug schläfst, werden dadurch Hormone ausgeschüttet, die dich hungrig machen.

Schlafen baut Stress ab. Wenn es um unsere Gesundheit geht, stehen Stress und Schlaf in einem engen Zusammenhang, und beide haben Einfluss auf unser Herz-Kreislauf-System. Gesunder Schlaf baut Stress ab und verbessert deinen Blutdruck. Manche Forscher glauben sogar, dass Schlaf sich auf den Cholesterinspiegel auswirkt, der ebenfalls eine Rolle bei Herzkrankheiten spielen kann.

Schlafen hilft, Fehler und Unfälle zu vermeiden. Die National Traffic Safety Association berichtete im Jahr 2009, Erschöpfung sei der Grund für die meisten tödlichen Unfälle mit nur einem beteiligten Fahrzeug, das aufgrund eines Fahrerfehlers von der Straße abkommt – noch häufiger als Alkohol! Schlafmangel wird von den meisten Menschen gewaltig unterschätzt, aber er beeinträchtigt Reaktionsfähigkeit und Entscheidungsfindungsprozesse.

Wenn schon eine Nacht mit nicht genug Schlaf sich so stark auf deine Fahrtüchtigkeit auswirken kann wie ein Gläschen Alkohol, stell dir mal vor, was Müdigkeit aus deiner Fähigkeit macht, dich so lange und gut zu konzentrieren wie nötig, um dein Liebesleben neu zu entfachen!

Also, wie viele Stunden Schlaf brauchst du nun *wirklich*, um von einem Erfolg zum nächsten zu stürmen? Das kannst nur du selbst wissen. Wenn es dir schwerfällt, ein- oder durchzuschlafen, und du dir deshalb Sorgen machst, empfehlen wir dir Shawn Stevensons Buch *Jeder Mensch kann schlafen lernen.* Es ist eines der am besten recherchierten und geschriebenen Bücher zum Thema Schlaf, das wir kennen.

Dauerhaft effektiv zu schlafen ist ebenso wichtig für deine Leistung wie deine Ernährung. Gesunder Schlaf in der Nacht schafft die Grundlage für einen Tag mit klarem Kopf, anhaltender Energie und höchsten Leistungen. Du weißt wahrscheinlich schon, wie lange du schlafen musst, um dein höchstes Niveau zu erreichen, und es ist wichtig, dass du möglichst optimal schläfst. Viel wichtiger als die Anzahl der Stunden Schlaf, die du bekommst, ist allerdings vielleicht, wie du das Aufstehen am Morgen angehst.

Wer schlummert, verliert: die Wahrheit übers Aufwachen

Kennst du das Sprichwort: „Wer schläft, verliert"? Das ist natürlich nicht ganz wahr, aber wenn wir es auf das Schlummern ummünzen, erhält es plötzlich eine viel tiefere Bedeutung, als uns bisher klar war. Wenn du die Schlummertaste drückst und dadurch das Aufwachen so lange verschiebst, bis es gar nicht anders geht – bis du irgendwohin aufbrechen, etwas angehen oder dich um jemand anderen kümmern musst –, beginnst du deinen Tag gleich widerstrebend. Jedes Mal, wenn du die Schlummertaste drückst, leistest du damit Widerstand gegen deinen Tag, dein Leben und dagegen, aufzustehen und das Leben, das du dir wünschst, zu erschaffen.

Robert S. Rosenberg, Schlafforscher und medizinischer Leiter der Zentren zur Untersuchung von Schlafkrankheiten in Prescott Valley und Flagstaff, Arizona, sagt: „Wenn man wiederholt die Schlummertaste drückt, tut man sich dadurch zwei negative Dinge an. Erstens zerstückelt man dadurch das bisschen Schlaf, das man noch hat, also schläft man schlechter. Zweitens startet man jedes Mal in einen neuen Schlafzyklus, hat aber keine Zeit, ihn zu beenden. Das kann dazu führen, dass man sich den ganzen Rest des Tages lang groggy fühlt."

Wenn du es noch nicht schon längst tust, fang jetzt mit der fünfstufigen Anti-Schlummer-Strategie an, damit du dich viel besser für den Tag aufstellen kannst. Wenn es dir schwerfällt, rechtzeitig ins Bett zu gehen, stell dir einen „Bettzeitwecker", der eine Stunde vor deiner idealen Schlafenszeit klingelt und dich daran erinnert, dass du jetzt anfangen solltest, zur Ruhe zu kommen, damit du rechtzeitig ins Bett gehen kannst.

Wenn du jeden Tag zielgerichtet und voller Leidenschaft aufwachst, wirst du dadurch zu einem Teil der wenigen Überflieger, die bereits ihren Traum leben. Am wichtigsten ist allerdings, dass es dich glücklich machen wird. Indem du einfach nur veränderst, wie du morgens aufwachst, änderst du alles. Du musst dich dafür nicht auf unser Wort verlassen – verlass dich auf diese berühmten Frühaufsteher: Oprah Winfrey, Tony Robbins, Bill Gates, Howard

Schultz, Deepak Chopra, Wayne Dyer, Thomas Jefferson, Benjamin Franklin, Albert Einstein, Aristoteles und viel mehr andere, als wir hier aufzählen können.

Niemand hat uns je beigebracht, dass wir unser ganzes Leben verändern können, wenn wir lernen, uns bewusst darauf zu trainieren, jeden Morgen mit Begeisterung aufzuwachen.

Wenn du jeden Morgen bis zum letzten möglichen Moment die Schlummertaste drückst, bis du dich schließlich doch auf den Weg zur Arbeit oder in die Schule machen oder um deine Familie kümmern musst, und dann abends nach Hause kommst und vor dem Fernseher versumpfst, bis du ins Bett gehst, müssen wir dich jetzt fragen: *Wann genau wirst du dich zu der Person weiterentwickeln, die du sein musst, um so viel Gesundheit, Reichtum, Glück, Erfolg und Freiheit zu bekommen, wie du willst und verdienst? Wann wirst du dein Leben wirklich leben, statt abgestumpft vor dich hinzuwerkeln und jede Gelegenheit zur Ablenkung zu nutzen? Was wäre, wenn deine Wirklichkeit – dein Leben – endlich so aussähe, dass du dich freuen würdest, wenn du jede Sekunde davon bewusst erleben kannst?*

Es gibt keinen besseren Tag als heute, um die Person aufzugeben, die du warst, und dich stattdessen für die Person zu entscheiden, die du werden kannst. So verwandelst du das Leben, das du gerade führst, in das, das du dir wünschst. Und es gibt kein besseres Buch als das, das du gerade in der Hand hältst, um dir zu zeigen, wie du zu der Person werden kannst, die du sein musst, um das Leben, das du dir immer erträumt hast, schnell anzuziehen, zu erschaffen und zu erhalten.

Wie man morgens (bei weniger Schlaf) mit mehr Energie aufwacht

Es gibt unzählige Studien und Experten zum Thema Schlaf, die alle zu unterschiedlichen Ergebnissen und Meinungen kommen. Dabei unterscheidet sich das Schlafbedürfnis sowieso von Mensch zu Mensch, also wollen wir jetzt auch gar nicht behaupten, es gäbe die eine, richtige Methode, das Thema anzugehen. Stattdessen möchten wir unsere Erfahrungen in der realen Welt mit dir teilen, die wir uns sowohl durch eigene Experimente als auch durch das Studium der Schlafgewohnheiten von einigen der größten Denker der Menschheitsgeschichte angeeignet haben. Aber sei gewarnt: Einige davon könnten ein wenig kontrovers sein.

Hal hat lange mit verschiedenen Schlafzeiten experimentiert und die von anderen *Miracle Morning*-Anwendern studiert, die diese Theorie ebenfalls getestet haben – und dabei hat er eine sehr überraschende Entdeckung gemacht. Er fand heraus, dass die Frage, wie Schlaf unsere Biologie beeinflusst, weitgehend von der Frage abhängt, wie viel Schlaf wir zu brauchen *glauben*. Anders ausgedrückt: Wie wir uns fühlen, wenn wir morgens aufwachen, hängt nicht nur davon ab, wie viele Stunden wir geschlafen haben, sondern auch von dem, was wir uns selbst darüber erzählt haben, wie wir uns fühlen würden, wenn wir aufwachen. Das ist ein sehr wichtiger Unterschied.

Wenn du zum Beispiel fest daran *glaubst*, dass du acht Stunden Schlaf brauchst, um dich ausgeruht zu fühlen, aber erst um Mitternacht ins Bett gehst und um sechs Uhr schon wieder aufwachst, sagst du dir wahrscheinlich: „Oh Mann, heute kann ich nur sechs Stunden schlafen, dabei brauche ich doch eigentlich acht! Morgen früh werde ich ganz schön fertig sein." Und was passiert dann, sobald dein Wecker klingelt und du die Augen aufschlägst und weißt, dass es Zeit ist, aufzustehen? Was ist der erste Gedanke, der dir in den Kopf kommt? Der gleiche, den du am Abend vorher hattest! „Toll, jetzt habe ich nur sechs Stunden Schlaf bekommen. Ich bin fix und fertig." Das ist eine selbsterfüllende und selbstsabotierende Prophezeiung. Wenn du dir selbst einredest, dass du morgens müde sein wirst, dann wirst du dich morgens auf jeden Fall müde fühlen. Wenn du glaubst, du bräuchtest acht Stunden, um dich völlig auszuruhen, dann wirst du dich nicht ausgeschlafen fühlen, wenn du weniger bekommst. Aber was wäre, wenn du deine Überzeugungen verändern könntest?

Die Verbindung zwischen Körper und Geist ist sehr stark. Ich glaube daran, dass wir die Verantwortung für jeden Bereich unseres Lebens übernehmen müssen – auch dafür, dass wir jeden Tag voller

Energie beginnen, egal, wie lange wir geschlafen haben. Also, wie viele Stunden Schlaf brauchst du jetzt *wirklich*? Sag es uns!

3. Ruh dich aus und tanke auf

Ausruhen ist das nicht ganz offensichtliche Gegenstück zum Schlaf. Manche Leute benutzen die beiden Wörter zwar so, als würden sie das Gleiche bedeuten, aber in Wirklichkeit bezeichnen sie unterschiedliche Dinge. Du bekommst vielleicht jede Nacht acht Stunden Schlaf, aber wenn du in deiner wachen Zeit ständig auf dem Sprung bist, hast du trotzdem keine Zeit zum Nachdenken und um deine körperlichen, geistigen und emotionalen Batterien aufzuladen. Wenn du den ganzen Tag arbeitest, nach Feierabend von einer Aktivität zum nächsten Hobby sprintest und das Ganze dann noch mit einem schnellen Abendessen und spätem Zubettgehen abschließt, nimmst du dir nicht genug Ruhezeiten.

So ähnlich sieht es mit den Wochenenden aus: Wenn du sie damit verbringst, die Kinder zum Fußball-, Volleyball- oder Basketballtraining zu bringen, dir dann ein Footballspiel anzuschauen, in die Kirche zu gehen, im Chor zu singen, mehrere Geburtstagspartys zu besuchen und so weiter, kann dir das mehr schaden, als es dir nützt. Jede dieser Tätigkeiten ist toll, aber ein vollgepackter Kalender erlaubt dir einfach nicht genug Zeit, um dich auszuruhen.

Wir leben in einer Kultur, die von dem Glauben durchdrungen ist, dass unsere Tage stressig und aufregend sein müssen, wenn wir uns wertvoll, wichtig und lebendig fühlen wollen. In Wahrheit sind wir das aber erst dann, wenn wir uns in unserer eigenen Haut wohlfühlen und Frieden finden. Selbst wenn wir uns bemühen, unser Leben im Gleichgewicht zu halten, verlangt uns die moderne Welt immer wieder ab, dass wir erreichbar und produktiv sind. Diese Ansprüche können uns emotional, spirituell und körperlich auslaugen.

Wie wäre es, wenn du zielgerichtete Ruhezeiten, heilige Räume und gezielte Stille wertschätzen könntest, statt immer auf dem Sprung zu sein? Wie würden sich dein Leben, deine körperliche und geistige Verfassung und deine Fähigkeit, eine glückliche Beziehung aufzubauen, dadurch verbessern?

Es widerspricht zunächst mal der eigenen Intuition, sich Zeit zu nehmen, wenn man eine ellenlange To-do-Liste hat, aber es ist wahr: Wenn man wirklich produktiv arbeiten möchte, muss man sich mehr ausruhen.

Studien haben gezeigt, dass Ruhezeiten Stress geradezu dahinschmelzen lassen. Methoden wie Yoga und Meditation senken Puls, Blutdruck und Sauerstoffverbrauch. Sie helfen gegen Bluthochdruck, Arthritis, Schlaflosigkeit, Depression, Unfruchtbarkeit, Krebs und Angststörungen. Die spirituellen Vorzüge davon, sich ab und zu einmal auszuruhen, reichen ebenfalls tief. Wenn du innehältst und die Stille genießt, kannst du die Weisheit und das Wissen deiner inneren Stimme wieder hören. Ruhe und ihre Schwester Entspannung erlauben es uns, wieder mit der Welt in uns und um uns herum in Kontakt zu treten und Einfachheit und Zufriedenheit in unser Leben zu lassen.

Und ja, falls du dich das jetzt schon fragst, du wirst dadurch auch produktiver, netter zu deinen Freunden und deiner Familie (von deinem Herzensmenschen ganz zu schweigen) und rundum glücklicher. Wenn wir uns ausruhen, tun wir nicht viel anderes als ein Bauer, der sein Feld eine Weile brach liegen lässt, statt ständig zu pflanzen und zu ernten. Unsere inneren Batterien müssen sich aufladen. Und am einfachsten geht das, indem wir uns ausruhen.

Einfache Ruhemethoden

Die meisten von uns verwechseln Ausruhen mit Freizeit. Deshalb gehen wir wandern, arbeiten im Garten, treiben Sport oder feiern sogar Partys, um uns auszuruhen. Leider können solche Aktivitäten aber nur als „Ausruhen“ bezeichnet werden, weil sie eine Auszeit von der Arbeit darstellen. In Wirklichkeit haben sie *nichts* mir Ruhe zu tun und wir sollten sie auch *nicht* so nennen.

Ruhe könnte man als eine Art „wachen Schlaf“ bezeichnen, den man erlebt, während man wach und bei Bewusstsein ist. Ruhe ist die Brücke hin zum Schlaf, deshalb kommen wir auf die gleiche Art zur Ruhe, wie wir auch einschlafen: indem wir Platz dafür machen und es einfach kommen lassen. Jedes Lebewesen braucht Ruhe, auch du. Wenn du dir nicht die Zeit dafür nimmst, wirst du irgendwann feststellen, dass dieser Mangel sich auf deinen Körper auswirkt. Hier sind ein paar Methoden, die dir beim Entschleunigen helfen:

- Wenn du jetzt schon jeden Morgen bei deinen *Life S.A.V.E.R.S.* fünf oder mehr Minuten meditierst oder still dasitzt, ist das ein großartiger Anfang.
- Reserviere dir den Sonntag (oder einen anderen Wochentag, wenn du sonntags arbeiten musst) zum Ausruhen.
- Lies mal wieder ein Buch, schau einen Film, verbring entspannte Zeit mit deiner Familie oder nimm dir ein bisschen Zeit für dich allein.
- Probiere doch mal aus, etwas Schönes zu kochen, mit deinen Kindern ein Brettspiel zu spielen oder einfach nur die Zeit mit deinen Liebsten zu genießen.
- Wenn du im Auto unterwegs bist, achte darauf, dass es um dich herum still ist. Schalte das Radio aus und steck dein Handy weg.
- Mach einen Spaziergang, aber lass deine Kopfhörer zu Hause. Zeit in der Natur zu verbringen, ohne dabei ein Ziel zu verfolgen (z. B. nicht an die Kalorien zu denken, die du gerade verbrennst), kann sehr entspannend sein.
- Mach den Fernseher aus. Reserviere stattdessen jeden Tag eine halbe Stunde, eine Stunde oder einen halben Tag für Stille. Atme gleichmäßig und bewusst. Konzentriere dich dabei auf das Einatmen, das Ausatmen und den Raum dazwischen.
- Du kannst auch ganz bewusst eine Tasse Tee trinken, etwas Inspirierendes lesen, in dein Tagebuch schreiben, ein heißes Bad nehmen oder dich massieren lassen.
- Geh in Klausur, zusammen mit deinem Herzensmenschen, einer Gruppe von Freunden, deiner Kirche, einem Verein oder einer anderen Gruppe, in der du aktiv bist, deiner Familie oder ganz allein mit der Natur.

Schon ein einfaches Nickerchen kann eine sehr kraftvolle Methode sein, sich auszuruhen und die Batterien wieder aufzutanken. Wenn wir uns im Lauf des Tages aus irgendeinem Grund erschöpft und ausgelaugt fühlen, aber noch eine Menge zu tun habe, zögern wir nicht, uns ein kurzes Nickerchen von 20 oder 30 Minuten zu gönnen, um uns wieder zu erfrischen. Ein Schläfchen während des Tages kann auch dazu führen, dass man bessere Schlafmuster entwickelt.

Es ist hilfreich, eine bestimmte Zeit zum Ausruhen festzulegen. Setze Grenzen um diese Zeit herum, damit du sie dir auch nehmen kannst.

Die Ausruhgewohnheit

Die Zeit, in der du auftankst und dich um dich selbst kümmerst, musst du dir ebenso in den Kalender schreiben wie alle anderen Termine in deinem Leben. Die Energie, die du dadurch zurückbekommst, wird sich um ein Vielfaches auszahlen.

Uns auszuruhen bekommen wir leider nicht in der Schule beigebracht, und es kann gut sein, dass es dir am Anfang schwerfällt. Möglicherweise musst du dir bewusst vornehmen, Ausruhen zu einer Priorität zu machen. Verschiedene Achtsamkeitsmethoden zu lernen und sie in deinen Alltag einzubauen ist eine besonders effektive Möglichkeit, deinen Körper, deinen Geist und deine Seele zur Ruhe kommen zu lassen. Durch Praktiken wie Mittagsmeditation, Yoga und zielgerichtete Stille tauchst du tief in dich selbst ein und kannst besonders ruhige Bewusstseinszustände erreichen, insbesondere dann, wenn du sie regelmäßig anwendest.

Je weiter du Ruhezeiten und Zeiten der Stille in deinen Alltag integrierst, desto mehr zahlen sie sich aus. Während einer ruhigeren Phase brauchst du vielleicht nicht ganz so viel Ruhe, aber wenn das Leben wieder stressiger wird (zum Beispiel wenn du kurz davor stehst, ein großes Ziel zu erreichen oder eine wichtige Deadline einzuhalten), solltest du unbedingt mehr Zeit für Ruhe und Stille einplanen als gewöhnlich.

Eine Kombination aus Bewegung, gesunder Ernährung, regelmäßigem Schlaf und Ruhepausen hilft dir und deiner Arbeit so richtig auf die Sprünge. Denk aber daran, dass es sich zunächst ein wenig ungewohnt und unbequem anfühlen kann, wenn du dir diese drei Gewohnheiten – effektiver zu essen, zu schlafen und zu ruhen – zulegst. Es kann sein, dass du innere Widerstände in dir entdeckst. Am besten begegnest du ihnen, indem du dir fest vornimmst, alle drei Methoden ab sofort in die Praxis umzusetzen.

Energiemanagement in der Praxis

Schritt eins: Versprich dir, ab sofort energiebewusst zu essen und zu trinken, indem du die Folgen deiner Ernährung für deinen Energiehaushalt höher bewertest als den Geschmack. Nimm nach dem ersten Glas Wasser am Morgen zunächst irgendeine Art von gesundem Fett zu dir, um dein Gehirn mit Treibstoff zu versorgen. Versuche, jeden Tag eine neue gesunde Mahlzeit aus *lebenden* Nahrungsmitteln auszuprobieren. Grünkohlchips, Nüsse und frisches Bio-Obst sind gesündere Snacks als Kartoffelchips. Und denk daran, immer Wasser bei dir zu haben, damit du dich um deinen Flüssigkeitshaushalt kümmern kannst.

Schritt zwei: Schlaf gut und wach als Gewinner auf, indem du dir regelmäßige, tägliche Schlafens- und Aufstehzeiten angewöhnst. Geh dabei von der Zeit aus, zu der du aufstehen musst, um deinen *Miracle Morning* zu machen, und rechne zurück, wann du ins Bett gehen musst, damit du genug Schlaf bekommst. Um dich an den neuen Rhythmus zu gewöhnen, gehst du am besten ein paar Wochen lang konsequent um die gleiche Zeit schlafen. Wenn du dafür eine kleine Erinnerung brauchst, stell dir einen Wecker, der dich eine Stunde vor dem Zubettgehen daran erinnert, dass du langsam zur Ruhe kommen solltest. Nach ein paar Wochen kannst du anfangen, ein bisschen an der Stundenzahl, die du schläfst, herumzuspielen, um die Dauer herauszufinden, die für deinen Energiehaushalt am besten ist.

Schritt drei: Schreib dir Zeiten in den Kalender, in denen du dich ausruhst und deine Batterien wieder auflädst. Egal, ob du dich für Meditation, ein Nickerchen, einen Spaziergang oder etwas anderes entscheidest, Hauptsache, es macht dir Spaß. Denk daran, Hal macht jeden Tag eine zwei Stunden lange Mittagspause, in der er genug Zeit hat, Basketball zu spielen oder Wakeboard zu fahren – zwei Hobbys, die er liebt und die ihm viel Energie geben. Was möchtest du in deinen Tag einplanen, das dir wieder mehr Energie verleiht? Schreib dir zusätzlich zu deinem *Miracle Morning* täglich Phasen auf, in denen du dich ausruhst und regenerierst.

Jetzt hast du einen Plan, wie du dich am besten um deinen Körper kümmerst, also können wir im nächsten Kapitel damit weitermachen, wie du unerschütterliche Konzentration entwickeln kannst.

6. Nicht ganz offensichtliches Du-Prinzip Nr. 3:
UNERSCHÜTTERLICHE KONZENTRATION

Der erfolgreiche Krieger ist ein durchschnittlicher Mensch mit laserartigem Fokus.

BRUCE LEE, weltberühmter Kampfsportler und Schauspieler

Wir kennen alle so einen Menschen. Du weißt schon, diese Person. Die einen Marathon läuft, den Baseballnachwuchs trainiert, sich freiwillig beim Schulessen ihres Sohnes engagiert, in ihrer Ehe eine großartige Figur macht und nebenbei vielleicht noch einen Roman schreibt. Wir wetten, du kennst so jemanden – einen Menschen, der unerklärlich produktiv zu sein scheint.

Vielleicht kennst du auch so jemanden: Einen Menschen, der immer fit und glücklich ist, und jedem, der mit ihm in Kontakt kommt, ein großartiges Gefühl gibt.

Was du aber vielleicht nicht weißt, ist, wie solche Leute das hinbekommen. Möglicherweise denkst du, es wäre einfach Glück. Oder ein besonderes Talent. Oder Vitamin B, die richtigen Beziehungen. Die richtige Persönlichkeit. Finanzielle Unabhängigkeit. Oder eine angeborene Superheldenfähigkeit.

Wir dagegen wissen aus Erfahrung, dass die wahre Superheldenfähigkeit, die in jeder unglaublich produktiven Person steckt, *unerschütterliche Konzentration* ist. Dabei handelt es sich um die

Fähigkeit, die obersten Prioritäten dauerhaft klar zu sehen, all die Energie, die man sich geschaffen hat, zu nehmen, sie in die entscheidenden Dinge zu kanalisieren und sie auch dort zu halten – egal, was um dich herum passiert oder wie du dich im Moment fühlst. Diese Fähigkeit ist der Schlüssel dazu, regelmäßig Höchstleistungen zu erbringen.

Wenn du dir die Kraft der Konzentration zu eigen machst, wirst du dadurch kein Superheld, aber du kannst scheinbar Übermenschliches erreichen. Die Gründe dafür sind überraschend einleuchtend:

- **Unerschütterliche Konzentration macht dich effektiver.** Effektiv zu sein bedeutet nicht, dass du die meiste Arbeit schaffst oder am schnellsten bist. Es bedeutet, dass du die *richtigen* Dinge tust. Du machst, was nötig ist, um dich in Schwung zu halten und nach vorne zu bringen – und um deine Lebensziele zu erreichen.
- **Unerschütterliche Konzentration macht dich effizienter.** Effizient zu sein bedeutet, alles zu erreichen, was du erreichen musst, und dafür so wenig Ressourcen wie Zeit, Energie oder Geld einzusetzen wie möglich. Jedes Mal, wenn du dich von deinen Zielen ablenken lässt, kostet es dich genau diese Dinge, vor allem Zeit. Um deine Ziele zu erreichen, brauchst du davon aber eine Menge, also ist jeder Moment, in dem dir die Konzentration abhandenkommt, ein verlorener Moment.
- **Unerschütterliche Konzentration macht dich produktiver.** Mach dir klar, dass du nicht automatisch produktiv bist, nur weil du immer *beschäftigt* bist. In Wirklichkeit sind die meistbeschäftigten Paare oft die, deren Beziehung in der größten Gefahr schwebt, weil sie so voneinander abgekoppelt sind. Wir verwechseln das Gefühl, viel zu tun zu haben – E-Mails zu lesen, das Auto zu waschen oder unsere To-do-Liste zum zwölften Mal in diesem Monat neu zu sortieren – viel zu oft mit Produktivität. Wenn du eine klare Vision hast, deine obersten Prioritäten kennst und konsequent deine wichtigsten und effektivsten Tätigkeiten ausführst, bist du nicht mehr beschäftigt,

sondern produktiv. Wenn du die Schritte anwendest, die wir dir gleich vorstellen, lernst du dadurch, wie du die Gewohnheit entwickelst, dich unerschütterlich zu konzentrieren, und dich dadurch in eine Reihe mit den produktivsten Menschen der Welt zu stellen.

Durch diese Vorzüge wirst du *viel mehr* schaffen. Der vielleicht größte Vorteil, den unerschütterliche Konzentration mit sich bringt, ist aber wahrscheinlich die Tatsache, dass du deine Energie nicht mehr auf vielen verschiedenen Gebieten verschleuderst und überall nur mittelmäßige Resultate zu erzielst, sondern dir dein ungenutztes Potenzial erschließt und damit dein ganzes Leben besser machst.

Wenden wir also deinen *Miracle Morning* auf diese Aufgabe an. Hier sind vier Schritte, die du zu ihm hinzufügen musst, um dich nachhaltig besser und länger konzentrieren zu können.

1. Finde die beste Umgebung für unerschütterliche Konzentration

Fangen wir hier an: *Du brauchst eine Umgebung, die es dir ermöglicht, dich unerschütterlich zu konzentrieren.* Das kann zum Beispiel ein Zimmer in deiner Wohnung sein, oder dein Garten. Egal, wie bescheiden dein Konzentrationsort ist: Es geht nicht ohne.

Zum Teil geht es dabei nur um Logistik. Wenn dein Arbeitsmaterial irgendwo zwischen deinem Kofferraum, deinem Schreibtisch und deiner Küchenanrichte verstreut liegt, kannst du nicht erwarten, effektiv zu arbeiten. Viel wichtiger ist allerdings die Tatsache, dass du viel leichter anfangen kannst, Fokus aufzubauen, *wenn du einen Ort hast, an dem du dich gewohnheitsmäßig konzentrierst.* Wenn du dich jeden Tag zur gleichen Zeit an den gleichen Schreibtisch setzt, um Großes zu leisten, wirst du bald merken, dass du dich innerlich und äußerlich darauf einzustellen beginnst, sobald du dich niederlässt.

Wenn du viel unterwegs bist, können auch dein Auto, dein Koffer oder irgendwelche Cafés Teil deines Konzentrationsraums werden. Am besten baust du Gewohnheiten fürs Packen und für die Arbeit unterwegs auf, damit du immer schnell zu unerschütterlicher Konzentration finden kannst – egal, ob du im Büro bist oder nicht. Wenn du immer gut vorbereitet bist und alles in Griffweite hast, was du brauchst, können Störungen dich nicht so leicht aus der Bahn werfen.

2. Räum auf mit unkonzentriertem Chaos

Unordnung schadet deinem Fokus, deshalb geht es ihr in diesem Schritt an den Kragen. Es hat einen Grund, dass Marie Kondos Buch *Magic Cleaning: Wie richtiges Aufräumen Ihr Leben verändert* eines der meistverkauften Sachbücher der letzten zehn Jahre ist und sogar eine eigene Netflix-Serie inspiriert hat. Wenn du dir Raum ohne Unordnung schaffst, geistig wie körperlich, schaffst du damit die besten Voraussetzungen für eine ruhige, motivierte Geisteshaltung.

Es gibt zwei Arten von Unordnung: körperliche und geistige, und wir leiden alle unter beiden. In unserem Gehirn tragen wir Gedanken über Aufgaben herum, die wir erledigen müssen, zum Beispiel solche: *Meine Schwester hat bald Geburtstag. Ich muss noch ein Geschenk und eine Karte für sie kaufen. Das Abendessen vor ein paar Tagen war toll. Ich muss unbedingt eine Bedankungskarte an meinen Gastgeber schicken. Bevor ich heute aus dem Büro gehe, muss ich noch eine E-Mail von meinem neuen Kunden beantworten.*

Auf der anderen Seite haben wir alle Dinge, die sich in unserem Leben ansammeln. Papierstapel. Alte Zeitschriften. Post-Its. Kleider, die wir nie wieder anziehen werden. Den ganzen Kram in der Garage. Die Staubfänger, den Nippes und den Schnickschnack, die wir hamstern, während wir durchs Leben gehen.

Beide Arten von Unordnung sind wie ein dichter Nebel. Um uns konzentrieren zu können, müssen wir erst mal klar *sehen.* Puste den Nebel weg, indem du die geistige Unordnung erst einmal aus deinem Kopf bekommst und an einem sicheren Ort sammelst. So erlaubst du dir, den mentalen Stress abzulegen, dich ständig daran erinnern zu müssen. Und dann sind die anderen Dinge dran, die dir im Weg stehen.

Mit diesem einfachen Prozess verscheuchst du den Nebel und schaffst dir die Klarheit, die du brauchst, um dich zu konzentrieren:

- **Schaff dir eine Haupt-To-do-Liste an.** Du hast wahrscheinlich eine Menge Dinge noch gar nicht aufgeschrieben. Fang mit denen an. Und was ist mit den ganzen Post-Its und Notizen auf deinem Schreibtisch, an deinem Monitor, in deinem Kalender, auf deinen Küchenarbeitsplatten, an deinem Kühlschrank … und an anderen Stellen? Nimm diese Notizen und schreib das, woran sie dich erinnern sollen, auf deine Hauptliste an einem einzigen Ort auf – zum Beispiel in dein Journal oder in eine Listen-App auf deinem Handy –, damit du sie ein für alle Mal aus deinem Hirn verbannen kannst. Fühlst du dich schon besser? Dann mach gleich weiter! Wir fangen gerade erst an.
- **Mach deinen Arbeitsplatz frei.** Nimm dir einen halben (oder ganzen) Tag Zeit, um all die Papierstapel, mit Dokumenten vollgestopften Ordner und von ungeöffneter Post überquellenden Ablagefächer anzugehen. Du weißt schon, welche wir meinen. Wirf alles weg, was du nicht mehr brauchst, oder steck es in den Aktenvernichter. Scanne alles Wichtige oder leg es ordentlich ab. Notiere alles, was angegangen werden muss und was du nicht delegieren kannst, dann such dir im Kalender eine Zeit aus, in der du dich darum kümmern wirst.
- **Entrümple dein Leben.** Leere, wo immer es möglich ist, jede Schublade, jeden Schrank und jeden Koffer, die dir kein Gefühl von Ruhe und Frieden geben, wenn du sie siehst. Das betrifft auch dein Auto! Es kann ein paar Stunden oder Tage dauern, bis du damit fertig bist. Nimm dir jeden Tag ein wenig Zeit dafür, bis du es geschafft hast. Zu sagen: „Ich brauche nur ein Wochenende, um einmal gründlich aufzuräumen“, bedeutet, dass du es mit ziemlicher Sicherheit niemals angehen wirst. Such dir eine einzige Schublade aus und fang damit an. Du

wirst überrascht sein, wie groß der Unterschied ist, den kleine, regelmäßige Arbeitsschritte in deiner Umgebung ausmachen. Das Buch *10-Minute Declutter: The Stress-Free Habit for Simplifying Your Home* von S. J. Scott und Barrie Davenport kann dir bei diesem Prozess helfen.

Physisch und geistig organisierter zu werden, wird dir helfen, dich besser zu konzentrieren, als du es dir je erträumt hast. Es lenkt deine Energie in genau die Bahnen, wo du sie am *dringendsten* brauchst, weil ihr gar nichts anderes übrigbleibt.

3. Schütze dich vor Unterbrechungen

Wir führen nicht nur unsere Unternehmen und schreiben zusammen dieses Buch, wir haben außerdem noch zwei Töchter, die wir zu Hause unterrichten. Du kannst dir sicher vorstellen, dass unsere Zeit sehr kostbar ist, und wir sind sicher, das geht dir ähnlich.

Damit wir nicht so oft abgelenkt werden und uns auf genau das konzentrieren können, was wir in dem Moment tun, haben wir unsere Handys fast ständig auf „Bitte nicht stören" gestellt. Dadurch werden alle Anrufe, SMS und Benachrichtigungen für E-Mails und die sozialen Medien blockiert. Diese einfache Entscheidung sorgt dafür, dass sich unsere tägliche Produktivität und unsere Fähigkeit, uns auf das zu konzentrieren, was wir machen, dramatisch verbessert haben.

Die meisten Handys lassen sich inzwischen sogar so einstellen, dass sie von selbst jeden Tag zu bestimmten Zeiten den „Bitte nicht stören"-Modus ein- und wieder ausschalten. Wir raten dir, Anrufe und E-Mails nur zu bestimmten Zeiten zu beantworten, die du in deinem grundlegenden Zeitplan festgelegt hast, nicht immer dann, wenn jemand dich zufällig zu kontaktieren versucht.

Die gleiche Strategie kannst du auch auf alle anderen Benachrichtigungen und Kontaktversuche anwenden, auch auf die von Kollegen, Angestellten und sogar Kunden. „Bitte nicht stören" ist mehr als eine Einstellung auf deinem Handy. Teile deinem Team klar und deutlich mit, wann du für sie da bist und wann sie dich nicht stören dürfen.

4. Bau dir eine Grundlage für unerschütterliche Konzentration auf

Sobald du weißt, an welchem Ort du dich am besten konzentrieren kannst, und angefangen hast, dein Leben zu entrümpeln, solltest du relativ schnell merken, wie sich der Nebel in deinem Hirn verflüchtigt und deine Konzentrationsfähigkeit steigt.

Jetzt wird es Zeit, die Dinge auf die nächste Stufe zu heben. Wir nutzen drei Fragen, um unseren Fokus jeden Tag zu verbessern, und zwar diese:

- Was funktioniert gut? Womit sollte ich unbedingt *weitermachen* (oder sogar mehr davon tun)?
- Womit muss ich *anfangen*, wenn ich schnell bessere Resultate sehen will?
- Womit sollte ich sofort *aufhören*, weil es mich davon abhält, die nächste Stufe zu erklimmen?

Wenn du diese drei Fragen beantworten und die Antworten in die Tat umsetzen kannst, wirst du ein vollkommen neues Produktivitätsniveau entdecken, das du bisher nicht einmal für möglich gehalten hast. Betrachten wir die Fragen also einmal genauer.

Womit solltest du weitermachen (oder mehr davon tun)?

Seien wir ehrlich, nicht alle Strategien und Taktiken sind gleich gut. Manche funktionieren besser als andere. Manche sind eine Weile lang super, verlieren aber mit der Zeit an Wirksamkeit. Und manche machen eigentlich alles nur schlechter.

Im Moment machst du wahrscheinlich schon eine Menge richtig und wirst immer wieder zustimmend nicken, wenn du die Kapitel darüber liest, wie man als Paar gemeinsam wächst und zu einer tieferen Beziehung findet. Wenn dir jetzt schon Dinge einfallen, die bei euch gut funktionieren, schreib sie auf. Vielleicht nutzt du bereits die „Bitte nicht stören“-Funktion auf deinem Handy oder arbeitest schon seit einer Weile an einer Fitness-Challenge und fühlst dich stärker als je zuvor. Schreib das auf deine „Weitermachen“-Liste.

Achte aber darauf, dass du nur Dinge aufschreibst, die wirklich dazu beitragen, deinen Erfolg nach vorne zu bringen. Es ist leicht, mit Dingen weiterzumachen, die du *gerne* tust, aber hier musst du sicherstellen, dass das, was du tust, sich direkt positiv auf das auswirkt, was du erreichen willst. Kennst du die 80-20-Regel (auch bekannt als Paretoprinzip)? Sie besagt, dass 20 Prozent unseres Einsatzes ungefähr 80 Prozent unserer Ergebnisse erbringen. Welche 20 Prozent von dem, was du tust, bringen dir 80 Prozent deines Erfolgs?

Es ist einfach, mit dem weiterzumachen, was du gerne tust, aber hier geht es um das echte Leben – da musst du sicherstellen, dass alles, was du tust, direkt mit dem zusammenhängt, was deine Beziehung voranbringt.

Am Ende dieses Kapitels bekommst du die Gelegenheit, alles, was funktioniert, in deinem Journal festzuhalten (darunter hoffentlich auch die Tatsache, dass du mit den *Life S.A.V.E.R.S.* angefangen hast). Jeder Punkt auf dieser Liste steht für etwas, das du weitermachen solltest, bis du es durch etwas noch Effektiveres ersetzen kannst.

Betrachte die „Weitermachen“-Punkte noch einmal und sei ganz ehrlich zu dir: Welche dieser Dinge solltest du *öfter oder mehr* machen (mit anderen Worten, was machst du noch nicht oft oder gut genug)? Wenn es etwas ist, von dem du glaubst, du solltest es machen, das dich aber nicht näher an deine wichtigen Ziele bringt, gehört es nicht auf deine Liste. Perfektion ist hier nicht das Ziel. Wenn du dich überarbeitest, ist das letzten Endes nicht produktiv und lenkt dich nur von den wichtigen Dingen ab.

Mach mit allem weiter, was funktioniert und tu einfach *mehr* davon, wenn du mehr erreichen willst.

Womit solltest du anfangen?

Wenn du alles festgehalten hast, was gut funktioniert, und entschieden hast, wovon du mehr machen solltest, wird es Zeit, herauszufinden, was du sonst noch tun kannst, um schneller zu mehr Erfolg zu gelangen.

Wir haben ein paar erstklassige Empfehlungen für dich, mit denen du deinem Erfolg auf die Sprünge helfen kannst:

- Plane regelmäßige Abende für Zeit zu zweit.
- Triff dich jede Woche zu einer festgelegten Zeit mit deinem Partner oder deiner Partnerin zum gemeinsamen Austausch.
- Buche einen gemeinsamen Urlaub zu zweit für dieses Jahr.
- Räum jeden Tag etwas auf oder aus.
- Schreib auf, wofür du in Bezug auf jedes Familienmitglied besonders dankbar bist – vor allem in Bezug auf deinen Herzensmenschen.
- Schaff dir einen *grundlegenden Zeitplan* und stimme ihn auf den Familienterminkalender ab.
- Achte darauf, dass du genug Schlaf bekommst, wie im Kapitel „Energiemanagement“ beschrieben.
- Mach einen Plan für die Haushaltshilfe.

Pass bitte auf, dass du dich nicht überforderst. Denk daran, Rom wurde auch nicht an einem Tag erbaut. Du brauchst jetzt nicht 58 Punkte zu finden, bei denen Handlungsbedarf besteht, und sie in die Tat umzusetzen.

Das Tolle daran, dass du bereits jeden Tag bei deinem *Miracle Morning* schreibst, ist, dass du mit der Zeit alles festhalten kannst. Und dann suchst du dir einfach immer wieder einen oder zwei Punkte aus und setzt sie so lange um, bis sie zur Gewohnheit geworden sind.

Kleine Verbesserungen sammeln sich nämlich mit der Zeit wie von Zauberhand an.

Womit solltest du aufhören?

Inzwischen hast du wahrscheinlich eine ganz schöne Liste von Dingen, mit denen du anfangen solltest. Wenn du dich fragst, woher du die Zeit dafür nehmen sollst, ist das hier vermutlich der schönste Schritt für dich. Jetzt darfst du dich nämlich von einigen Dingen trennen, die du bisher gemacht hast, die dir nichts bringen, um dich stattdessen auf Nützlicheres zu konzentrieren.

Ich bin mir ziemlich sicher, dass du eine Menge täglicher Aufgaben hast, die du nur zu gerne aufgeben oder an andere delegieren wirst.

Warum hörst du nicht auf,

- dich ungesund zu ernähren und Dinge zu essen, die dir Energie, Lebenskraft und Motivation rauben?
- unnötige Aufgaben im Haushalt zu übernehmen?
- SMS und E-Mails sofort zu beantworten?
- ans Telefon zu gehen? (Lass stattdessen die Mailbox rangehen und ruf zurück, wenn es dir gerade passt.)
- durch Facebook, Instagram oder andere soziale Medien zu scrollen oder dort zu posten?
- jeden Tag stundenlang fernzusehen?
- dir Vorwürfe oder Sorgen wegen Dingen zu machen, die du nicht ändern kannst?
- langweilige, immer wiederkehrende Aufgaben zu erfüllen, zum Beispiel Rechnungen zu bezahlen, mehrmals pro Woche einkaufen zu gehen oder sogar das Haus zu putzen?

Wenn du deine Konzentration in nur einem einfachen Schritt radikal verbessern willst, versuch es doch mal mit diesem Trick: *Hör auf, wie ein dressierter Affe jedes Mal zu reagieren, wenn etwas summt oder piept!*

Musst du es wirklich wissen, wenn du eine SMS, eine E-Mail oder eine Benachrichtigung aus den sozialen Medien bekommst?

Nein, das dachten wir uns. Geh auf deinem Handy, Tablet und Rechner in die Einstellungen und stell dort alle Benachrichtigungen ab.

Technik existiert, um dir zu dienen, und du kannst genau jetzt, in dieser Sekunde, die Kontrolle darüber übernehmen. Wie oft du auf dem Handy deine Nachrichten, SMS und E-Mails checkst, kannst und solltest du *selbst* entscheiden. Seien wir doch mal ehrlich: Für die meisten von uns geht es nicht um Leben und Tod, wenn wir nicht sofort auf jeden Anruf, jede SMS und jede E-Mail reagieren. Wir müssen nicht an jedem Tag des Jahres 24 Stunden lang erreichbar sein, außer für unsere Partner oder Partnerinnen und unsere Kinder.

Eine effektive Alternative ist es, ab und zu während des Tages Zeiten einzuplanen, zu denen du nachschaust, was gerade passiert, worum du dich sofort kümmern solltest, was du auf deine To-do-Liste oder in deinen Kalender schreiben musst und was du getrost löschen, ignorieren oder vergessen kannst.

Abschließende Gedanken zur unerschütterlichen Konzentration

Fokus ist wie ein Muskel, den du im Lauf der Zeit aufbaust. Und wie bei einem Muskel kannst du dich nicht davor drücken, regelmäßig daran zu arbeiten, wenn du willst, dass er wächst. Mach dich nicht verrückt, wenn du mal einen schlechten Tag hast, aber treib dich immer wieder dazu an, bei der Stange zu bleiben. Es dauert vielleicht eine Weile, bis du lernst, dich richtig zu konzentrieren, aber du wirst jeden Tag ein bisschen besser, wenn du es immer wieder versuchst.

Am Ende geht es darum, eine Person zu *werden*, die sich konzentrieren kann, also musst du dich zuallererst als eine solche Person sehen. Wir raten dir, ein paar Zeilen zu deinem festen Vorsatz, dich unerschütterlich zu konzentrieren, und dazu, was du dafür tun wirst, in deine Affirmationen aufzunehmen.

Die meisten Menschen wären schockiert zu erfahren, wie wenig Zeit sie tatsächlich jeden Tag mit wichtigen Dingen verbringen. Nimm dir heute oder in den nächsten 24 Stunden einmal 60 Minuten Zeit, um dich auf die *eine, allerwichtigste Aufgabe* zu konzentrieren, die du zu erledigen hast. Du wirst überrascht sein, dass du nicht nur ungleich produktiver sein wirst, sondern dass es sich außerdem großartig anfühlt, das Ruder in die Hand zu nehmen.

Inzwischen enthält dein Erfolgsarsenal ein paar ziemlich unglaubliche Strategien und Bereiche, auf die du dich besonders konzentrieren solltest. Wenn du die nun folgenden Schritte ausgeführt hast, blättere gleich um und tauche in den nächsten Teil des Buches ein, in dem wir dir zeigen, was du sonst noch morgens mit deinem Herzensmenschen machen kannst, um eure Bindung zu stärken, und es auf Arten mit den *Life S.A.V.E.R.S.* kombinieren werden, von denen du noch nie gehört und an die du noch nie gedacht hast!

Unerschütterliche Konzentration in der Praxis

Schritt eins: Such dir eine ideale Umgebung aus, oder erschaffe sie dir selbst, um deine unerschütterliche Konzentration zu unterstützen. Wenn du am besten in der Öffentlichkeit, zum Beispiel in einem Café, arbeiten kannst, plane Zeitblöcke dort ein, in denen du dich besonders konzentrieren willst. Wenn du viel zu Hause arbeitest, ist Schritt zwei besonders wichtig für dich.

Schritt zwei: Beseitige Unordnung in deinem Büro und in deinem Kopf. Fang mit einem halben Tag an, den du dir Zeit nimmst, um deinen Arbeitsplatz aufzuräumen. Dann leere dein Gehirn von allem Unnötigen und setz es auf deine To-do-Liste, entweder auf dem Computer, im Handy oder in deinem Journal.

Schritt drei: Schütze dich vor Unterbrechungen. Schalte alle Benachrichtigungen aus, stell dein Handy auf „Bitte nicht stören" und sorge dafür, dass andere in deinem Einflussbereich sich daran gewöhnen, dass du zu Konzentrationszeiten nicht erreichbar bist.

Schritt vier: Fang an, deine „Unerschütterliche Konzentrations-Liste" zu füllen. Nimm dein Tagebuch zur Hand, öffne ein leeres Dokument auf deinem Rechner oder leg eine leere Notiz in deinem Handy an, um diese drei Listen zu erschaffen:

- **Womit sollte ich weitermachen (oder mehr davon tun)?**
- **Womit sollte ich anfangen?**
- **Womit sollte ich aufhören?**

Schreib erst mal alles auf, was dir dazu in den Sinn kommt. Dann geh die Listen noch einmal durch und entscheide, welche der Tätigkeiten sich automatisieren, outsourcen oder delegieren lassen. Wiederhole diesen Prozess, bis du genau weißt, wie dein idealer Ablauf ist. Dann richte dir deinen Tag so ein, dass du um die 80 Prozent deiner Arbeitszeit auf Aufgaben konzentrieren kannst, die Ergebnisse liefern. Delegiere den Rest an andere.

Jetzt hast du schon eine gute Vorstellung davon, wie du die *Life S.A.V.E.R.S.* in deine Arbeit und dein Privatleben integrieren kannst. Deshalb tauchen wir als Nächstes in *T.E.A.M.* ein, die gemeinsame Morgenroutine für Paare, und betrachten die legendären Beziehungselemente „Partner", „Freunde" und „Liebende" näher. Bist du bereit? Dann legen wir los!

Tim und Jolie Cotten

Tim und Julie Cotten sind ein schwer verliebtes Paar. Außerdem sind sie ein außergewöhnliches Paar – nicht so sehr, weil ihre Ehe so ungewöhnlich wäre, sondern, weil sie anderen Familien wie der ihren mit so viel Rat und Tat zur Seite stehen. Es mag viele Paare geben, die sich täglich ähnlichen Herausforderungen ausgesetzt sehen wie die beiden, aber Tim und Jolie gehen anders damit um als die meisten: Sie machen alles öffentlich.

Ihre Ehe ist für beide schon die zweite. Tim hat zwei Kinder aus erster Ehe, Jolie hat drei. Deshalb mussten sie eine Methode finden, wie sie gleichzeitig gemeinsam mit ihren Ex-Partnern Eltern und Stiefeltern sein konnten, ohne dabei aus dem Blick zu verlieren, dass sie den Kindern – und anderen, weniger glücklichen Paaren – ein Beispiel einer gesunden Beziehung vorleben wollten.

2016 begannen sie das, was sie „The Blended Project" nennen (@theblendedproject auf Instagram), in dem sie ihre Geschichte teilten. Was als Methode begann, einfach nur über ihre gemeinsame Reise und die Schwierigkeiten, die sie ihnen bereitete, zu reflektieren – und sich so immer wieder selbst daran zu erinnern – ist inzwischen zu einer ganzen Bewegung angewachsen. Sie entdeckten schnell, dass andere Paare in der gleichen Situation einen Leitstern voller Optimismus, Offenheit und Liebe brauchten, um die komplizierte Aufgabe zu meistern, in einer Patchworkfamilie zu leben.

Wir hatten die Gelegenheit, ein ehrliches Gespräch über ihre Beziehung mit Tim und Jolie zu führen, in dem sie uns auch erklärten, was sie beim zweiten Anlauf alles anders machten.

[Tim]: „Ich glaube, dass dieses Mal zwei Dinge ganz anders sind. Erstens haben wir gelernt, eine ‚erwachsene Liebe' zu finden, die es vorher so noch nicht gab – zumindest nicht in meiner ersten Ehe. ‚Erwachsene Liebe' sieht ganz anders aus. Zum Beispiel reflektiert man zunächst über sich selbst – wie kann ich es besser machen –, statt die Schuld gleich beim Partner zu suchen. Es geht darum, die Initiative zu ergreifen und sich selbst in Ordnung zu bringen, statt ewig auf den anderen zu warten, dass dieser damit anfängt. Zweitens wissen wir jetzt, wie wichtig es ist, die gleiche Blickrichtung zu finden, wenn man Entscheidungen trifft. In meiner ersten Ehe haben wir immer versucht, uns gegenseitig zu ‚überreden', weil wir entgegengesetzte Ansätze hatten, und das hat natürlich einfach nicht funktioniert. Wenn man in die gleiche Richtung blickt, wird dadurch alles so viel einfacher, insbesondere die Aufgabe, gemeinsam zu wachsen und die Reise zusammen zu unternehmen. Jolie darf immer noch sie selbst sein, ich bleibe auch ich selbst, aber wir bewegen uns gemeinsam vorwärts … egal, wie schnell oder langsam. Das ist unfassbar wichtig."

[Jolie]: „Wir reden außerdem viel zu viel. Dieses Mal gibt es viel mehr Kleinigkeiten zu beachten, deshalb ist ständige Kommunikation enorm wichtig. Wir müssen permanent Fragen klären, die damit zusammenhängen, wie wir gemeinsam unsere Kinder erziehen wollen, wie wir uns mit unseren jeweiligen Ex-Partnern über die Kindererziehung einig werden und wie wir unseren Glauben zu einem wichtigen Bestandteil unseres Familienlebens machen können."

Tim und Jolie haben jeder für sich durch ihre Persönlichkeitsentwicklungsreise erkannt, wie wichtig es war, dass sie sich gegenseitig ermutigen und bestärken. Selbsterkenntnis und emotionale Intelligenz beeinflussen nicht nur ihre Ehe, sie durchströmen auch das harmonische System, das sie für die gemeinsame Elternschaft mit ihren Ex-Partnern entwickelt haben.

[Tim]: „Wir haben gelernt, unsere langfristigen Ziele über unsere kurzfristigen Gefühle zu stellen, insbesondere, wenn es um die Kinder geht. Ich glaube, das machen viele Paare falsch, wenn sie immer nur versuchen, dem oder der Ex ‚eins reinzuwürgen'. Wenn man sich davon löst, das jeweils andere Elternteil ständig zu untergraben zu versuchen, verbessert das nicht nur die neue Ehe, sondern es hat auch einen positiven Einfluss auf die Kinder."

Dass sie sich auf ihre langfristigen Ziele konzentrieren und ihre kurzfristigen Gefühle loslassen, hat einen Einfluss, der weit über ihren Umgang mit den Ex-Partnern hinausgeht. Es ist außerdem eine tiefgründige Aussage darüber, wie wir alle uns in unseren Beziehungen zurechtfinden können – in denen zu unseren Intimpartnern und -partnerinnen, zu unseren Kindern, zur erweiterten Verwandtschaft und sogar zu unseren Freunden.

Tim und Jolie reden offen darüber, dass ihre aktuelle Ehe sie manchmal stärker fordert als ihre ersten Ehen, dass sie aber gleichzeitig auch so viel erfüllter ist. Sie sehen den Herausforderungen ins Gesicht, kommunizieren ständig und wachsen jeder für sich als

Person … was ihnen wiederum erlaubt, gemeinsam zu wachsen, Gottes Weg zu folgen und ihre Beziehung zueinander zu einem Leuchtfeuer für ihre Kinder und alle anderen Paare zu machen, die dringend etwas Hoffnung, Unterstützung und Ermutigung benötigen.

TEIL III:

GEMEINSAM IM T.E.A.M.

7. T.E.A.M.

Die Stärke eines Teams liegt in jedem einzelnen Teammitglied, aber jedes Teammitglied ist so stark wie das ganze Team.

PHIL JACKSON, sechsmaliger NBA-Basketballmeister

Hinter jedem Unternehmen auf der „Fortune 500"-Liste und jeder Mannschaft, die sich den Super Bowl sichert, steht ein legendäres *Team*. Wie ein Fußballprofi, der zu seinem Teamkollegen passt, der daraufhin zum Tor verwandelt, spielen die einzelnen Mitglieder in jedem Team eine ganz bestimmte, sinnvolle Rolle.

Andrew Carnegie hat einmal über Teamwork gesagt, es sei „der Antrieb, der gewöhnlichen Menschen erlaubt, ungewöhnliche Resultate zu erzielen". Und ungewöhnliche Resultate brauchen wir definitiv, wenn wir eine legendäre Beziehung aufbauen wollen.

Nicht alle Teams sind gleich gut. Viele, wenn nicht sogar die meisten, bekommen es einfach nicht hin, zusammenzuarbeiten und gemeinsam zu gewinnen. Eine zu dominante Teamleitung, eine fehlende gemeinsame Richtung oder eine Meinungsverschiedenheit zwischen zwei Teammitgliedern kann die gemeinsamen Fortschritte ins Stocken bringen oder sogar ganz stoppen, sodass am Ende ein mittelmäßiges Team übrigbleibt, das immer wieder scheitert.

J. Richard Hackman, ein Pionier der Organisationspsychologie, entdeckte, dass individuelles Verhalten nicht so bedeutend für den Teamzusammenhalt ist wie „drei ermächtigende Bedingungen" –

(1) eine robuste Struktur, (2) eine unterstützende Atmosphäre und (3) eine überzeugende Ausrichtung –, die unbedingt vorhanden sein müssen, wenn ein Team sein volles Potenzial ausschöpfen können soll. Diese drei Bedingungen, gepaart mit einer gemeinsamen Geisteshaltung, bereiten den Nährboden für ein erfolgreiches Team. Zu den anderen Faktoren, die mehr Erfolg garantieren, gehört zum Beispiel, dass jedes Teammitglied in gleichem Maße spricht und zuhört, dass Worte durch energische Gesten unterstrichen werden, dass man zugunsten jedes einzelnen Mitglieds zusammenarbeitet und dass man Diskussionen proaktiv angeht.

Diese Beschreibung ruft bei dir wahrscheinlich Bilder von beruflichem Erfolg hervor, aber die gleichen Konzepte greifen auch für den Erfolg deiner Partnerschaft zu Hause. Die „robuste Struktur" besteht aus grundlegenden Glaubensgrundsätzen, Werten und Visionen, die Paare sich gemeinsam erschaffen können. Die „unterstützende Atmosphäre" ist ein Zustand, in dem zwei Menschen sich entscheiden, sich gegenseitig zu ermutigen und sich in guten und in schlechten Zeiten immer wieder hinaufzuziehen. Und die „überzeugende Ausrichtung" besteht darin, dass man gemeinsam den Blick auf den Horizont der Vision richtet und darauf hinarbeitet, das Beziehungsideal zu erreichen, das man sich erschaffen hat.

Wir können nicht alles erreichen, was wir uns wünschen, wenn wir nicht zusammenarbeiten.

UNBEKANNT

Wir waren einmal eines dieser unglücklichen Paare, die man nur allzu oft sieht. Unsere Beziehung war durch und durch mittelmäßig, nur eine dieser unendlich vielen Ehen, die „eine Null" sind. Jahrelang waren wir uns gegenseitig keine Teamkollegen. Unsere Beziehung ging den Bach hinunter und wir standen im wahrsten Sinne des Wortes auf gegnerischen Seiten. Alles wurde aufgerechnet: wer wann was gemacht hatte ebenso wie das, was wir einander vorgeworfen hatten. Wir konnten beide nur noch Schuldzuweisungen sehen. So lebten wir nebeneinander her und konzentrierten uns nie auf *uns* und die endlosen Möglichkeiten, die in unserer Ehe schlummerten.

Zu einem Team zusammenzuwachsen schien ein Ding der Unmöglichkeit. Wir hörten einander nicht zu. Wir fühlten uns nicht miteinander verbunden. Wir steckten in einer Partnerschaftsschleife und wussten nicht, wie wir uns daraus befreien könnten.

Während der ersten zehn Jahre unserer Ehe waren wir ein mieses Team, auch wenn es natürlich ab und zu Momente gab, in denen wir wunderbar funktionierten. Gelegentlich fuhren wir mal einen Sieg ein, aber hauptsächlich hagelte es Niederlagen. Was uns fehlte, war Beständigkeit. Wir hatten keinen Plan, keine Gewohnheiten, keine Möglichkeit, unsere Erfolge aufzuzeichnen und definitiv nicht die Kraft, das Ruder herumzureißen, wenn es einmal nicht so gut lief. Die wahren Herausforderungen unserer Beziehungen kehrten wir routinemäßig unter den Teppich und dachten, sie wären einfach zu schwierig.

Man braucht zwar eine Menge Konzentration auf das Du-Element, wenn man eine legendäre Beziehung aufbauen möchte (und diese grundlegende Arbeit muss auch auf jeden Fall verrichtet werden, wenn man sein bestes Selbst in die Beziehung einbringen will), aber die Wurzel des Problems liegt darin, dass die meisten Paare glauben, ihre Ehe solle einfach nur fortbestehen und sich nie verändern – und das, ohne dass sie die gleiche Energie hineinstecken wie zum Beispiel in ein legendäres Team oder Unternehmen. Klar, ein oder zweimal im Jahr fahren sie in Urlaub, und ab und zu gehen sie vielleicht auch mal zusammen aus, wenn sie schlau genug waren, es geplant zu haben. Aber nur mechanisch einer Routine zu folgen, erschafft keinen Erfolg, und schon gar keinen legendären.

Erfolgreiche Teams spulen ihre Routine nicht mechanisch ab. Erfolgreiche Teams haben einen Plan und eine Strategie. Und erfolgreiche Teams führen ihre Strategie mit unerschütterlicher Konzentration aus.

Nachdem wir eine Vision davon erschaffen hatten, wie eine Beziehung der höchsten Stufe für uns aussehen könnte, und nachdem wir den Plan dafür gemacht hatten, wie wir dorthin gelangen könnten, verschrieben wir uns beide dem Projekt vollkommen, gaben alles und probierten alles aus, um uns auf die richtige Richtung auszurichten und in Schwung zu bringen. Am Ende dieses Buches, in Teil IV, erzählen wir dir mehr über unseren Prozess.

Damals haben wir einige verschiedene Strategien entwickelt, die uns als Paar wieder und als Team neu zusammenbringen sollten, aber eine Methode, die wir dabei erschufen, steht über allen anderen. Sie hat uns wieder zurück in die Spur gebracht und ist so wichtig für uns, dass wir sie *immer noch* jeden Tag nach unseren *Miracle Morning*-Routinen anwenden.

T.E.A.M. für Paare

Eigentlich war es mehr Zufall als Absicht, dass wir eine Morgenroutine für unsere Partnerschaft entwickelten, zuerst zumindest. Unsere persönlichen *Miracle Morning*-Routinen waren uns heilig, aber wir wünschten uns beide mehr gemeinsame Zeit ohne die Kinder, damit wir bei den Gewohnheiten, denen wir uns verschrieben hatten, leichter bei der Stange bleiben konnten. Wir bemühten uns darum, mehr Zeit zu zweit zu finden, in der wir über unsere Ehe und unsere Familie sprechen und einfache Wege entdecken konnten, die uns wieder zusammenführten. Also standen wir vor unseren Töchtern auf und verbrachten unsere Morgenzeit gemeinsam.

Oft meditierten wir zusammen oder hörten uns die Visualisierungen des Anderen an. Manchmal lasen wir uns gegenseitig unsere Affirmationen vor. Es gab nichts, was wir nicht ausprobiert hätten, als wir mit unserer Morgenzeit und unseren *S.A.V.E.R.S.* herumexperimentierten. Das war eine schöne, friedliche Zeit, in der wir zusammen Kaffee tranken und uns einfach miteinander teilten und austauschten. Das Schöne daran für dich ist, dass du direkt das Ergebnis unserer Experimente genießen und erfahren kannst, was für uns am besten funktioniert hat und was für unsere wertvolle Zeit zu zweit am wichtigsten war.

Irgendwann fiel uns auf, dass wir während unsere Morgenzeit oft Händchen hielten oder so saßen, dass sich unsere Knie berührten. Außerdem stellten wir fest, dass wir oft einfach über das sprachen, was wir am Tag zuvor gelernt hatten, oder dass zum Beispiel ein Zitat eines Freundes eine Diskussion auslösen konnte. Wir erinnerten uns daran, wie wichtig es vor allem in schweren Zeiten ist, dass wir uns unsere Dankbarkeit füreinander zeigen, wenn wir unsere Beziehung wieder in die Spur bringen wollen, also war diese Methode, in gegenseitiger Wertschätzung in den Tag zu starten, einfach großartig für uns.

Im Grunde war es einfach nur eine Zeit, in der wir gemeinsam an unserer Morgenroutine herumschrauben konnten, um sie immer weiter zu verbessern, und dabei zusammen Spaß hatten. Wir betrachteten zum Beispiel die Bedeutung der vier legendären Beziehungselemente: DU, PARTNER, FREUNDE und LIEBENDE. Wie konnten wir diesen Prozess glattschleifen, sodass er alle Elemente gleichermaßen umfasste? Und wie konnten wir herausfinden, was das *Wichtigste* war, das wir in unserer begrenzten Zeit gemeinsam für unsere Ehe tun können?

Wir beschlossen, dass der *Miracle Morning* und die *Life S.A.V.E.R.S.* etwas sind, was wir jeder für sich machen wollten. Da das Du-Element das Erste war, was wir wieder aufbauen mussten, um zurück in Kontakt miteinander zu kommen, und weil Hals *S.A.V.E.R.S.* für diesen Wandel so grundlegend waren, würden wir sie aber natürlich trotzdem beide weitermachen.

Außerdem haben wir beide großes Interesse daran, gemeinsam zu wachsen, und es macht uns beiden viel Spaß, Neues zu lernen und es miteinander zu teilen. Ein paar Minuten miteinander zu verbringen, in denen wir dem jeweils anderen etwas Interessantes oder Cooles beibrachten, das wir neu gelernt hatten, war nicht nur eine gute Methode, mit der wir unser eigenes Du-Element stärken konnten, sondern auch eine Vorgehensweise, die uns erlaubte, unsere beiden individuellen Persönlichkeitswachstumsreisen zu einer gemeinsamen Lernerfahrung zu kombinieren, durch die wir beide zielgerichtet wachsen konnten.

Wir stellten fest, dass der Morgen die beste Zeit für uns beide war, um die anstehenden Aktivitäten, Ziele und Ereignisse des Tages zu besprechen, sodass es keine größeren Überraschungen gab und nichts vergessen oder in der Hektik übersehen wurde. Außerdem war der Zeitpunkt perfekt, um kurz in Kontakt zu treten und uns zu vergewissern, dass wir beide unsere persönlichen und familiären Verpflichtungen erfüllten, ohne dass wir uns dabei gegenseitig in die Quere kamen. Wir wollten sicherstellen, dass unser Partner-Element stark blieb.

Wie bereits erwähnt ist es ein wichtiger Bestandteil jeder Beziehung, dass man seine Dankbarkeit ausdrückt. Egal, welchen Beziehungsratgeber du zu Rate ziehst, du wirst immer wieder feststellen, dass Dankbarkeit zu teilen empfohlen wird. Außerdem gibt es kaum etwas Besseres, als den Tag mit liebevoller Wertschätzung füreinander zu beginnen. Wie in jeder tollen Freundschaft ist es auch in der Partnerschaft immer eine gute Idee, dem Herzensmenschen ein verbales (oder sogar ein echtes) High Five zu geben!

Die Idee, eine Form von körperlicher Nähe zum Teil der Routine zu machen, gefiel uns auf Anhieb gut. Es war ein so starker Ausdruck unserer Bindung, die sich dadurch außerdem noch weiter vertiefte, wenn wir Händchen hielten oder ein wenig kuschelten. Dadurch konnten wir dafür sorgen, dass es zwischen uns funkte, miteinander flirten und unser Liebende-Element fördern.

Diese vier zusätzlichen Methoden zu unserer Morgenroutine hinzuzufügen, machte einen Riesenunterschied. Wir stellten fest, dass wir das Ganze in nur 10 Minuten über die Bühne bringen konnten, wenn nötig, dass wir aber noch glücklicher waren, wenn unsere Töchter uns eine ganze Stunde schenkten. Das Wichtige daran war, dass es eine kleine tägliche Gewohnheit war. Aus solchen kleinen Gewohnheiten und Routinen entsteht nämlich eine Wirkung, die sich ständig ausbreitet, und aus der etwas Magisches entstehen kann, das größer ist als die Gesamtheit seiner Einzelteile.

Uns erschien es völlig einleuchtend, dass INDIVIDUELLE (Du) Entwicklung im Herzen des *Miracle Morning für Paare* liegt, dicht gefolgt von GEMEINSAMEM (Partner, Freunde und Liebende) Wachstum. Deshalb machten wir erst getrennt unsere eigenen *S.A.V.E.R.S.* und dann zusammen die vier zusätzlichen Methoden.

Jede dieser vier wurde zu einem entscheidenden Teil unseres gemeinsamen *Miracle Morning* und eine verbundenere Erweiterung unsere persönlichen Morgenroutinen – also im Grunde ein *Miracle Morning* … für Paare.

Diese Zusatzroutine nennen wir *T.E.A.M.*
T – Touch (Berührung)
E – Education (Weiterbildung)
A – Appreciation (Wertschätzung)
M – Meeting (Zusammenkunft)

Ein großartiges Team zu werden ist der Kern jeder legendären Beziehung. Wir haben unglaubliche Ergebnisse erhalten, seit wir jeden Morgen zielgerichtet Zeit miteinander verbringen. Deshalb ist es auch ein formeller Teil unseres Eheplans.

Das Tolle an dieser Morgenroutine ist, dass sie ebenso gut für Paare funktioniert, die sich im Moment abgekoppelt voneinander fühlen, wie für Paare, die das Gefühl haben, eine gefestigte Beziehung zu führen, weil die vier Methoden nicht nur Bindung herstellen, wo bisher nur wenig ist, sondern auch Bindungen vertiefen können, die bereits im Überfluss vorhanden sind.

Schauen wir uns die vier *T.E.A.M.*-Methoden, ihre wissenschaftlichen Grundlagen und die Gründe für ihre Effektivität mal ein bisschen genauer an. Außerdem zeigen wir dir auf den folgenden Seiten, wie du sie in deine Morgenroutine, deine Beziehung und dein Leben integrieren kannst.

T FÜR TOUCH – BERÜHRUNG

Berührung kann zum Leben erwecken.

MICHELANGELO, italienischer Bildhauer, Maler, Architekt und Dichter

Eines unserer tiefsten Bedürfnisse im Leben besteht darin, uns verbunden zu fühlen, insbesondere zu unserem Herzensmenschen. Eine solche Verbindung lässt sich auf vielerlei Weise herstellen, aber die meisten davon sind weder so einfach noch so tief in unserer Biologie verwurzelt wie eine einfache, liebevolle Berührung. Fehlende körperliche Berührung und Intimität mit dem Partner oder der Partnerin sind nicht umsonst eines der Dinge, über die entfremdete Paare am häufigsten klagen. Das gilt insbesondere, wenn einer oder beide der Partner aus einer Familie stammen, die nicht besonders herzlich ist, oder mit Eltern aufgewachsen ist, deren Umgang miteinander nach außen nicht sehr liebevoll wirkt.

Berührung spielt eine enorm wichtige Rolle darin, Liebe entstehen zu lassen und zu vergrößern. Menschen fühlen sich in ihren Beziehungen zufriedener, wenn körperliche Zuneigung einen großen Teil der gemeinsamen Routine darstellt. Für eine legendäre Beziehung benötigt man Verbindung und Berührung; ohne sie vertrocknet und stirbt eine Ehe langsam. Wenn du dich nicht immer wieder intim auf deinen Partner oder deine Partnerin einlassen kannst – körperlich, emotional oder beides –, kannst du nicht erwarten, eine lange, glückliche Beziehung zu führen.

Die Wissenschaft des Berührens

Schon ab dem Moment unserer Geburt sind Berührungen ein entscheidender Bestandteil der gesunden Entwicklung als Kind. Margaret Atwood hat einmal gesagt: „Wir spüren Berührungen, bevor wir sehen und sprechen können. Sie sind die erste Sprache und die letzte, und sie sagen immer die Wahrheit."

Die Wissenschaft hat herausgefunden, dass Berührungen einen starken und direkten Einfluss auf die Entwicklung von Körper und Geist haben. Über diese Ergebnisse lässt sich nicht streiten. Ab der Geburt und bis wir fünf Jahre alt sind, spielt körperliche Berührung eine grundlegende Rolle in der menschlichen Entwicklung. Wir denken oft daran, welchen Einfluss sie auf die Bindung zwischen Eltern und Kindern haben. Aber auch darüber hinaus haben Berührungen massive Vorzüge für unsere emotionale und körperliche Gesundheit, wie eine Reihe von wissenschaftlichen Studien gezeigt haben. Diesen Studien zufolge stellen Berührungen den Schlüssel zu menschlicher Kommunikation, Bindungsfähigkeit, Gesundheit, gesunder geistiger Entwicklung, Selbstvertrauen und sozialer Intelligenz dar.

Tiffany Field, eine Koryphäe in der Berührungsforschung, beschreibt in einem Aufsatz, dass frühgeborene Babys, die fünf bis zehn Tage lang täglich nur dreimal 15 Minuten Berührungstherapie erhielten, im Schnitt 47 Prozent mehr Gewichtszunahme zeigten als Frühgeborene, die nur die übliche medizinische Behandlung erhielten.

„Sie sind die erste Sprache, die wir lernen", sagt Dacher Keltner, Psychologieprofessor an der University of California in Berkeley. Seiner Meinung nach bleiben Berührungen auch für den Rest unseres Lebens „unser vielfältigstes Werkzeug des emotionalen Ausdrucks".

Seine Forschung lehrt uns, dass Berührungen uns helfen, kooperative Beziehungen aufzubauen. Berührungen stärken bei unserer Primatenverwandtschaft das Gemeinschaftsgefühl, wenn sie gegenseitig beieinander Fellpflege betreiben und so kollaborative Partnerschaften aufbauen. Studien haben gezeigt, dass Berührungen Sicherheit und Vertrauen signalisieren. Sie beruhigen uns. Einfache Berührungen verringern Herz-Kreislauf-Belastungen. Sie aktivieren den Nervus Vagus, der direkt dafür verantwortlich ist, wie viel Mitgefühl wir zeigen. Außerdem kann eine einfache Berührung unseren Körper dazu bringen, Oxytocin, das „Liebeshormon“, auszuschütten.

Berührungen vermindern Nervosität und Stress und fördern gleichzeitig Vertrauen, Intimität und Bindungen.

Berührungsforschung zeigt deutlich, dass wir dafür gebaut sind, uns auf einer einfachen, körperlichen Ebene an andere Menschen zu binden – und dass wir das auch brauchen. Wenn wir uns das versagen, nehmen wir uns selbst eine der größten Freuden des Lebens, die uns unendlich viel Trost spenden kann.

Wenn es darum geht, ein legendäres Team durch Berührungen aufzubauen, hilft es, wenn man sich Studien der UC Berkeley anschaut, wo unter der Leitung des Psychologen Michael Kraus untersucht wurde, wie Berührungen sich auf alle möglichen Arten von Teams und deren Leistungen auswirkt. In diesen Studien wurden Mannschaften der National Basketball Association betrachtet, die auf einer der ausdrucksstärksten Bühnen der Welt wetteifern. Untersucht wurde, ob es einen Zusammenhang dazwischen gab, wie oft die Spieler sich berührten, und wie oft die Mannschaft gewann. Im daraus resultierenden Artikel stellten die Wissenschaftler fest, dass Teams, die sich häufiger berührten (zum Beispiel mit Ghettofäusten, High Fives, dem typisch amerikanischen Bruststoß und Umarmungen) erfolgreicher waren als andere.

Aber was ist mit intimeren Beziehungen? Könnte man die gleiche Korrelation zwischen Berührungen und Erfolg auch auf, sagen wir, eine Ehe anlegen? Ist es möglich, dass die einfache tägliche Gewohnheit, sich gegenseitig zu berühren – und sei es auch nur kurz – Teil des Erfolgsrezepts für ein legendäres Team ist?

Laura Guerrero, die Koautorin von *Close Encounters: Communication in Relationships* und Forscherin für nonverbale und emotionale Kommunikation an der Arizona State University, sagt dazu: „Wir fühlen uns Menschen stärker verbunden, die uns berühren.“ Und ist das nicht genau unser Ziel? Eine stärkere Verbindung?

Für die Beziehungsforscher Dr. Charles und Dr. Elizabeth Schmitz bedeutet, jemanden zu berühren, „seine Anwesenheit zu bestätigen und deine Lust auf ihn zu kommunizieren. Deshalb tun es die erfolgreichsten Paare auch so häufig." Sie stellten fest, dass Berührungen für eine glückliche Ehe sogar noch wichtiger waren als Sex. Die Schmitz' glauben, dass „die Anhäufung von Berührungen" und ihre Gegenseitigkeit dafür sorgen, dass Intimität und Zufriedenheit in einer Beziehung steigen.

Wenn man sich nicht gern berührt (klein beginnen)

In der Zeit, als wir uns beinahe hätten scheiden lassen, kam uns der Gedanke an Körperkontakt fremd und tatsächlich auch etwas unangenehm vor. Manchmal berührten wir uns wochenlang nicht, und wenn doch, hing es meistens mit irgendeiner Art von Pflichtgefühl zusammen. Bei den seltenen Gelegenheiten, wenn wir uns über unsere fehlende Intimität unterhielten, konnten wir beide daran eine Menge Anspannung, tiefe Frustration und Verlegenheit ablesen.

Deshalb verstehen wir gut, dass viele Paare, die dieses Buch lesen, es sich vielleicht nicht vorstellen können, ihre Zuneigung auf diese Weise zu zeigen. Das ist ganz normal. Es gab auch bei uns eine Zeit, in der wir uns nicht umarmt oder Händchen gehalten haben und in der wir es kaum aushielten, im gleichen Raum zu sein. Keine Sorge, wir wissen, wie das ist.

Uns half es damals, zuerst den Druck aus unserer Intimität zu nehmen und uns die Erlaubnis und die Freiheit zu geben, einen Schritt zurück zu machen und erst einmal an uns selbst und den anderen Beziehungselementen zu arbeiten, bis uns wieder danach war, uns anzufassen.

Wir begannen beim Du-Element, brachten unsere Partnerschaft in Ordnung und lernten, wieder Freunde zu sein. Als wir dann anfingen, uns wieder zu mögen und zu respektieren, wurde es viel einfacher, das Liebende-Element zu kultivieren und uns neu ineinander zu verlieben.

Wir begannen, durch den ganzen Prozess hindurch Samenkörner für Intimität auf niedrigem Niveau zu säen.

Wir konnten damals mit beiden Füßen voraus hineinspringen und das Ruder für unsere Beziehung in einem großen Kraftakt herumreißen, aber wir verstehen die wissenschaftliche Grundlage dafür, sich neue Gewohnheiten zuzulegen und sind für die meisten Paare große Verfechter einer Politik der kleinen Schritte. Einen Marathon kann man ja auch nicht laufen, wenn man nicht vorher wochen- oder monatelang kürzere Trainingsläufe absolviert hat. Jede Tätigkeit, vor allem neue oder solche, die man schon eine Weile nicht mehr ausprobiert hat, braucht Geduld und Zeit.

Stephen Guise, der Autor von *Viel besser als gute Vorsätze: Wie Sie mit Mini-Gewohnheiten Maxi-Erfolge erleben*, sagt, dass wir uns am Anfang möglichst kleine Gewohnheiten zulegen sollen. Möchtest du mehr Liegestütze machen können? Mach eine am Tag! Möchtest du mehr meditieren? Meditiere eine Minute am Tag! Das kannst du. Und nach einer Weile schaffst du vielleicht 100 Liegestütze pro Tag oder meditierst 30 Minuten.

Wenn ihr also als Paar versuchen wollt, Berührungen zu einem Teil eurer *Miracle Morning*-Routine zu machen, fangt ihr am besten zuerst mal ganz klein an, um das Eis zu brechen. Diese scheinbar winzigen Gesten haben viel größere positive Auswirkungen, als ihr vielleicht denkt – und das nicht nur in dem Moment, sondern für den ganzen Rest des Tages oder für kommende Jahre, wenn ihr sie zum Teil eurer täglichen Routine macht. Ihr sammelt dadurch nämlich einen großen Vorrat winziger positiver Momente, jedes Mal, wenn ihr euch berührt. Dadurch wachsen die positiven Momente im Vergleich zu den negativen immer weiter an, und ihr stärkt eure Bindung jeden Tag ein bisschen mehr.

Berührungen spielten eine entscheidende Rolle darin, uns offener und verletzlicher miteinander zu machen, insbesondere im Bett. Bis heute ist das Liebende-Element das Element, an dem wir am meisten arbeiten müssen, um den Gipfel der Leidenschaft und wahre, intime Verbundenheit zu erfahren. Weil wir wissen, dass wir an dieser Stelle schnell mal einen Fehler machen, achten wir besonders darauf, dass die gegenseitige Berührung jeden Tag einen Teil unseres *Miracle Morning für Paare* ausmacht. Im Abschnitt „Liebende" in diesem Buch geben wir dir ein paar Tipps, die uns geholfen haben, als wir versucht haben, dieses Element zu verbessern. Außerdem verraten wir dir, was wir tun, wenn wir Rückschläge erleben.

Berührung als Teil eurer Morgenroutine

Berührung kann viele Gestalten haben. Und das Tolle daran ist: Wenn ihr sie zum Ziel eurer gemeinsamen Morgenroutine macht, muss sie nicht einmal zusätzliche Zeit kosten, weil ihr euch auch berühren könnt, während ihr gleichzeitig andere Dinge tut. Wenn ihr bereit seid, Berührungen zum Teil eurer Morgenroutine zu machen, sind hier ein paar ganz einfach Ideen:

1. Eine einfache, niedrigschwellige Methode, Berührungen zu fördern, ist es, Händchen zu halten. Wenn ihr zusammen auf der Couch sitzt und euch unterhaltet, fasst euch doch einfach mal bei den Händen!
2. Auch eure Knie können sich berühren. Als wir mit unserer gemeinsamen Morgenroutine noch ganz am Anfang standen, meditierten wir oft zusammen und saßen dabei so im Schneidersitz nebeneinander, dass eines unserer Knie das Knie des anderen berührte.
3. Kuschelt! Wenn ihr euch wieder ein bisschen enger miteinander verbunden fühlt, nehmt euch während eurer gemeinsamen Zeit in den Arm und kuschelt ein wenig miteinander.
4. Streichelt euch übers Gesicht oder die Haare. Das ist ein bisschen intimer, aber es fühlt sich toll an und kann dem ganzen Tag einen neckischen Anstrich verleihen.
5. Setzt euch so hin, dass die Beine des einen auf dem Schoß des anderen liegen. So sitzen wir inzwischen meistens bei unserem *Miracle Morning* zusammen.

Wie du siehst, sind diese Beispiele relativ offensichtlich. Was sie aber erst so richtig wichtig macht, ist das Bewusstsein, dass man es tut. Wenn ihr Berührungen zu einem zentralen Bestandteil eurer Morgenroutine macht, werden körperliche Berührungen und kleine Flirts schon bald einen festen Platz in eurer ganzen Beziehung einnehmen. Und eines Tages werdet ihr feststellen, dass ihr gar nicht mehr bewusst daran denken müsst – dann habt ihr das Ziel erreicht.

Wenn eure Beziehung schon etwas tiefer verbunden ist und ihr das gerne körperlich ausdrückt, könnt ihr euch auch den Rat von Ryan Michler, Moderator des Podcasts *Order of Man* und Autor von *Sovereignty: The Battle for the Hearts and Minds of Men* zu Herzen nehmen. Lance erzählte ihm von unserer gemeinsamen Morgenroutine und dem Stellenwert von Berührungen dafür, und Ryan meinte, Sex sollte aber auch nicht ganz ausgeschlossen sein. Lances Antwort: „Klar, ich schätze, die dreißig Sekunden mehr sollten auch kein Problem sein!"

Aber Spaß beiseite: Wenn ihr beide das Gefühl habt, eure „Berührungszeit" könnte davon profitieren, wenn ihr darin noch ein wenig intimer werdet, lasst euch bloß nicht abhalten! Wir machen es manchmal auch, wenn es gerade passt. Wir stellen dir später noch mehr Möglichkeiten vor, den *Miracle Morning für Paare* auf eure eigenen Bedürfnisse anzupassen, aber das ist vielleicht die beste davon.

Berührungen im Lauf des Tages

Hier sind ein paar Tipps, wie ihr Berührungen auch nach dem *Miracle Morning* oder zum Beispiel am Abend in euren Tag integrieren könnt:

1. Nehmt euch zur Begrüßung in den Arm, wenn einer von euch nach Hause kommt. Dadurch schaffst du ganz schnell und einfach eine liebevolle Atmosphäre und gibst deinem Herzensmenschen zu verstehen, dass er willkommen ist oder dass du ihn vermisst hast. Es kann außerdem den Ton für den ganzen Rest des Abends bestimmen und den Stress eines langen Arbeitstages zugunsten eures Familienlebens abbauen.

2. Fußmassagen. Das versteht sich von selbst: Wer mag es nicht, wenn ihm nach einem langen, stressigen Tag die Füße massiert werden? Dadurch könnt ihr auch hervorragend ausdrücken, dass ihr eure Partnerin oder euren Partner unterstützt.
3. Leg deinem Herzensmenschen den Kopf auf die Schulter. Das ist eine tolle Methode, Trost und Unterstützung zu spenden, wenn dein Herzensmensch besonders gestresst ist.
4. Flirtet miteinander. Ein sanftes Streicheln über den Nacken, ein neckender Griff ans Gesäß oder was auch immer deinem Herzensmenschen besonders gut gefällt (bitte achte aber darauf, dass du dir da sicher bist!) kann den Funken einer sexuellen Spannung oder besonderer Intimität entzünden.

Abschließende Gedanken zu Berührungen

Wir merken oft gar nicht, wie selten wir unseren Herzensmenschen berühren. Aber damit ist es wie mit jeder anderen Gewohnheit oder Routine: Je bewusster dir eine Herausforderung ist und je öfter du das tust, was nötig ist, um sie zu überwinden, desto mehr Schwung bekommst du dadurch. Wenn du die nötigen Handlungen zu einem Teil deiner Routine machst und sie unbewusst immer wieder durchführst, fällt es dir leichter, sie konsequent durchzuziehen.

Berührungen sind sehr wichtig für eine gesunde Beziehung, aber darüber hinaus stärken sie unser Gefühl von Verbundenheit, Sicherheit und allgemeinem Wohlbefinden. Menschen, die öfter liebevoll berührt werden, genießen die Vorzüge eines erhöhten Oxytocinspiegels, der nicht nur mit einem niedrigeren Ruhepuls und niedrigerem Blutdruck in Verbindung gebracht wird, sondern langfristig auch vor vielen ernsten Krankheiten schützt.

Wissenschaftliche Erkenntnisse verraten uns, dass es für unser emotionales und körperliches Wohlbefinden sehr wichtig ist, berührt zu werden. Außerdem sorgt eine Routine, die Berührungen beinhaltet, für mehr Intimität, hilft euch, einander offener und verletzlicher entgegenzutreten und kann das Liebende-Element eurer Beziehung entscheidend verbessern. Je tiefer du mit deinem Herzensmenschen verbunden bist – und sei es auch nur durch eine kleine, körperliche Geste –, desto glücklicher und gesünder werdet ihr beide sein.

E FÜR EDUCATION – WEITERBILDUNG

Liebe besteht nicht darin, dass man einander ansieht, sondern dass man gemeinsam in die gleiche Richtung blickt.

ANTOINE DE SAINT-EXUPÉRY, französischer Autor und Dichter

Ist es dir und deinem Herzensmenschen schon einmal passiert, dass ihr aus dem Kino kamt und danach endlos über die tollen und schlechten Szenen des Films geredet habt, den ihr gerade gesehen hattet? Manchmal hat euch der Film sogar auf eine besondere Weise berührt, sodass ihr noch länger und intensiver darüber reden musstet. Vielleicht habt ihr euch den ganzen Heimweg lang unterhalten, vielleicht sogar noch auf dem Weg ins Bett. Was ihr gesehen und gemeinsam erlebt hattet, hat ein interessantes Gespräch angestoßen, von dem ihr einfach nicht wolltet, dass es endet.

Der Weiterbildungsteil eurer *T.E.A.M.*-Zeit funktioniert ganz ähnlich, auch wenn ihr – hoffentlich – nicht eure ganze Morgenroutine dafür zu verwenden braucht. Es sei denn, ihr wollt es so!

Zusammen zu wachsen schweißt zusammen

Der Weiterbildungsteil eurer gemeinsamen *Miracle Morning*-Routine erlaubt euch, eine Verbindung zwischen euren beiden individuellen Persönlichkeitswachstumsreisen zu ziehen. Darin schlummern viele verschiedene Möglichkeiten, egal, wo ihr euch auf dieser Reise gerade jeweils befindet. Wenn einer von euch noch nicht genau weiß, welche Themen für ihn oder sie besonders interessant sind, hat der andere die Gelegenheit, dem Herzensmenschen den Weg zu zeigen und das Feuer anzufachen. Wenn ihr beide schon mit Volldampf dabei seid, eröffnet sich in diesem Teil der *T.E.A.M.*-Zeit die Welt des jeweils anderen mit all ihren Themen, die man selbst noch erforschen könnte.

Egal, wie es bei euch aussieht, kann gemeinsames Lernen dafür sorgen, dass ihr euch als Paar nicht so leicht voneinander entfernt oder euch in komplett entgegengesetzte Richtungen entwickelt. In dieser Zeit dürft ihr beide euch gegenseitig erzählen, woran ihr gerade arbeitet, was ihr dabei lernt, was euch wichtig ist und was ihr gern mit eurem Partner oder eurer Partnerin teilen möchtet.

So bringt ihr einen Teil des Abenteuers, an eurem jeweiligen Du-Element zu arbeiten, in euer *T.E.A.M.* ein, sodass ihr das Abenteuer gemeinsam mit eurem Herzensmenschen erleben könnt. Dadurch hebt ihr euch gewissermaßen gegenseitig auf eine neue Stufe.

Uns gefällt dieser Teil des *Miracle Morning für Paare* besonders, weil er nicht nur für Paare gut funktioniert, die noch am Anfang der gemeinsamen Lernreise stehen und für die sich dadurch ein breites Spektrum an möglichen Gesprächsthemen und Kommunikationsmethoden öffnet. Er tut auch Paaren gut, die schon eine Weile daran arbeiten, ihre Persönlichkeit zu entwickeln, weil er ihnen erlaubt, ihre Entwicklung weiter voranzutreiben und zu vertiefen. Wenn man jemandem etwas beibringt, verfestigt es sich nämlich im Gehirn, und neue Interessen und Perspektiven verbessern die Beziehung zueinander ständig.

Themen meistern

Wir haben außerdem noch einen kleinen, versteckten Vorteil darin gefunden, uns in unserer Morgenroutine gegenseitig weiterzubilden.

Gemeinsames Lernen sorgt ganz nebenbei dafür, dass wir selbst unsere Themen zu meistern lernen. Wenn wir etwas lesen, behalten wir typischerweise nur einen kleinen Teil der Informationen – es sei denn, wir fangen darüber hinaus noch etwas damit an. Viele Leute unterstreichen Textpassagen oder machen sich Randnotizen, was ein guter Anfang ist, aber wir können noch viel mehr damit machen.

Der ultimative Test, ob du ein Thema wirklich verstanden hast, liegt darin, wie klar du es einer anderen Person vermitteln kannst.

Und wer eignet sich dafür besser als dein Herzensmensch? Gemeinsam mit deinem Partner oder deiner Partnerin kannst du in einem sicheren Raum lernen, wie man Informationen aufbereitet und Gedanken organisiert strukturiert weitergibt. Und noch besser: Dein Gegenüber kann dir einen neuen, frischeren und manchmal sogar gegenläufigen Blickwinkel auf das Thema zurückgeben. Dadurch hebt sich eure Lehr- und Lernerfahrung auf eine ganz neue Stufe.

Das Großartige an dieser Methode ist, dass man sie auf so viele verschiedene Arten angehen kann. Wir selbst nutzen zwei verschiedene Methoden, uns während des *Miracle Morning* weiterzubilden: Erstens teilen wir, was wir jeweils gelernt haben und zweitens hören oder schauen wir uns einen passenden Inhalt gemeinsam an.

Hier sind nur ein paar der Ideen, die wir ausprobiert haben. Sie können nur 3 Minuten lang dauern, aber im Schnitt verbringen wir ungefähr 15 Minuten mit diesem Teil, hauptsächlich deshalb, weil wir es beide besonders genießen, mit- und voneinander zu lernen. Das Tolle daran ist, dass es dafür keine Regeln gibt. Wenn es für euch besser passt, könnt ihr das gleiche Thema auch an mehreren Tagen hintereinander besprechen.

1. Teilt das, was ihr jeweils während eures persönlichen *Miracle Morning* (als Teil der *S.A.V.E.R.S.*) gelesen habt. Wenn euch ein Buch besonders viel gibt, wollt ihr bestimmt gern Zitate oder neue Ideen mit eurem Herzensmenschen teilen.
2. Schaut euch zusammen einen TED-Talk an. Uns passiert es oft, dass einer von uns einen neuen TED-Talk, einen Vortrag oder eine Vorlesung findet, die er gern mit dem anderen teilen möchte. Meistens suchen wir uns möglichst kurze aus, damit wir uns danach noch über die besten Teile unterhalten können. Die meisten TED-Talks haben deutsche Untertitel, es gibt inzwischen aber auch jede Menge TED-Talks in deutscher Sprache.
3. Hört euch zusammen einen Podcast an. Podcasts sind oft relativ lang, aber wir haben angefangen, sie in Stücke zu zerlegen, wenn wir nicht genug Zeit haben, sie am Stück durchzuhören.

4. Denkt darüber nach, ob ihr euch Brian Johnsons *Optimize* (bzw. *Heroic*) anschließen möchtet. Brian Johnsons Inhalte bedeuten uns sehr viel für unsere Beziehung. Seine *Philosopher's Notes* hören wir schon seit Jahren und inzwischen schauen wir oft auch seine täglichen kurzen Videos an. Wenn es für euch kein Problem darstellt, dass die Inhalte nur auf Englisch verfügbar sind, schaut doch mal hier vorbei: www.optimize.me. Das kostet nichts, kann aber enorm wertvoll für euch sein!
5. Gründet einen Buchclub für zwei. Uns macht es sehr viel Spaß, das gleiche Buch zu lesen und die einzelnen Kapitel dann gemeinsam zu besprechen, um unsere eigenen Blickwinkel und Einsichten zu teilen. Das macht uns so viel Spaß, dass wir inzwischen selbst Videos drehen, in denen wir das, was wir gelernt haben, und die besten Beziehungsgeschichten mit unserer Community teilen.
6. Lernt euch besser kennen und verstärkt euer Freunde-Element. Wer sagt, dass ihr euch nur über Inhalte von anderen Leuten unterhalten könnt? Wenn eines der wichtigsten Ziele in eurer Beziehung ist, euch möglichst vollständig kennenzulernen, könnt ihr diese Zeit doch auch genau dafür nutzen! Als wir unsere Ehe wiederaufleben ließen, war es für uns sehr effektiv, wenn wir uns gegenseitig Fragen über unsere Kindheit, unsere Werte und unsere Träume stellten – von ganz einfachen bis hin zu sehr komplexen. Es gibt viele Ressourcen, die solche Gespräche ankurbeln können, zum Beispiel *Table Topix* und ähnliche Fragekarten, aber auch eine einfach Googlesuche kann euch bereits zu einigen tollen Beziehungsfragen führen, die ihr euch gegenseitig stellen könnt. Hier sind ein paar der Fragen, die wir uns damals stellten, als Anregung:

a. Was ist das Peinlichste, was dir als Kind passiert ist?
b. Wenn du eine neue Fähigkeit lernen könntest, für was würdest du dich entscheiden?
c. Was hast du als Kind im Sommer am liebsten gemacht?
d. Wann hat dich im Leben etwas am nervösesten gemacht?

e. Wenn du eine beliebige lebende oder tote Person treffen und ein Gespräch mit ihr führen könntest, wer wäre das?
f. Welchen Rat würdest du deinem jüngeren Ich geben, wenn du in der Zeit zurückreisen könntest?
g. Was ist das Spontanste und Verrückteste, was du je gemacht hast?
h. Wann hattest du als Kind den größten Spaß mit deinen Freunden?
i. Welche Superkraft hättest du gerne und warum?
j. Was ist das Beste, das du je gegessen hast?

Diese Fragen klingen vielleicht ein bisschen einfach, aber das Wichtigste daran ist, dass es Spaß macht, sie zu beantworten und darüber nachzudenken – insbesondere, wenn es um eure Kommunikation miteinander gerade nicht allzu gut bestellt ist. Außerdem erschafft ihr damit einen sicheren Raum, in dem ihr später auch tiefergehende Konversationen führen könnt.

Wenn wir zurückdenken, merken wir beide, dass wir im Weiterbildungsteil unserer *T.E.A.M.*-Routine wirklich sehr viel übereinander gelernt haben. Es ist ganz schön erstaunlich, wie großartig unsere Gespräche einfach nur dadurch wurden, dass wir uns gegenseitig etwas beigebracht haben, und wie viel wir beide dadurch gelernt haben, dass wir uns gemeinsam etwas angeschaut, angehört oder durchgelesen haben.

Abschließende Gedanken zur Weiterbildung

Letzten Endes geht es beim Weiterbildungsteil der Morgenroutine für Paare darum, die Kommunikation zwischen beiden Partnern zu verbessern. Das reicht weit über die kurze Zeit hinaus, die ihr am Morgen zusammen damit verbringt, und beeinflusst die Art, wie ihr während des übrigen Tages miteinander umgeht, auf zutiefst positive Weise. Die Vorzüge davon sind so gut wie grenzenlos. Dadurch, dass du jemand anderem etwas beibringst, meisterst du das Thema gleichzeitig für dich, was dich in deiner Persönlichkeitsentwicklung massiv voranbringt. Gleichzeitig findest du mit deinem Herzensmenschen Methoden, wie ihr ein Gespräch anstoßen könnt, ihr teilt eure Persönlichkeitsentwicklungsreise miteinander und verbessert eure liebevolle Verbindung zueinander, indem ihr euch gegenseitig mit neu erworbenem Wissen inspiriert. Vielleicht führt das auch dazu, dass ihr auf der Basis dieser Themen und Ideen neue Werte für euch selbst entdeckt. Es kann euch sogar neue Horizonte und Ziele eröffnen, zu denen ihr eure Familie führen wollt.

A FÜR APPRECIATION – WERTSCHÄTZUNG

Manchmal will auch unser Licht erlöschen und wird durch ein Erlebnis an einem Menschen wieder neu angefacht. So hat jeder von uns in tiefem Dank derer zu gedenken, die Flammen in ihm entzündet haben.

ALBERT SCHWEITZER, Theologe, Autor, Humanist, Philosoph und Arzt

Wir können nur sagen, dass wir in diesen Momenten lebendig sind, in denen sich unsere Herzen unserer Schätze bewusst sind.

THORNTON WILDER, amerikanischer Dramatiker und Romanautor

Die Vorzüge, die man durch eine Dankbarkeitsroutine genießt, sind schier endlos. Wenn man seinen Fokus auf die positiven Dinge richtet, kann sich dadurch das eigene Glück dramatisch vergrößern. Studien haben gezeigt, dass Menschen, die dauerhaft dankbar sind, glücklicher und mit ihrem Leben zufriedener sind. Außerdem haben sie ein stärkeres Immunsystem.

Wenn du den *Miracle Morning* schon anwendest, praktizierst du höchstwahrscheinlich auch schon irgendeine Form von Dankbarkeits- oder Anerkennungsritual. Die Stille oder Meditation ist zum Beispiel eine perfekte Gelegenheit, sich bis zum Gipfel der Dankbarkeit einzufühlen.

Als Kinder lernen wir, dass wir uns automatisch bedanken sollen, wenn jemand uns etwas Gutes tut oder uns ein Geschenk macht. Diesen Wert versuchen wir unseren Nachkommen zu vermitteln, indem wir sie schon in sehr jungen Jahren immer wieder daran erinnern, Danke zu sagen. Auf dieser oberflächlichen Ebene wird uns also vermittelt, dass Dankbarkeit eine angemessene soziale Reaktion ist.

Leider geht unsere Wertschätzung oft auch nicht weiter. Das „Danke" rutscht uns fast unbewusst von den Lippen.

Wertschätzung hat ihre Wurzeln im Freunde-Element, aber diese Methode stellt gleichzeitig eine schöne Brücke zum Liebende-Element dar. Wertschätzung ist ein Ausdruck der Liebe, den man viel zu selten verwendet. Deshalb haben wir ihn zu einem Teil unserer Morgenroutine gemacht.

Wie können wir also wahre Dankbarkeit und Wertschätzung nutzen, um eine gesunde Beziehung intensiver zu kultivieren?

Wertschätzung in der Beziehung

Viel zu oft vergessen wir – oder wir haben es vielleicht nie wirklich gelernt – welchen wahrhaftigen, magischen Wert Wertschätzung in unserem Leben und insbesondere in unseren engsten Beziehungen haben kann.

Dankbarkeit ist dabei nicht nur ab und zu mal „Danke" zu sagen, es ist ein spiritueller Daseinszustand. Wenn wir uns wirklich dankbar fühlen, verspüren wir aus tiefstem Herzen Erstaunen und Freude daran, wie gut etwas (oder jemand) außerhalb von uns selbst sein kann. Jemandem oder etwas gegenüber Dankbarkeit zu fühlen bedeutet, seinen Wert zu respektieren und uns daran zu freuen, wie einzigartig, schön oder unverzichtbar diese Person, dieser Gegenstand etc. ist.

Leider haben unglückliche Paare oft aufgehört, sich gegenseitig Wertschätzung zu zeigen. Dieses Defizit fängt normalerweise schon an, wenn sich das Paar noch lange nicht bewusst ist, dass es Probleme hat, oder die beiden Partner anfangen, sich unzufrieden zu fühlen. Unglücklicherweise ist es so, dass wir unseren Herzensmenschen immer mehr für selbstverständlich halten, wenn unsere Beziehung das Flitterwochenstadium hinter sich lässt, in dem wir noch jede kleinste Kleinigkeit an unserem Partner oder unserer Partnerin zu schätzen wussten und liebten. Vielleicht bleiben wir im Alltagsstress hängen, aber woran es auch immer liegen mag: Wenn wir uns gegenseitig nicht genug wertschätzen, passiert es leicht, dass wir uns voneinander abkoppeln.

Amie Gordon, eine Forscherin der Psychologie an der U. C. San Francisco, hält das für das grundlegende Problem, das die meisten Beziehungen sprengt: „Man gewöhnt sich daran, den Partner oder die Partnerin in seinem Leben zu haben, und gleichzeitig vergisst man, warum man sich gerade für diese Person entschieden hat." Wir stumpfen gegen die besonderen Qualitäten und Stärken unseres Partners oder unserer Partnerin ab und nehmen stattdessen die Dinge viel stärker wahr, die wir als Schwächen oder nervtötende Angewohnheiten wahrnehmen.

Solche Tiefpunkte verwirren und entmutigen Paare, manchmal werden sie dadurch sogar verbittert. Vielleicht glauben sie, ihr Partner oder ihre Partnerin wäre gar nicht so toll, wie sie früher einmal gedacht hatten. Sie fragen sich, wohin der Funke verschwunden ist, der einmal zwischen ihnen übergesprungen war, und beginnen sich nach dem zu sehnen, was einmal war, statt sich darauf zu freuen, was werden könnte. Sich nicht wertgeschätzt zu fühlen kann einem völlig den Wind aus den Segeln zu nehmen – manchmal glaubt man sogar, das Ende der Beziehung sei schon gekommen. Wenn Paare solche Gefühle haben, fragen sie sich oft, wie es weitergehen soll.

Es mag viele verschiedene Gründe geben, aus denen Paare aufhören, sich ihre Wertschätzung auszudrücken, aber wenn dieses Muster nicht durchbrochen wird, können daraus ernsthafte Ehe- und Beziehungsprobleme entstehen.

Die Vorzüge der Wertschätzung

Gegenseitige Dankbarkeit und Wertschätzung dagegen kann viele Beziehungsprobleme heilen. Die eigene Wertschätzung für den anderen auszudrücken, ist ein großartiger erster Schritt dahin, den Funken wiederzufinden und die Liebe wieder zu spüren. Tägliche Erinnerung an echte Wertschätzung kann die Nähe vertiefen und eine gesunde Beziehung sogar noch stärker machen. Das ist auch nicht nur unsere Meinung; neue Studien unterstützen die Idee, dass Dankbarkeit ein essentieller Bestandteil einer tief verbunden Beziehung ist.

Eine von Dr. Gordon durchgeführte Studie untersuchte die Rolle von Dankbarkeit und Wertschätzung in langen und gesunden Beziehungen. In dieser Studie wurden 50 Paare gebeten, eine Woche lang Wertschätzungstagebücher auszufüllen. Auf Tage, an denen sich einer der Partner besonders wertgeschätzt fühlte, folgte überdurchschnittlich oft ein Tag, an dem dieser Teil des Paares dem anderen Partner größere Wertschätzung entgegenbrachte.

Paare, die sich dauerhaft gegenseitig schätzten, hatten ein geringeres Trennungsrisiko während der darauffolgenden neun Monate und berichteten am Ende der Zeit sogar, dass sie sich noch tiefer verbunden fühlten als zuvor. Die Forscher schlossen daraus, dass ein bereichernder Kreislauf aus gegenseitiger Wertschätzung und Ermutigung dafür sorgt, dass wir motivierter sind, unsere Beziehungen zu erhalten.

Wertschätzung kann auch effektiv dabei helfen, Konflikte beizulegen. Alle Paare haben Meinungsverschiedenheiten und Streit. Was die Ehen, die halten, von denen unterscheidet, die es nicht tun, ist nicht, wie *oft* sie streiten, sondern *wie* sie streiten und wie sich die Partner sowohl in diesen Momenten als auch sonst im Alltag begegnen. In erfolgreichen Partnerschaften stellen sich die Partner dem Streit und versuchen, sich dadurch gegenseitig besser zu verstehen, statt dem anderen den eigenen Willen oder die eigene Meinung aufzuzwingen. Solche Paare signalisieren sich gegenseitig, dass sie zuhören und verarbeiten, was der andere sagt, und zeigen sich so, dass sie die Meinung des anderen zu schätzen wissen. Das kommt daher, dass in der Partnerschaft eine gegenseitige Wertschätzung besteht, die beide Partner jeden Tag sowohl selbst verspüren als auch dem anderen gegenüber ausdrücken.

Wenn es zu Konflikten kommt, nutzen wertschätzende Paare auch die Macht der Berührung oder einer anderen Art von körperlicher Ermutigung, indem sie sich zum Beispiel bei den Händen fassen oder sich ermutigend den Oberschenkel tätscheln. Berührungen sind sowieso schon ein großer Teil der *Miracle Morning*-Routine für Paare, deshalb hoffen wir, du kannst jetzt langsam erkennen, was ihr für zusätzliche Vorteile erhaltet, wenn ihr diese Fähigkeiten gemeinsam entwickelt.

Kurz gesagt: Wenn wir unseren Herzensmenschen wertschätzen, entwickeln wir Vertrauen zu und Respekt vor ihm. Wenn wir uns wertgeschätzt fühlen, fühlen wir uns gleichzeitig gebraucht und ermutigt. Wir fühlen uns gehört. Wir fühlen uns verstanden.

Einige Paare zeigen sich entweder von Natur aus nicht besonders viel Wertschätzung oder haben vergessen, wie es geht. Auch wir hatten in diesem Bereich große Defizite – wie in so vielen anderen Bereichen auch, die heute fester Teil unserer Morgenroutine sind – als unsere Ehe kurz vor dem Zusammenbruch stand. Deshalb mussten wir Schritte einleiten, unsere Dankbarkeit füreinander wieder mehr zu zeigen.

Zum Glück können wir unser Verhalten und unsere Gedanken formen und beeinflussen. Muster von Liebe und Dankbarkeit kann man nicht nur verlieren, man kann sie sich auch wieder antrainieren. Der Schlüssel dazu, eine gesunde Beziehung durch Dankbarkeit in Schwung zu bringen, liegt darin, die Initiative zu ergreifen. Warte nicht, bis dein Herzensmensch den ersten Schritt macht und dafür sorgt, dass du dich gut fühlst. Nimm die Sache selbst in die Hand!

Wertschätzung gemeinsam lernen

Auch hier ist es am besten, wenn ihr mit kleinen, erreichbaren Zielen beginnt. Hier sind ein paar einfache Übungen für euch, die ihr idealerweise in eure Morgenroutine einbaut, die ihr aber auch zu jedem anderen Zeitpunkt des Tages ausprobieren könnt:

1. **Konzentriere dich auf das Gute.** Statt darüber nachzugrübeln, was in eurer Beziehung vielleicht nicht optimal läuft, denk an die Aspekte, die wirklich gut laufen. Schreib sie auf. Lies deine

Liste oft durch. Teile sie dann mit deinem Partner oder deiner Partnerin.

2. **Schreib ein kleines Dankbarkeitstagebuch nur für deinen Herzensmenschen.** Das war eines der ersten Dinge, die wir taten, als wir versuchten, unsere Liebe füreinander neu zu entfachen. Dabei dachten wir über den jeweils anderen nach und sagten ihm, wofür wir ihm besonders dankbar waren. Das ist vor allem hilfreich, wenn einer von euch beiden gerade ein paar schlechte Tage hintereinander hatte. Dankbarkeit auszudrücken und das Gleiche dann von deinem engsten Herzensmenschen zurückzubekommen, kann deinen Blickwinkel sehr schnell radikal verändern und einen schrecklichen Tag in einen voller Liebe und Sinn verwandeln.
3. **Schwelge in Erinnerungen.** Erinnere dich daran, warum du deinen Partner oder deine Partnerin überhaupt geheiratet hast. Welche Charakterzüge oder welches Verhalten fandest du damals so attraktiv? Was schätzt du jetzt gerade besonders an ihm oder ihr? Auf welche Arten hast du von der Beziehung profitiert? Welche Hindernisse habt ihr schon gemeinsam bewältigt? Wenn eine Beziehung in der Krise steckt, können schlechte Erinnerungen die Gefühle dem Partner oder der Partnerin gegenüber übertünchen. Wenn du dich stattdessen mit voller Absicht auf die Highlights eures gemeinsamen Lebens konzentrierst, hilft dir das, schlechte Erinnerungen wegzuschieben und positive Gefühle rund um eure Beziehung aufzubauen. Das kann eine unglaublich kraftvolle Übung sein und einen dauerhaften Stärkungseffekt für eure Bindung haben.

Wenn dir diese Dinge immer noch zu schwierig vorkommen, fang am besten ganz klein an. Finde etwas Einfaches, was dein Partner oder deine Partnerin tut, das du magst, und teile das mit ihm oder ihr. Wichtig ist, dass du damit überhaupt *anfängst.*

Wertschätzung ist eine Fähigkeit, die man kultivieren kann. Wenn du sie in dir selbst wachsen lässt, wirst du bald merken, dass dir selbst positive Gefühle entgegenschlagen.

Ein paar Worte eines ehemaligen apathischen Ehemanns: Lances Meinung zu Wertschätzung

Dankbarkeit fühlt sich nicht immer wie ein natürlicher Wesenszustand an. Wir müssen daran arbeiten; das ist wie ein Krafttraining für das Herz.

LARISSA GOMEZ, Schauspielerin und Drehbuchautorin

Als Person, die nicht regelmäßig Dankbarkeit praktizierte, fiel es mir außergewöhnlich schwer, mir die Praxis anzugewöhnen, Wertschätzung zu zeigen. Mit der Zeit wurde ich aber immer besser darin. Inzwischen sehe ich Dankbarkeit als Tugend und als einen der Kernwerte unserer Beziehung und unserer Familie.

Früher war ich kein besonders empathischer Mensch, und ich glaube, das hat eine Menge damit zu tun, dass ich nicht nur Brandy nicht genug Wertschätzung zeigte, sondern auch sonst so ziemlich allem, für das ich eigentlich hätte dankbar sein müssen.

Vielleicht stammt meine ehemalige Apathie von meinem Beruf als Pharmazeut in der Intensivmedizin her; vielleicht hat sie auch mit dem unerwarteten Tod meiner Mutter zu tun, die bei einem Autounfall starb, als ich zwanzig war. Ich weiß zwar nicht genau, wieso, aber ich hatte definitiv schon eine gewisse „emotionale Hornhaut", bevor ich heiratete und Kinder bekam. Früher habe ich mein Verhalten oft als „stoisch" bezeichnet, um es zu verteidigen, auch wenn ich alles andere war als das.

Vor ein paar Jahren kam meine Tochter einmal zu mir und fragte: „Papa, warum weinst du eigentlich nie? Ich habe dich noch nie weinen gesehen."

Das machte mich sprachlos. Sie hatte recht. Damals weinte ich so gut wie nie.

Die Ironie an der Sache ist, dass Brandys Einfühlungsvermögen eine ihrer größten Stärken und eines der Dinge an ihr ist, für die ich inzwischen am dankbarsten bin. Sie hat mir gezeigt, wie man sich in Situationen hineinfühlt und sie, nun ja, stärker schätzt.

Durch sie habe ich gelernt, meine eigene Empathie anzuzapfen, insbesondere für Paare (und vor allem für Männer), deren Beziehung nicht richtig läuft. Und aus dieser Empathie entspringt Wertschätzung.

Wie viele Menschen habe auch ich dadurch, dass ich Dankbarkeit praktiziere, zu einem ganz neuen Blickwinkel auf das Leben gefunden. Sie hilft mir, meine Ängste im Zaum zu halten. Sie hilft meiner Ehe mit Brandy, zu gedeihen. Sie hilft mir, mich meinen Töchtern immer näher zu fühlen.

Es klingt vielleicht kindisch oder dumm, aber wenn ich meine Wertschätzung ausdrücke und dankbar bleibe – selbst für die kleinsten Dinge –, dann macht mich das viel glücklicher.

Mein bestes Werkzeug, um Dankbarkeit zu finden, und vor allem, um mich Brandy wieder anzunähern, war ein Tagebuch. Wie Hal schreibt, solltest auch du es zu einem Teil dessen zu machen, was du morgens während deiner *Miracle Morning S.A.V.E.R.S.* aufschreibst. Und dann solltest du es in eurer gemeinsamen Zeit mit deinem Herzensmenschen teilen.

Selbst wenn es dabei nicht um eure Beziehung geht, solltest du mit deinem Herzensmenschen etwas teilen, das dich glücklich macht. Brandy hat mir dieses Geschenk sehr oft gemacht. Sie sieht die Welt durch eine wertschätzende Brille und ich ernte die Vorzüge dieses Blicks, wenn sie mit hilft, die Welt auf eine Art zu sehen, die ich vorher nie für möglich gehalten hätte.

Und auch du kannst deinem Herzensmenschen ein solches Geschenk machen.

Abschließende Gedanken zur Wertschätzung

Echte Bekundung von Wertschätzung muss von Herzen kommen. Manchmal müssen Paare – insbesondere Paare, deren Beziehung nicht mehr gut läuft – sich ein bisschen anstrengen, um etwas zu finden, für das sie sich dankbar fühlen, was dazu führen kann, dass sie in einem auf die Probleme fokussierten Prozess steckenbleiben.

Lass dich davon nicht aufhalten. Arbeite darauf hin, selbst die kleinsten Dinge, die dein Partner oder deine Partnerin tut, wertzuschätzen. Kleine Bekundungen von Wertschätzungen können sich zu einem kraftvollen Gesamteffekt aufaddieren.

Wenn Paare gemeinsam darauf hinarbeiten, eine Dankbarkeitsroutine zu finden, sprudelt ihre Beziehung vor Positivität geradezu über und Kreisläufe aus positiven Interaktionen unterfüttern die emotionale Bindung, die ihr zueinander habt.

Echte Wertschätzung auszudrücken kann schwierig sein. Seid geduldig. Ihr braucht ein bisschen Übung, bis ihr die Ergebnisse sehen könnt, vor allem, wenn eure Beziehung schon seit einer Weile angespannt ist. Wenn ihr bei der Stange bleibt und diesen Aspekt zu einem Teil eurer Morgenroutine macht, kann konsequente Wertschätzung euch beiden helfen, euch mit Schwung in eine positive Richtung zu bewegen. Schließlich wollen wir uns alle von dem Menschen in unserem Leben wertgeschätzt fühlen, der uns am wichtigsten ist.

M FÜR MEETING – ZUSAMMENKUNFT

Wenn du die Richtung nicht änderst,
könntest du dort ankommen, wo es dich hintreibt.

LAOTSE, Chinesischer Philosoph und Autor

Wir haben einmal gehört, dass eine Rakete, die ins Weltall geschossen wird, 90 Prozent ihrer Reise lang nicht auf dem richtigen Kurs ist. Sie korrigiert sich ständig, wenn nötig, um am Ende dort zu landen, wo sie hin soll. Das Gleiche sollte auch für dein Leben und deine Beziehung gelten. Ihr beide, du und dein Herzensmensch, müsst ständig über eure Vision reden und unterwegs dorthin den Kurs eurer Beziehung so korrigieren, dass ihr kompensiert, was vielleicht nicht funktioniert oder eure Partnerschaft nicht weiterbringt.

Durch das Zusammenkunftsritual, das Teil eures gemeinsamen *Miracle Morning* werden sollte, könnt ihr dafür sorgen, dass einer der komplexeren Teile eurer Beziehung in der richtigen Spur bleibt: eure Partnerschaft.

Legendäre Unternehmen haben Meetings, und legendäre Paare auch. Sie besprechen regelmäßig, wie die Dinge laufen, und passen sie wenn nötig an. Sie diskutieren und planen, was in den kommenden Tagen und Wochen ansteht. Sie bringen ihr Leben konsequent und proaktiv voran, indem sie hinterfragen, was funktioniert und was nicht. Wir wissen, das klingt einfach, aber es ist ein wichtiger Schritt, der in vielen Beziehungen übersehen wird.

Regelmäßige Meetings und häufiger Austausch sind entscheidend für den Erfolg eurer Beziehung und es kann gut sein, dass euch der Morgen am Anfang nicht ausreicht, um alles zu besprechen, was ansteht. Ebenso wichtig ist ein wöchentliches Meeting, wie es Unternehmen oft am Montagmorgen abhalten. Unsere Familie kommt zum Beispiel immer am Sonntagabend zusammen, um den Kalender und die Ziele der kommenden Woche zu besprechen. Dieser Teil deines *Miracle Morning*-Rituals ist dafür gemacht, dir den Zeitplan für den Rest des Tages vorzugeben, damit du nicht aus der Spur kommst und schnell Schwung in den Erfolg deiner Beziehung bekommst.

Die Vorzüge der Zusammenkunft

Einer Studie der *American Management Association* hat festgestellt, dass effektive Meetings einem Unternehmen viele Vorteile verschaffen kann. Dass die gleichen Vorteile auch für Beziehungen gelten, ist offensichtlich.

Meetings sorgen dafür, dass ihr euch in die richtige Richtung bewegt

Probleme und Herausforderungen sind ein Teil des Lebens und natürlich auch Teil eurer Beziehung. Leider können kleine Problemchen zu riesigen Brocken werden, wenn man sich nicht ordentlich darum kümmert. Mit der Zeit wächst dadurch Unmut heran. Der eine Partner wird immer frustrierter, während der andere, ohne es zu ahnen, genau damit weitermacht, was den Frust ausgelöst hat.

Solche Probleme proaktiv und respektvoll anzusprechen hilft uns, die Richtung zu ändern und das Problem beim nächsten Mal zu vermeiden. Das ist besonders hilfreich, wenn wir versuchen, uns in eine neue Richtung vorzuarbeiten und zu einem legendären Paar zu werden. Da gibt es eine Menge zu beachten, und proaktiv zu besprechen oder anzusprechen, was nicht gut funktioniert, ist einer der wichtigsten Schritte auf diesem Weg.

Genauso wichtig ist es, zu wissen, was gut funktioniert. Schließlich wollen wir alle nicht nur wissen, dass das, was wir tun, einen Unterschied macht – vor allen dann, wenn wir auf etwas so Wichtiges hinarbeiten –, wir wollen auch das, was schon funktioniert, mit Selbstvertrauen weitermachen. Dadurch fangen wir an, Hoffnung zu verspüren und mehr Schwung aufzubauen. Wenn du etwas findest, was gut funktioniert und dich näher zu dem Ort führt, an dem du sein möchtest … tu mehr davon!

So oder so ist es wichtig, regelmäßig die Abläufe zu prüfen, damit sich nicht zu viel Druck aufbaut. Mach dir klar, dass ihr Dinge ausprobieren werdet, die nicht funktionieren, und andere, die sich anfühlen wie ein Sechser im Lotto. Es führt euch nur schneller ans Ziel, wenn ihr Feedback nicht persönlich nehmt, sondern euch weiter vorwärts bewegt. Wenn etwas nicht funktioniert, passt an, was ihr tut, oder hört damit auf. Und wenn etwas funktioniert? Macht weiter so oder tut sogar noch mehr davon!

Eure Zeit und eure Mühen sind in Meetings nicht verschwendet

Selbst, wenn Paare sich bemühen, wieder näher zueinander zu finden, tun sie doch oft die falschen Dinge und kommen nicht voran. Wenn man versucht, Liebe auszudrücken oder einen Streit beizulegen (indem man sich zum Beispiel entschuldigt), tut man oft das, von dem man glaubt, es würde dazu führen, dass man selbst sich besser fühlt. Leider ist das für den Partner oder die Partnerin manchmal das völlig Falsche.

Wenn wir zum Beispiel früher Meinungsverschiedenheiten hatten und uns stritten, versuchte Lance oft, Brandy in den Arm zu nehmen, um das Problem aus der Welt zu schaffen. Aber meistens wollte Brandy in solchen Momenten nichts weniger, als in den Arm genommen zu werden. Was ihr gutgetan hätte (in Ruhe gelassen zu werden, damit sie die Sache verarbeiten kann), unterschied sich grundlegend von dem, was Lance gutgetan hätte (eine Umarmung). Sobald wir anfingen, regelmäßige Meetings miteinander abzuhalten, öffneten sich die Schleusen der Ehrlichkeit und unsere Ehe begann, sich in die richtige Richtung zu entwickeln.

Wenn wir uns Erfolg wünschen, haben wir keine Zeit, lange das Falsche zu tun. Wir wollen es wissen, wenn wir die richtigen Dinge zur richtigen Zeit tun. Und die einzige Möglichkeit, das herauszufinden, ist, zu reden und sich abzustimmen. Entscheidungen werden schneller getroffen und wir werden dadurch selbstsicherer, effizienter und ehrlicher in unserer Kommunikation.

Außerdem wollen wir natürlich auch sicherstellen, dass unsere Terminkalender aufeinander abgestimmt sind. Nichts ist frustrierender als festzustellen, dass dein Herzensmensch und du gar nicht an einem Strang ziehen könnt, weil ihr vergessen habt, darüber zu reden, was heute oder diese Woche ansteht, euch dazu zu koordinieren und es in den Kalender zu schreiben. Wenn man sich regelmäßig darüber austauscht, können Konflikte und Zeitverluste hervorragend vermieden werden.

Meetings helfen euch, schneller in Schwung zu kommen

In seinem legendären Buch *Die Gewinnerformel* beschreibt Darren Hardy, wie einfach es ist, kleine Schritte zu machen. Das illustriert er mit der Geschichte des magischen Pennys.

In dieser Geschichte darfst du wählen: Entweder bekommst du sofort drei Millionen Dollar in bar oder du bekommst heute einen Penny und dann einunddreißig Tage lang jeden Tag doppelt so viel wie am Tag zuvor. Wie würdest du dich entscheiden? Sagen wir, du nimmst die drei Millionen und dein Freund entscheidet sich für den sich verdoppelnden Penny.

Am ersten Tag siehst du noch ziemlich schlau aus, wenn dein Freund nur einen Penny bekommt. Auch am fünften Tag scheint es so, als hättest du die bessere Wahl getroffen, wenn dein Freund ganze sechzehn Cent bekommt. Ebenso am zehnten Tag, an dem er sich über 5 Dollar und 12 Cent freuen kann. Du liegst immer noch vorne und dein Freund fragt sich vielleicht, ob die Entscheidung so richtig war. Zwanzig Tage später bekommt dein Freund immer noch nur 5.243 Dollar, aber hier beginnt die Magie der Verbundwirkung. Wenn wir zu Tag 31 vorspulen, hat dein Freund insgesamt 10.737.418,24 Dollar bekommen, während du immer noch auf deinen drei Millionen sitzt.

Darren sagt: „Nur wenige Dinge im Leben sind so beeindruckend wie die ‚Magie' des verdoppelten Pennys. Und was noch viel erstaunlicher ist: Diese Formel ist auch in jedem anderen Bereich unseres Lebens genauso stark."

Wie bereits erwähnt baut auch die Magie eurer legendären Beziehung auf der Verbundwirkung von kleinen Gewohnheiten (Pennys) auf, die sich zu einer enormen Verbundenheit (Reichtum) anhäufen.

Das wunderbare Morgenmeeting

Es gibt verschiedene Dinge, die ihr beide dazu beitragen könnt, euer Morgenmeeting so erfolgreich wie möglich zu gestalten. Wir selbst wechseln inzwischen oft zwischen den folgenden Themen hin und her, die alle im Verlauf unserer gemeinsamen Morgenmeetingzeit aufgekommen sind:

Der Zustand unserer Ehe

Fast alle unserer frühen Diskussionen kreisten darum, wie es um uns als Paar bestellt ist. Unser Ansatz, konsequent ehrlich zu bleiben und die Angst zu durchbrechen, die wir beide davor hatten, wirklich darüber zu reden, wo wir als Paar standen, bestimmte diese Meetings. Außerdem versprachen wir uns, uns von passiv-aggressivem Verhalten (das betraf hauptsächlich Lance) bzw. von unseren Aggressionen (hier war vor allem Brandy gefragt) zu lösen, indem wir Probleme und Auslöser sofort ansprachen, um gemeinsam Methoden üben zu können, sie schnell zu besprechen und auszuräumen.

Es kann schwer sein, vom Herzensmenschen etwas anzunehmen, was sich wie negatives Feedback anfühlt, deshalb ist Wertschätzung das perfekte Gegengewicht zu schwierigen Gesprächen. Aber vertraut uns, wenn ihr hundertprozentig ehrlich zueinander bleibt, werdet ihr schneller zu einem Paar mit einer maximal offenen, verletzlichen und verbundenen Beziehung zueinander. Außerdem lernt ihr beide, Konflikte zu lösen wie die Profis und insgesamt besser zu kommunizieren.

Diese Meetings boten uns darüber hinaus auch eine Bühne, auf der wir lernen konnten, aktiver und zielgerichteter zuzuhören als zuvor. So meisterten wir die Kunst, uns gegenseitig zu verstehen, Dinge aus der Perspektive des anderen zu betrachten und Langmut und Einfühlungsvermögen zu kultivieren.

Um herauszufinden, was dazu gehört, aktiv zuzuhören, genügt eine einfache Googlesuche: Aufmerksamkeit, möglichst keine Vorverurteilung, offene Fragen, Zusammenfassungen usw., aber es ist wichtig, darauf hinzuweisen, dass wirklich gute Zuhörer auch besonders gut verbundene Beziehungen haben. Der Psychologe Carl Rogers behauptet sogar, aktives Zuhören sei das Herz jeder gesunden Beziehung. Gleichzeitig ist es aber auch die beste Methode, Veränderung und Wachstum zu fördern. Wer sich gehört fühlt, ist meistens offener, demokratischer und weniger abwehrend. Gute Zuhörer verurteilen nichts und niemanden und schaffen eine sichere Umgebung für die Sprechenden.

Wenn wir aufmerksam zuhören, wenn jemand spricht, signalisieren wir damit, dass es uns interessiert, was er sagt.

Wie bereits erwähnt, werdet auch ihr Steine auf eurem Weg finden. Meinungsverschiedenheiten sind Teil jeder Beziehung. Morgenmeetings schenken euch eine Gelegenheit, Probleme proaktiv anzugehen, und das gleich als Erstes, sodass ihr euch den Rest des Tages lang darauf konzentrieren könnt, eine positive Wendung hin zur Lösung von Problemen und weiterem Fortschritt in die richtige Richtung zu finden.

Termine

Es versteht sich vielleicht von selbst, aber gemeinsam die Termine des Tages (und vielleicht auch gleich für ein paar Tage im Voraus) durchzugehen, ist wichtiger für eine Beziehung als du vielleicht denkst. Hier beginnen die Räder des Partnerschaftssystems sich zu drehen. Wenn unsere Kalender nicht aufeinander abgestimmt sind, kann es jeden Moment zur Katastrophe kommen. Einige der frühesten und schlimmsten Auseinandersetzungen in unserer Ehe (wenn wir ehrlich sind, brüllten wir uns damals hauptsächlich an) hatten damit zu tun, dass einer von uns eine Absprache oder Aufgabe vergessen hatte.

Bis zu dem Zeitpunkt, an dem wir anfingen, uns über unsere persönlichen Termine auszutauschen und die, die die ganze Familie betrafen, zu koordinieren, konnte uns nichts so schnell aus der Spur bringen wie das. Ihr könnt das Morgenmeeting auch dazu nutzen, schon ein paar Entscheidungen für den Tag zu treffen (was es zum Abendessen geben soll, wer sich im bestimmte Dinge kümmert usw.), dann müsst ihr euch später nicht mehr darum kümmern, wenn es schon fast zu spät ist. Alltagsaufgaben gemeinsam zu organisieren eröffnet ständig neue Möglichkeiten und schenkt euch beiden die nötige Zeit, in der ihr an den Freunde- und Liebende-Elementen eurer legendären Beziehung arbeiten könnt.

Um möglichst gut dafür gerüstet zu sein, unsere Kalender durchzugehen, achten wir darauf, dass wir folgendes haben:

Kalender/Tagebücher: Wir benutzen beide den gleichen Planer (den Brandy mitentwickelt hat). Darin steht nicht nur unser Terminkalender, sondern es findet sich außerdem noch Platz darin, um unsere persönlichen Gewohnheiten und (Selbst-)Verpflichtungen aufzeichnen zu können, die wir dann während unseres Morgenmeetings miteinander besprechen können. Auch wenn jeder Mensch ein anderes Planersystem bevorzugt, haben wir gemerkt, dass es uns hilft, ähnliche Systeme zu nutzen, damit wir uns ausgehend von einem ähnlichen Format (oder einer ähnlichen Plattform) koordinieren können. Außerdem ist es ein großartiges Werkzeug, wenn es darum geht, Beziehungsprobleme anzugehen, die wir uns notiert oder während unserer *S.A.V.E.R.S.* aufgeschrieben haben.

Elektronische Kalender: Lance mag es viel elektronischer, wenn es darum geht, Dinge in seinem Kalender aufzuzeichnen, als Brandy. Er braucht für so ziemlich alles, was er tun muss,

Erinnerungen – auch für seine wichtigsten Gewohnheiten und Verpflichtungen. Trotzdem verwendet er immer noch zusätzlich seinen Papierplaner, aber die Benachrichtigungen auf seinem Handy aufploppen zu sehen, hilft seinem vergesslichen (oder leicht zerstreuten) Gehirn. Deshalb schreiben wir unsere Termine beim Morgenmeeting auch gleich in den elektronischen Kalender des jeweils anderen: Müllabfuhrtermine, Deadlines, Termine und vor allem alles, was unsere Töchter betrifft: wann wir sie zur Schule bringen und abholen, Fußballspiele, Verabredungen zum Spielen, Kindergeburtstage und so weiter.

Pat und April Flynn

Wir hatten das große Privileg, den Bestsellerautor und Moderator des *Smart Passive Income Podcast* Pat Flynn über seine Beziehung zu seiner Frau April zu interviewen.

Pat erzählte uns: „Eine gesunde und lebendige Beziehung beinhaltet immer eine Menge Kommunikation miteinander. Redet früh und oft miteinander! Wir haben festgestellt, dass viele Reibereien dadurch entstehen, dass man nicht genug miteinander kommuniziert."

Pat und April haben eine tägliche Routine, in der es eine der obersten Prioritäten ist, dass sie ein gemeinsames Meeting abhalten. Sie setzen sich jeden Morgen zusammen, um den Tag und die kommenden Termine abzusprechen.

Diese täglichen Meetings „sind entscheidend für uns. Wenn April und ich eine gesunde Geisteshaltung haben, macht das auch unsere Kinder glücklicher. Dadurch entsteht eine Aura in der Familie, die bei April und mir beginnt." Das Morgenmeeting hilft ihnen, ihrer Ehe und der Familie eine höhere Priorität einzuräumen als sonst irgendetwas.

Regelmäßige, tägliche Absprachen erlauben es Pat und April, langfristige Ziele für ihre Familie und ihre Beziehung zu setzen.

Außerdem können sie dadurch sehr zielgerichtete und bewusste Entscheidungen treffen. Sie schwingen im gleichen Takt. Und sie wissen stets, was der andere gerade von ihnen braucht.

„Als Unternehmer habe ich eine Menge Dinge auf dem Zettel. Dass April versteht, was ich brauche, und dass ich verstehe, welche Bedürfnisse sie hat … je früher wir das begreifen, desto wahrscheinlicher wird es, dass wir am gleichen Strang ziehen."

Für Pat und April bedeutet regelmäßige Kommunikation mehr, als nur ihre Termine im Griff zu behalten.

„Es bedeutet, dass ich jeden Tag denke, wie glücklich ich bin, und wie wahrhaft dankbar ich mich dafür fühle, wie viel Unterstützung und Liebe ich von April bekomme. Es bedeutet, dass ich eine Partnerin für das Unterfangen habe, zwei Menschen großzuziehen und zu versuchen, zwei großartige Bürger aus ihnen zu machen, die auf dieser Welt etwas beitragen werden. Es bedeutet, jeden Abend neben ihr im Bett zu liegen und Gott zu danken, dass er mir dieses wundervolle Leben und diese großartige Partnerin geschenkt hat. Es bedeutet, dass ich Trost darin finden kann, zu wissen, dass wir beide immer füreinander da sein werden, was auch geschieht.

Es motiviert mich dazu, größer zu denken und verschiedene Dinge auszuprobieren, weil ich weiß, dass sie für mich da sein wird. Aber auch, dass sie es mir zu verstehen geben wird, wenn ich irgendwann ‚zu groß' denke. Ich glaube, wir ergänzen einander wirklich gut. Ich kann sie ebenso ermutigen und ihr helfen, auf Gedanken und Ideen zu kommen, die sie selbst nicht einmal für möglich gehalten hätte. Wir haben sehr hart für das alles gearbeitet. Nichts ist perfekt. Aber wir haben es uns so perfekt wie möglich gemacht, indem wir viel kommunizieren, indem wir gemeinsam Visionen entwerfen, indem wir verstehen, was unsere Prioritäten sind, und indem wir sicherstellen, dass wir wissen, wie man flexibel bleibt, ohne sich gleich zu verbiegen. Ich fühle mich gesegnet und bin so dankbar für sie."

Abschließende Gedanken zur Zusammenkunft

Das Morgenmeeting ist der perfekte Ort, an dem ihr gemeinsam an eurer Kommunikationsfähigkeit arbeiten und sie ausbauen könnt. Wenn es dabei nicht sofort Klick macht, verliert nicht den Mut, vor allem, wenn ihr noch keine Erfahrung damit habt, euch auf diese Weise auszutauschen. Denkt daran, dass ihr Geduld haben müsst. Erinnert euch gegenseitig daran, dass man üben und wiederholen muss, was man lernen möchte – egal, was es ist.

Feiert, dass ihr beide versucht, gemeinsam eine legendäre Beziehung aufzubauen, und dass diese Momente ein Teil der kleinen Gewohnheiten sind, die zusammen die Verbundwirkung ergeben, die wiederum eure Partnerschaft bestimmt. Bleibt bei der Stange und folgt dem Prozess. Dann werdet ihr mit der Zeit auch Profis.

Passt den Miracle Morning für Paare auf eure Bedürfnisse an

Das Format der *S.A.V.E.R.S.*- und *T.E.A.M.*-Zeit ist in diesem Buch zwar ziemlich genau beschrieben, aber wenn du das Gefühl hast, du müsstest daran etwas ändern, lass dich nicht aufhalten!

Wir selbst halten uns meistens an die Reihenfolge der Dinge, wie wir sie dir auch beschrieben haben, aber auch wir experimentieren gelegentlich und machen hin und wieder mal etwas anders. Das macht Spaß und hilft, die Dinge aus einer neuen Perspektive zu sehen.

Zum Beispiel haben wir schon einige der *S.A.V.E.R.S.,* wie geführte Meditationen oder Visualisierungen, Affirmationen (die wir gemeinsam für unsere Familie und unserer Ehe erschaffen haben) und Bewegung, gemeinsam gemacht. Das kann hilfreich sein, wenn wir sowieso mehr Zeit miteinander verbringen oder effizienter werden wollen.

Wenn ihr an manchen Tagen weniger Zeit habt, lassen sich die Berührungen gut mit den anderen *T.E.A.M.*-Teilen verbinden, sodass ihr dafür nicht noch zusätzlich Zeit einplanen müsst, wenn ihr nicht wollt. Allerdings solltet ihr nicht vergessen, dass Berührung für euch auch etwas viel Intimeres bedeuten kann, wenn eure Beziehung soweit ist.

Jedes Paar hat einen anderen Zeitplan, also spielt ein bisschen mit eurer Routine herum und findet heraus, was für euch am besten funktioniert. Wir haben gemerkt, dass wir uns siegreich fühlen können, wenn wir uns 15 Minuten für unsere *T.E.A.M.*-Aktivitäten Zeit genommen haben. Aber wir können gar nicht genug betonen, wie wichtig die *Life S.A.V.E.R.S.* sind! Wenn wir weniger Zeit haben (das Leben hat eben auch seine Gezeiten), verschieben wir die *T.E.A.M.*-Methoden schon mal auf andere Tageszeiten, zum Beispiel auf die Zeit, bevor wir ins Bett gehen. Das ist gar kein Problem! Wenn ihr beide euch jeden Tag fünf bis dreißig Minuten zielgerichtete und konzentrierte Zeit füreinander nehmt, seid ihr auf der Siegerseite und auf dem besten Weg in eine legendäre Beziehung!

Im nächsten Kapitel betrachten wir die legendären Beziehungselemente „Partner“, „Freunde“ und „Liebende“ etwas genauer. Trotzdem würden wir dir raten, gleich mit *T.E.A.M.* anzufangen, wie mit den *Life S.A.V.E.R.S.* auch. Dadurch könnt ihr euch gemeinsam einen Rhythmus für die Morgenroutine aufbauen. Der nächste Abschnitt wird euch garantiert noch mehr Diskussionsstoff liefern, den ihr während der *T.E.A.M.*-Routine besprechen könnt, aber wenn ihr euch die Gewohnheit möglichst schnell aufbaut, macht ihr es euch damit später viel leichter.

8. DAS GEMEINSAMKEITSPRINZIP Nr. 1: PARTNER

Wir können nicht alles schaffen, was wir müssen, wenn wir nicht zusammenarbeiten.

BILL RICHARDSON, amerikanischer Politiker, Autor und Diplomat

Die Partnerschaft ist gewissermaßen die Businessseite eurer Beziehung. Sie ist die Umgebung, die ihr gemeinsam füreinander und für eure Familie erschafft. Hier geht es darum, Geld zu verdienen, Budgets zu erstellen, zu sparen, für die Zukunft zu planen und alle anderen finanziellen Aspekte des Lebens im Griff zu behalten. Außerdem geht es um die tägliche Logistik: Hausarbeit, Wäsche, Kochen, Kindertaxi spielen und den ganzen Rest. Und nicht zuletzt ist es der Ort, an dem ihr dafür sorgt, dass die Werte, Ziele und Träume eurer Beziehung zusammenpassen; dass eure innere Kompassnadel in die gleiche Richtung zeigt.

Partnerschaft ist der Motor, der den Wagen antreibt. Ohne eine tolle Partnerschaft bewegt sich bei euch gar nichts vorwärts. Wenn dieses Element nicht funktioniert, kannst du auch nicht erwarten, die Bindung und den Spaß einer Freundschaft und die tiefe Intimität von Liebenden erfahren zu dürfen. An dieser Stelle fühlen sich Paare oft besonders frustriert, verärgert und eingeengt. Sie stecken in einer Partnerschaftsschleife und wissen nicht, wie sie sich daraus befreien können.

Im Partnerschaftselement gibt es viel mehr zu beachten als in allen anderen Elementen, und es ist am schwierigsten zu bewältigen. Nimm zum Beispiel nur mal all die logistischen Teile und denk daran, dass ihr zwei verschiedene Menschen aus verschiedenen Familien mit verschiedenen Stärken und Schwächen seid. Manche Leute haben den Vorteil, dass sie als Kinder gesehen haben, wie jemand – zum Beispiel ihre Eltern – dieses Element erfolgreich bewältigt hat, und es dadurch selbst lernen konnte. Die meisten von uns haben aber sicher erst gelernt, wie man eine Partnerschaft managet, als sie selbst zum Teil eines Paars wurden. Wir haben noch nie ein Paar kennengelernt, in dem beide Partner perfekte Eltern hatten, und man lernt dieses Fach leider auch nicht in der Schule. Also ist es sehr wichtig, dass wir viel Geduld mit uns selbst aufbringen, wenn wir anfangen, uns um dieses Element zu kümmern. Es ist kompliziert und die meisten von uns haben keine Ahnung, wo sie damit anfangen sollen. Im Grunde versuchen wir alle nur, im Alltag zu überleben.

Es ist keine Überraschung, dass dies auch der Teil einer Beziehung ist, an dem sich die meisten Paare am häufigsten streiten. „Du hast vergessen, dies zu machen, immer muss ich das machen, jenes wurde gar nicht gemacht und ich kann es gar nicht glauben, dass wir das da drüben komplett vergessen haben …“ Auch wir waren eine Zeitlang von einer ellenlangen To-do-Liste und einem Kalender, der aus allen Nähten platzte, überfordert – du weißt schon, was man eben so im Kopf hat und so gut wie nie aufschreibt. Es schien, als könnten wir nie genug Zeit finden, alles zu schaffen. Wir steckten bis zum Hals im Chaos und hatten keine Zeit für gar nichts; wir waren nicht effizient genug und wussten nicht, wohin wir wollten. Das alles verband sich irgendwann zu einer perfekten Katastrophe, als sich in uns beiden eine Stinkwut auf den jeweils anderen aufgestaut hatte.

Deshalb ist es so entscheidend, dass ihr beide weiter an eurem Du-Element arbeitet, während ihr euch diesem Prozess widmet.

Eure emotionale Achtsamkeit und euer persönliches Wachstum werden sich positiv darauf auswirken, wie ihr gemeinsam die Klippen der Partnerschaft umschifft.

Warum Partnerschaft so wichtig ist

Um eine Brücke zu bauen, braucht man beide Ufer.

FREDRIK NAEL, Autor und Blogger

Wenn der Motor deines Autos nicht ordentlich läuft, kommst du nirgendwohin. Wenn ihr nicht aufeinander abgestimmt seid, driftet ihr in verschiedene Richtungen davon. Es ist enorm wichtig, dass ihr euch beieinander unterhaken und euch auf eine Vision für eure Partnerschaft und eure Familie einigen könnt, wenn ihr wollt, dass eure Partnerschaft wächst und gedeiht.

Das Partner-Element eurer Beziehung ist der Ort, an dem ihr richtig im Team arbeiten könnt und müsst. Tolle Teams haben das gemeinsame Ziel zu siegen, während gleichzeitig jeder einzelne Spieler seine Rolle im Spiel versteht und bereit ist, mit allen anderen zusammenzuarbeiten, damit man am Ende den Pokal mit nach Hause nehmen kann. Jeder Spieler trainiert seine eigenen Stärken und Fähigkeiten, um sich auf das große Spiel vorzubereiten. Und dann kommt das ganze Team zusammen, jedes seiner Mitglieder mit eigenen Stärken und Fähigkeiten, und arbeitet zusammen, um zu siegen. Im American Football darf der Quarterback nicht beleidigt sein, wenn der Wide Receiver nicht so gut werfen kann, und umgekehrt darf der Wide Receiver dem Quarterback nicht vorwerfen, er könne nicht gut genug fangen. Sie haben sich auf ihre Rollen und ihre Stärken geeinigt.

Das Gleiche gilt im übertragenen Sinne auch für Beziehungen. Jeder von euch hat eine Rolle; jeder von euch hat Stärken. Wenn ihr dann auch noch lernt, diese Stärken am anderen zu feiern, statt euch immer wieder auf die Schwächen zu konzentrieren, könnt ihr anfangen, einen Plan zu entwerfen, wie ihr euch eine großartige Partnerschaft erschafft. Dann könnt ihr die Ziele miteinander teilen, die ihr euch setzen wollt, und ab diesem Punkt stehen euch alle Möglichkeiten offen.

Wie eine legendäre Partnerschaft aussieht

Gegenseitige Anziehung kommt häufig vor. Selten ist es, jemanden zu treffen, der mit dir gemeinsam wachsen und bauen möchte, einen Seelenpartner, einen Seelenvertrauten, einen Seelenverwandten.

BILLY CHAPATA, Autor und Kreativer

Wenn man in einer legendären Partnerschaft steckt, funktioniert man wie eine gut geölte Maschine. Man spürt die Sicherheit, die sich daraus ergibt, dass sich das Fundament der Beziehung festigt, und beginnt, sich sicher zu fühlen, dass man das Leben zu zweit gemeinsam im Griff hat. Respekt und gegenseitige Bewunderung entstehen fast von selbst, weil man sich auf einer vollkommen grundlegenden Ebene vertraut. Gegenseitiges Vertrauen ist das Rückgrat einer erfolgreichen Partnerschaft. Ihr wisst beide, dass ihr jetzt zusammen durchs Leben geht, und dass eure Herzensmensch zu euch steht, was auch geschieht.

Stell dir mal einen Trupp Navy SEALs vor: Ohne Vertrauen geht das Team unter. Die meisten Leute denken, man muss verrückt sein, um freiwillig in einen Raum voller Rauch und schwer bewaffneter Feinde zu stürmen, die darauf aus sind, einen abzumurksen. Aber SEALs tun so etwas, ohne mit der Wimper zu zucken, weil sie ihren Teamkameraden vertrauen. Und dank dieses Vertrauens können sie den Angriff durchziehen. Sie können ihre Aufgabe – zum Beispiel die rechte Seite eines Raums zu sichern – nur erledigen, wenn sie darauf zählen können, dass der Kerl direkt hinter ihnen sich ebenfalls um seine Aufgabe kümmert und die linke Seite sichert. Sie vertrauen sich und verlassen sich aufeinander.

Allerdings muss der erste SEAL schon eine Menge Disziplin aufbringen, um nicht nach links zu schauen, während er die rechte Seite sichert, wie er es soll. Aber das ist das Schöne – und der große Vorteil – an Vertrauen. Es führt zum Erfolg.

Wenn all der Druck und die weniger großartigen Dinge im Leben passieren, wie es in allen Beziehungen früher oder später geschieht, weißt du, dass ihr es gemeinsam schon packen werdet, und zwar, weil du einen Herzensmenschen hast, auf den du dich verlassen kannst und mit dem du alles bewältigen kannst. Du schiebst ihm oder ihr nicht die Schuld zu, vor allem nicht für Rollen oder Stärken, die er oder sie gar nicht zu haben braucht. Du liebst und feierst die Dinge, die dein Partner oder deine Partnerin besonders gut kann, und ihr vertraut euch gegenseitig, dass jeder seine Aufgaben schon erledigen wird.

So beginnt ihr, euch das Leben zu erschaffen, das für euch beide eine Bedeutung hat, und das vom Rest der Welt unbeeinflusst bleibt, weil ihr Selbstvertrauen besitzt – beide zusammen und jeder für sich.

Dann beginnt eure Beziehung auch, Fahrt aufzunehmen und sich zu steigern, und ihr könnt euch darauf freuen, wieder gemeinsam Spaß zu haben und euch gegenseitig zu genießen.

Wie man eine legendäre Partnerschaft erschafft

Zusammenzukommen ist der Anfang. Zusammenzubleiben ist Fortschritt. Zusammenzuarbeiten ist Erfolg.

HENRY FORD, amerikanischer Großindustrieller und Geschäftsmann

Um selbst erfolgreich in diesem Bereich zu werden, haben wir besonders erfolgreiche Menschen, Unternehmen und Teams untersucht. Was machen sie richtig, um solche legendären Ergebnisse zu erzielen? Warum sind manche Leute glücklicher als andere? Warum gehen manche Unternehmen bankrott und andere werden Amazon? Warum schaffen es manche Sportmannschaften kaum, sich vor dem Abstieg zu retten und andere werden Rekordmeister?

Denk daran, jedes legendäre Element beginnt mit dir. Teams, die gewinnen, haben Spieler, die gewinnen, sie haben Leute, die sich abstrampeln, und sie haben Spieler, die ihr angeborenes Talent genommen und trainiert haben, wie sonst niemand, die hart dafür gearbeitet haben, die beste Person für eine bestimmte Rolle zu werden. Sie haben Trainer, die schon öfter gewonnen haben und das Team durch die richtigen Schritte führen. Sie entwerfen einen Plan und denken dabei auch gleich die einzelnen Schritte mit, die nötig sind, um den Plan umzusetzen, und dann trainieren sie, als hätten sie bereits gewonnen.

Die folgenden sechs Prinzipien können euch beiden helfen, euer Partner-Element wachsen zu lassen und zu entwickeln. Wir werden euch mit ein paar Leitfragen zur Seite stehen, die ihr im letzten Kapitel dieses Buches benutzen könnt.

Die fünf Partnerprinzipien:

1. Grundwerte
2. Rollen
3. Finanzen
4. Kindererziehung
5. Zuhause/Zeitplanung

Partnerprinzip Nr. 1: Grundwerte

Entscheidungen zu treffen ist nicht schwer,
wenn man seine Werte kennt.

ROY O. DISNEY, amerikanischer Geschäftsmann und Mitbegründer von Walt Disney Productions

Deine Grundwerte sind tief empfundene Glaubenssätze, die deine Seele authentisch beschreiben.

JOHN MAXWELL, amerikanischer Autor, Redner und Pastor

Menschen leben erfüllter, wenn sie im Einklang mit ihren Werten leben. Grundwerte sind die, die wir für unser Leben als am wichtigsten erachten. Sie sind ein Teil von uns. Sie betonen, wofür wir stehen, sie stellen im wahrsten Sinne des Wortes dar, was uns im Leben etwas wert ist.

Jeder Mensch hat Grundwerte. Leider wissen viele von uns aber nicht genau, welche, oder sie wissen es, leben aber trotzdem nicht mit ihnen im Einklang. Wir verstehen oft nicht, was uns am wichtigsten ist. Stattdessen konzentrieren wir uns auf Werte, die uns von der Gesellschaft, der Kultur und den Medien vermittelt werden.

Ohne Identifizierung und Ausrichtung auf deine Grundwerte stolperst du orientierungslos durchs Leben, passt dich an das Leben anderer an, legst dir schlechte Angewohnheiten zu, die du nur schwer wieder los wirst, und verschwendest nur allzu oft wertvolle Zeit auf Dinge, durch die du dich eher von wahrer Erfülltheit und Zufriedenheit entfernst.

Mike Merriam schreibt in seinem Buch *Closer Than You Think*: „Deine Grundwerte sind das Herz deines positiven Kerns und sollten jede Entscheidung beeinflussen, die du triffst." Werte sollten unser Verhalten bestimmen, uns helfen, klare und selbstbewusste Entscheidungen zu treffen, und uns einen persönlichen Verhaltenskodex vorgeben.

Laut der Website Lifehack.org gehört zu den Vorzügen, die man mit Grundwerten genießt, dass man:

Bessere Entscheidungen trifft – Wenn du in die Verlegenheit kommst, etwas entscheiden zu müssen, können deine Werte dir helfen, das Richtige zu tun. Manchmal kommen uns Emotionen in die Quere, wenn wir Entscheidungen treffen müssen, aber wenn man kurz innehält und sich fragt, was jemand, der X als Grundwert hat, in dieser Situation tun würde, steigt die Wahrscheinlichkeit, dass man sich am Ende mit klarerem Kopf und weniger gefühlsbestimmt entscheidet.

Besser reagiert – Werte können dafür sorgen, dass du dich so verhältst, dass es zu dem passt, was du im Grunde deines Herzens sein möchtest. Viele Leute reagieren zu schnell, insbesondere in schwierigen Situationen, und nehmen sich nicht genug Zeit zum Nachdenken, bevor sie etwas tun. Deine Werte können dir helfen, dir schneller über eine Situation klar zu werden, wenn du darüber nachdenkst, und beispielsweise entscheiden musst, ob du dich für etwas entschuldigen solltest oder nicht. Wie wahnsinnig hilfreich!

Sich nicht so leicht ablenken lässt – Legendäre Paare brauchen Zeit füreinander. Wenn du deine Grundwerte kennst, verbringst du nicht so viel Zeit mit Dingen, die nicht so wichtig sind, und näherst dich stattdessen schneller deinen Zielen an. Wenn du deine Ziele kennst, lernst du auch leichter, was du eigentlich nicht willst, brauchst oder wichtig findest. Wir haben alle heutzutage so viel um die Ohren – verbanne alle Ablenkungen, die dich nur Zeit und Energie kosten, aus deinem Leben!

Mehr Selbstvertrauen bekommt – Deine Werte zu kennen, schenkt dir mehr Selbstvertrauen, weil es dir ein Gefühl von Stabilität und Sicherheit im Leben gibt. Wenn du weißt, was du willst, ist egal, was andere Leute wollen. Wenn du weißt, was dir wichtig ist, ist egal, was anderen Leuten wichtig ist. So erhältst du ganz natürlich mehr Selbstvertrauen im Leben.

Glücklicher wird – Du hast einen Lebenssinn entwickelt, du reagierst in schwierigen Situationen besser, du triffst bessere Entscheidungen, hast eine eigene Meinung und mehr Selbstvertrauen. Da kann man doch wohl behaupten, dass du auch glücklicher bist, oder etwa nicht?

Grundwerte entwickeln

Euch Klarheit über eure Grundwerte zu verschaffen ist der erste Schritt auf dem Weg zu einer Grundlage für eure Partnerschaft.

Wenn du auf deine persönlichen Werte hörst, fällt es dir leichter, einen Kurs durchs Leben zu finden, der zu dir passt. Wenn du deine persönlichen Grundwerte respektierst, findest du Erfüllung. So entwickelst du deine Grundwerte:

- Fang auf Google an! Suche nach „Liste Grundwerte" und such dir eine aus, die über 100 Werte umfasst.
- Frag dich selbst: „Wofür stehe ich? Welche Werte sprechen mich an?"
- Kreise die Werte ein, die dich am meisten ansprechen. Wir finden es hilfreich, uns dafür einen Timer zu stellen und uns fünf bis zehn Minuten Zeit zu nehmen.
- Streich deine eingekreiste Auswahl auf fünf bis zehn Grundwerte zusammen.
- Jetzt wird es Zeit, dass du dir klar machst, warum jeder dieser Werte für dich wichtig ist, und dem nachspürst, was er für dich und deine Beziehung bedeutet. Du kannst auch ein Zitat auswählen, das dich besonders anspricht und deine Grundwerte gut widerspiegelt.

Hier ist ein Beispiel für einen unserer Grundwerte:

Mut

Alles, was du jemals wolltest, wartet auf der anderen Seite der Angst.

GEORGE ADDAIR, Philanthrop

Bedeutung: Unsicherheit und Furcht halten uns zurück; wir brauchen Mut, um uns vorwärts zu bewegen und trotzdem zu handeln.

Mut = Furcht + Handeln

Das bedeutet: Wir tun schwere und unbequeme Dinge, weil unser Ziel immer wichtiger ist als unsere Angst im jeweiligen Moment.

Partnerprinzip Nr. 2: Rollen

Was wird wohl geschehen, wenn wir daran denken, was an Menschen stimmt, und nicht mehr daran, was an ihnen nicht stimmt?

DONALD CLIFTON, amerikanischer Psychologe und Entwickler von StrengthsFinder, einer psychologischen Beurteilungsplattform

Das eigene Leben mit einer anderen Person zu teilen, erfordert eine Menge Verantwortung. Davor mussten wir uns selbst um alles kümmern, konnten es aber auch so machen, wie wir wollten. Jetzt auf einmal teilen wir unser Leben, unseren Wohnort, unsere Finanzen und alle wichtigen Entscheidungen für die Zukunft mit einer anderen Person.

In aller Regel passiert diese Veränderung, ohne dass wir vorher groß darüber nachdenken. Das kann klappen, wenn man viel Glück hat oder zwei starke Persönlichkeiten mit hoher emotionaler Intelligenz und einer guten Selbstwahrnehmung aufeinandertreffen. Manchmal legen Paare auch gar nicht fest, wer in Zukunft für was zuständig sein soll. Dieser Fall führt unweigerlich entweder zu Frust oder dazu, dass es immer wieder Dinge gibt, die durchs Raster fallen. Wir nennen das die Partnerschaftsschleife. Es ist ein endloser Kreislauf, in dem wir uns ständig um dringende Probleme kümmern müssen, weil wir es versäumt haben, eine Richtung vorzugeben und einen Plan zu machen.

Wenn wir bedenken, was eine erfolgreiche geschäftliche Partnerschaft ausmacht, stoßen wir schnell darauf, dass jeder der beiden Partner bestimmte Stärken und Erfahrungen in die Partnerschaft einbringt. Der eine ist vielleicht besser mit Finanzen und Cash-Flow, also wird er CFO. Der andere Partner hat vielleicht eine tolle Vision und ein Händchen für eine Wachstumsstrategie, also wird er CEO. Wenn die Dinge mal nicht ganz rund laufen, kommt der CFO nicht zum CEO und fragt: „Warum hast du diese Woche eigentlich nicht mehr Geld verdient?" Und der CEO fragt den CFO nicht, warum eine Rechnung nicht bezahlt oder ein Budget nicht richtig erstellt wurde. Warum nicht? Weil sie vorher ausgelotet haben, wer für welche Rolle besser geeignet ist, sich diese Rollen zugewiesen haben und dann jeder mit seinen Aufgaben losgelegt hat.

Das Gleiche gilt für Mannschaften im Sport. Manche Football-Spieler sind bessere Werfer, manche können besonders gut laufen und manche blockieren am besten. Im Baseball gibt es Spieler, die nur schlagen, werfen oder fangen.

Legendäre Sportmannschaften und Unternehmen wissen, wie wichtig Rollen und Stärken sind, und wenn sie es richtig anstellen, gewinnen sie auch und/oder lehren andere, es auch so zu machen.

Wenn wir dagegen beide in unserer Beziehungspartnerschaft das Gefühl haben, das Gleiche – oder gar alles – machen zu müssen, fühlen wir uns schnell schuldig und frustriert. „Immer mache ich dieses, nie machst du jenes." Ähm, ja. Meine Rolle ist dieses, deine Rolle ist jenes. Diese kleine, aber kraftvolle Anpassung in unserem Denken hat für uns alles verändert. Überleg mal: Wenn eine Firma erfolgreich sein will, entfernt sie solche Redundanzen. Das Gleiche gilt auch für Paare.

Das richtig hinzubekommen, war entscheidend dafür, dass wir unsere Partnerschaft voll entwickeln konnten. Und als wir es endlich soweit geschafft hatten, merkten wir, dass wir gar nicht mehr so viel stritten … zumindest nicht mehr über Kleinigkeiten (oder Dinge, die uns inzwischen so vorkamen). Brandy ist eine leidenschaftliche, kreative, zerstreute Träumerin mit brillanten Ideen und so viel Selbstvertrauen, dass sie manchmal auch Dinge ausprobiert, die dann doch nicht funktionieren. Lance ist bodenständig, hochintelligent, langsam und gründlich; wenn er etwas anpackt, klappt es auch gleich beim ersten Mal. Anstatt uns davon frustrieren zu lassen, was der andere jeweils nicht so gut kann, können wir jetzt die Stärken des anderen feiern und beide davon profitieren.

Wir haben alle Stärken, wir müssen nur lernen, sie zu nutzen.

Im Internet kursiert der Spruch: „Wir sind alle genial, aber wenn man einen Fisch danach beurteilt, wie gut er auf Bäume steigen kann, hält er sich sein ganzes Leben lang für dumm." Auf Bäume zu steigen ist offensichtlich keine Stärke eines Fisches. Aber jetzt wird's heftig: Wenn der Fisch ständig angehalten wird, auf den Baum zu steigen, verlernt er darüber am Ende nur das, was er eigentlich tun sollte: Schwimmen! Der Fisch verschwendet also nicht nur Zeit auf etwas, in dem er nicht gut ist, er verliert dabei auch noch sein natürliches Talent. So etwas sehen wir überall auch bei Paaren (und bei Kindern, aber das ist wieder ein ganz anderes Thema).

Zum Beispiel ist der eine Partner vielleicht echt gut darin, rauszugehen und Geld zu verdienen, und der andere Partner fühlt sich schuldig, weil er das nicht auch tut. Dabei hat der erste Partner ein schlechtes Gewissen, weil er nicht das Haus putzt oder sich um die Kinder kümmert.

Diese Schuldgefühle und Ressentiments stammen ausschließlich daher, dass Rollen nicht klar definiert sind und man die Beziehung nicht als Partnerschaft betrachtet.

Um den Super Bowl zu gewinnen, muss man sowohl im Angriff als auch in der Verteidigung spitze sein. Für ein erfolgreiches Unternehmen braucht man sowohl ein Verkaufstalent als auch jemanden, der sich um die Finanzen kümmert. Aber in unseren Beziehungen fühlen wir uns trotzdem immer noch schuldig, wenn wir nicht auf der Position des anderen spielen. Oder, noch schlimmer, wir werfen unserem Partner oder unserer Partnerin vor, dass sie nicht auf unserer Position spielen, und machen ihnen damit Schuldgefühle!

Am Ende habt ihr beide nur euch beide. Also könnt ihr euch entweder gegenseitig ermutigen, euch für das feiern, was ihr gut könnt, und eure eigenen Talente voll in Besitz nehmen. Oder ihr könnt darin steckenbleiben, mit dem Finger auf den anderen zu zeigen und euch schuldig zu fühlen.

Leitfragen:

- Was kann ich gut?
- Was mache ich gern?
- Was kann mein Partner/meine Partnerin gut?
- Was macht mein Partner/meine Partnerin gern?

Partnerprinzip Nr. 3: Finanzen

Geld ist ein Werkzeug. Wenn man es richtig einsetzt, kann man damit etwas Schönes erschaffen, wenn nicht, führt das ins Chaos.

BRADLEY VINSON, zertifizierter Finanzlehrer, Autor, Coach und Redner

Nur, dass wir uns da verstehen: Wir sind keine Finanzexperten. Es gibt jede Menge Bücher, die dir mit diesem Thema weiterhelfen, wenn du mehr Geld besitzen möchtest. Hal selbst hat eines geschrieben, gemeinsam mit David Osborn. Es ist auch in dieser Serie erschienen und wir finden es großartig: *Miracle Morning für Millionäre.*

Also erwarte von uns keine Ratschläge darüber, wie du mit deinem Geld umgehen solltest.

Was wir aber sehr gut wissen, ist, dass Gelddinge für mehr Streit zwischen Partnern sorgen als Kinder, Hausarbeit und Arbeit … vielleicht sogar mehr als alles zusammen. Geldprobleme führen zu Unruhe und Stress, was wiederum entsetzliche Folgen für deine Beziehung haben kann. Geld ist einer der Hauptgründe, aus denen sich Menschen scheiden lassen!

Wir haben inzwischen gelernt, gut mit unserem Geld umzugehen, egal, wie viel davon gerade auf der Bank liegt. Das bedeutet, dass wir einen Finanzplan und ein Budget entworfen haben, und dass wir viel über unsere Finanzen sprechen. Dabei gehen wir hundertprozentig transparent und offen mit unserer finanziellen Lage um. Es gibt keine Geheimnisse und keine Überraschungen – das ist das Wichtigste.

Egal, ob es sich dabei um unerwartete Ausgaben oder zu wenig Erspartes geht, wie ein Paar mit Geldstreitigkeiten umgeht, ist ein gutes Anzeichen dafür, wie stabil die Partnerschaft ist.

Obwohl die meisten Paare häufig über Geld streiten, nehmen sich 55 Prozent keine Zeit, um regelmäßig über finanzielle Probleme zu sprechen.

Es hilft, wenn man zunächst seine eigene Haltung zum Geld versteht und dann die des Partners oder der Partnerin. Eine großartige Partnerschaft rund um das Thema Finanzen entsteht nur, wenn man sich gegenseitig versteht und miteinander kommuniziert.

Welcher Geldtyp bist du? Sparst du, was du hast, oder gibst du es lieber aus? Das über sich selbst und den Partner oder die Partnerin zu wissen, ist sehr hilfreich.

Wie gut könnt ihr euch an ein Budget halten? Habt ihr überhaupt ein Budget? Oder habt ihr mal eines aufgestellt und es dann wieder vergessen? Wahrscheinlich ist einer von euch besser darin, mit einem Budget umzugehen als der andere. Das ist okay. Hier geht es schließlich um eine Partnerschaft.

Ein entscheidender Aspekt eurer Geisteshaltung zum Thema Geld sind eure jeweiligen finanziellen Ängste. In den meisten Beziehungen haben beide Partner irgendeine Art von Angst rund um dieses Thema, selbst wenn es euch in dieser Hinsicht gut geht. Das ist menschlich, es geht uns allen so. Vielleicht hast du das Gefühl, nicht genug Einfluss auf die Familienfinanzen zu haben, oder du befürchtest, dass das Geld nicht zum Überleben oder für einen Notfall reichen könnte. Eventuell glaubst du auch, dass dein Partner oder deine Partnerin dich beim Thema Finanzen nicht respektiert, oder dass du deine Träume nicht verwirklichen kannst und in Zukunft nicht tun kannst, was du willst, weil das Geld nicht reicht.

Egal, welche Geldängste du in dir trägst, es ist enorm wichtig, dass du darüber redest. Ehrliche und freundliche Kommunikation hilft euch, euch gegenseitig die Ängste und Sorgen rund um eure Finanzen zu nehmen und gemeinsam einen Plan für die Zukunft zu gestalten.

Es macht zwar nicht unbedingt Spaß, aber ihr werdet nicht darum herumkommen, über Schulden zu sprechen, wenn ihr eure Geldpartnerschaft verbessern wollt. Die überwiegende Mehrzahl aller Paare hat in irgendeiner Form Schulden, sei es ein Immobilienkredit, eine Autofinanzierung, Kreditkarten, Studienkredite oder anderes. Wie gut geht es euch mit eurer aktuellen Schuldensituation?

Leitfragen:

- Wie viel geben wir aus und für was?
- Was sind unsere finanziellen Ziele (z. B. Freiheit)?
- Wie sieht unsere Schuldensituation aus?
- Wie können wir unsere Schulden verkleinern?
- Wie hoch ist unser Einkommen?
- Wie hoch sollte unser Einkommen sein?
- Wer verdient wieviel?
- Wer kümmert sich um Rechnungen und das Budget?
- Wie oft setzen wir uns zusammen, um über unsere Finanzen zu sprechen?

Partnerprinzip Nr. 4: Kindererziehung

Ein zweijähriges Kind zu haben ist wie einen Mixer zu besitzen, dem der Deckel fehlt.

JERRY SEINFELD, amerikanischer Stand-up-Comedian und Schauspieler

Eltern zu werden ist zweifelsohne die größte Veränderung, die unser Leben je durchgemacht hat. Wir werden nie ganz verstehen, wie Krankenhäuser es übers Herz bringen, Eltern mit ihrem ersten Baby, aber ganz ohne eine Gebrauchsanweisung, nach Hause zu schicken. Oder wenigstens mit einem Ratgeber, der uns verrät, was wir tun müssen, um zusammenzubleiben oder uns zumindest nicht gegenseitig erwürgen zu wollen.

Wir fühlten uns, als würden wir in einen Strudel gezogen. Im Rückblick wird deutlich, dass wir keine Ahnung hatten, was wir taten. Als unsere erste Tochter zwei Jahre alt war, begannen wir eine Therapie. Das half uns zwar, verheiratet zu bleiben, aber es schenkte uns auch keine Orientierung. Im Grunde behandelten wir damit Symptome, ohne das Übel bei der Wurzel zu packen.

Dann kam Tochter Nummer zwei, und als sie zwei Jahre alt wurde, waren wir komplett voneinander abgekoppelt und so gut wie geschieden.

Das Problem war, dass wir keinen Plan hatten, bevor wir die Kinder bekamen. Wir heirateten, die Kinder kamen und wir dachten, es würde sich schon alles von selbst finden – so wie bei unseren Nachbarn, bei der Verwandtschaft und definitiv bei den Leuten, die wir im Fernsehen sahen. Wir waren gute Menschen: intelligent, freundlich und erfolgreich.

Wo lag also das Problem?

Liebe Kinder zu großartigen Erwachsenen großzuziehen und dabei als Paar verliebt und verbunden zu bleiben, erfordert Arbeit. Eine Menge Arbeit! Es bedeutet, dass man sich darüber unterhalten muss, wie man mit den schwierigen Momenten umgehen will, und gemeinsam die schönen Momente zu genießen, die so schnell wieder vorbei sind.

Wie für alles andere auch braucht man dafür einen Plan, die Bereitschaft, Verpflichtungen zu übernehmen und zielgerichtetes, konsequentes Handeln.

Unsere Erziehungsmethoden unterscheiden sich wahrscheinlich von denen aller anderen – und das geht allen Eltern so. Jedes Elternpaar funktioniert anders. Deshalb werden wir dir jetzt auch keine Erziehungsratschläge geben. Wie zum Thema Finanzen hat Hal übrigens auch zu diesem Thema ein Buch geschrieben, gemeinsam mit Mike und Lindsay McCarthy: *Miracle Morning für Eltern & Familien* enthält jede Menge toller Ratschläge und sogar eine ganz großartige Routine für Kinder namens C.H.A.R.M.S.

Was wir allerdings wissen, ist, dass ihr beide an einem Strang ziehen müsst. Kommt dir das bekannt vor? Genau. Gemeinsam Kinder großzuziehen erfordert jede Menge Kommunikation und Planung.

Wenn ihr Kinder habt, stellt euch die folgenden Fragen:

Leitfragen:

- Welche Werte wollen wir unseren Kindern vermitteln?
- Wie können wir ihnen helfen, diese Werte zu entwickeln?
- Welche Methoden nutzen wir für Disziplin?
- Wer kümmert sich um welche logistischen Bereiche (zum Beispiel die Hausaufgaben, Fahrdienste zum Sport, das Anbrüllen, wenn sie ungezogen sind … Nein, nur ein Scherz, wir wollten nur prüfen, ob du dich noch konzentrierst!)?
- Welche Art von Bildung wünschen wir uns für die Kinder?

Partnerprinzip Nr. 5: Zuhause/Zeitplanung

Dein Zuhause sollte eine Geschichte darüber erzählen, wer du bist, und eine Ansammlung von Dingen darstellen, die du liebst.

NATE BERKUS, amerikanischer Innenarchitekt, Autor und Fernsehmoderator

Die schlechte Nachricht ist, dass die Zeit rasend schnell verfliegt. Die gute Nachricht ist, dass du der Pilot bist.

MICHAEL ALTSHULER, Autor, Redner und Coach

Wir stammen aus unterschiedlichen Elternhäusern und haben verschiedene Vorstellungen davon, wie ein Haushalt geführt werden sollte, wie sich ein Zuhause anfühlen sollte, was wichtig ist und was nicht.

ENERGIE: Brandy liebt Innenarchitektur. Jedes Haus, in dem wir je gelebt haben, hat sich wie ein Zuhause angefühlt. Allerdings ist sie nicht besonders ordentlich. Sie bewegt sich schnell und hinterlässt eine Spur der Verwüstung wie ein Wirbelsturm. Lance sind Dekodinge völlig egal, aber es stört ihn enorm, wenn das Haus chaotisch und vollgestopft ist.

Lance ist gut darin, immer wieder aufzuräumen und dabei bei der Stange zu bleiben. Er putzt eigentlich ständig irgendwo. Brandy ist zwar chaotischer als Lance, aber sie kann glänzen, wenn es darum geht, eine große Putz- oder Aufräumaktion durchzuziehen. Wenn das Haus komplett aus dem Ruder gelaufen ist, kann sie sehr schnell den „Alles auf Anfang"-Knopf drücken. Lance dagegen ist in einer solchen Situation überfordert und weiß gar nicht, wo er anfangen soll.

Als wir darüber nachzudenken begannen, welche Art von Atmosphäre oder Energie wir in unserem Haus haben wollten, landeten wir bei Beschreibungen wie „friedlich", „einladend" oder „achtsam". Dabei mussten wir ein Gleichgewicht zwischen Brandys ästhetischen Wünschen und Lances Bedürfnis nach Minimalismus finden. Heute tendiert unser Zuhause zwar ein wenig mehr zu Brandys Dekorationsideen, aber es ist viel einfacher und friedlicher und besitzt einen sorgsam hergestellten Flow.

SYSTEME: Bevor die Kinder kamen, war unser Leben zu Hause einfach. Damals brauchten wir Systeme nicht so dringend wie jetzt. Allerdings hätten uns ein paar grundlegende Systeme für unser Zuhause auch sonst sicher sehr geholfen, als wir unsere Beziehung wieder in Ordnung bringen mussten. Jetzt sind Systeme in unserem Haus nicht mehr wegzudenken.

Hier sind ein paar Beispiele:

- Inventarlisten für Lebensmittel und Verbrauchsgegenstände und Einkaufszettel (die hängen bei uns am Kühlschrank, aber wir haben gehört, dass ein Amazon Echo da auch sehr hilfreich sein kann)
- Listen für verschiedene Aufgaben im Haushalt (täglich, wöchentlich, monatlich und jährlich)
- Routinen für uns und die Kinder (morgens, abends und sonntags für den Wochenstart)
- Essenspläne – was wir an jedem Abend der Woche essen wollen und was für jeden von uns für Frühstück und Mittagessen zur Verfügung steht

HAUSHALTSHILFEN: Zeit ist das Wertvollste, was wir haben. Als wir beide noch in Vollzeit (oder mehr) arbeiteten, hatten wir jede Menge verschiedene Hilfen im Haushalt: einen Gärtner, jemanden, der den Pool sauber hielt, Kammerjäger, Putzkräfte, Babysitter und jemanden, der zweimal pro Woche vorbeikam, um sich um die Wäsche zu kümmern, aufzuräumen und uns wieder zurück in die Spur zu bringen.

Unser Lebensstil zu dieser Zeit war extrem. Aber auch heute, wo wir viel weniger im Stress sind, schenkt uns die Tatsache, dass wir eine Putzkraft haben, jede Woche vier Stunden, die wir nutzen können, um etwas zu tun, was eine höhere Priorität für uns hat – Zeit mit der Familie oder Freunden zu verbringen, etwas zu tun, was uns Freude macht oder gut für unsere Gesundheit ist, oder einfach zu entspannen.

ROLLEN: Darüber sprechen wir viel, weil es so wichtig ist. Denk daran, in diesem Kapitel geht es um Partnerschaft und, na ja, ihr seid … Partner. Hier ist eine einfache Methode, um festzulegen, wer was macht: Schreibt eine Liste mit allem, was getan werden muss und wie oft.

Dann teilt ihr alles auf, was einer von euch gerne macht. Als Nächstes überlegt ihr euch, welche Aufgaben ihr an eine Haushaltshilfe abgeben könnt. Dann teilt ihr alles auf, was euch leicht fällt oder was ihr gut könnt (Brandy kann gut Systeme erschaffen, Lance vergisst nie, den Müll rauszubringen). Was dann noch bleibt, ist das Zeug, das niemand machen möchte. Da bleibt nur noch ein logischer Schritt: Ihr spielt Schick-Schnack-Schnuck, um zu entscheiden, was an wem hängenbleibt.

ZEITPLÄNE: Einer unserer Mentoren hat einmal gesagt: „Ich weiß alles über jemanden, was ich wissen muss, wenn ich mir seinen Kalender und sein Bankkonto anschaue.“ Zeit ist unser wertvollster Aktivposten, und um Geld zu machen braucht man Zeit. Wie man seine Zeit verbringt und sein Geld ausgibt, ist das Allerwichtigste. In diesem Bereich waren wir einmal eine echte Katastrophe. Wenn du damals einen Blick in unsere Kalender geworfen hättest, hättest du gesehen, dass wir den Großteil unserer Zeit damit verbrachten,

Geld zu verdienen, und den Rest der Zeit damit, es wieder auszugeben. Zeit für- und miteinander war praktisch nicht vorgesehen und die Kinder bekamen die Reste ab, bei denen wir ständig in Eile waren.

Gary Keller, der Gründer von Keller Williams Realty und Autor des Bestsellers *The One Thing*, hat eine einfache, aber geniale Lösung für dieses Problem:

Besorgt euch einen Kalender, auf dem ihr das ganze Jahr auf einen Blick sehen könnt. Schreibt eure Prioritäten hinein. Plant Zeit für eure Gesundheit ein, füreinander, für euren Beruf und so weiter. Wenn man das ganze Jahr aus der Vogelperspektive betrachtet, sieht man, wie viel Zeit man wirklich hat. Wir haben alle gleichviele Stunden pro Tag; wie wir sie nutzen, macht den wahren Unterschied.

Leitfragen:

- Welche Atmosphäre wollen wir in unserem Zuhause haben und wie können wir sie herstellen?
- Wo können wir Systeme einsetzen, die alles effizienter und leichter instand zu halten machen?
- Wofür können wir uns Hilfe von außen holen, um mehr Zeit für unsere Prioritäten zu haben?
- Wer ist für was zuständig?
- Welches System benutzen wir für die Zeitplanung?
- Wie oft setzen wir uns zusammen (na, jeden Morgen, ist doch klar!)?
- Sind wir sicher, dass wir uns genug Zeit für unsere Prioritäten nehmen?

9. DAS GEMEINSAMKEITSPRINZIP Nr. 2: FREUNDE

Glückliche Ehen basieren auf einer tiefen Freundschaft.

DR. JOHN GOTTMAN, Eheforscher und Klinikarzt

Freundschaft bedeutet genau das, wonach es klingt: dass ihr Freunde seid! Es bedeutet, dass ihr euch gegenseitig inspiriert, ermutigt und hochzieht. Freundschaft ist, wie in einem gegenseitigen Fanclub zu sein. Hier findet ihr Spaß, Freude und eine tiefe Verbundenheit, aber auch Lachen, Aufmerksamkeit und Spiel. Hier könnt ihr euch einander anvertrauen und euch beieinander ausheulen, wenn nötig. Freundschaft bedeutet, dass ihr euch immer gegenseitig zur Seite steht.

Ihr habt eure Beziehung irgendwann begonnen, weil ihr euch wirklich mochtet. Ihr verbrachtet gerne Zeit miteinander. Ihr brachtet euch zum Lachen und spendetet einander Trost, wenn sich einer von euch nicht so gut fühlte. Es ist offensichtlich, wie wichtig eine solide Freundschaft für eine Ehe ist; ihr müsst euch miteinander wohlfühlen, wenn ihr so viel zusammen sein wollt – so, wie ihr es mit eurer besten Freundin oder eurem Lieblingskumpel tut.

Das Ziel hier ist, die Gesellschaft des anderen genießen zu können. Sich gegenseitig gut zu kennen, spielerisch miteinander umzugehen, gute Gespräche miteinander zu führen und Gelegenheiten zu finden, zu denen ihr etwas für den anderen tun und gemeinsam Spaß haben könnt.

Freunde bringen Freude, Entspannung, Unterstützung und Geselligkeit in unser Leben. Man nimmt sich Zeit, sich gegenseitig kennenzulernen, und je besser man sich kennt, desto enger wird die Freundschaft. Denk nur einmal an den Unterschied zwischen einem Bekannten und einer guten Freundin, die du schon seit Jahren kennst. Mit der zweiten Person fließen Gespräche einfach so und ihr kommt nicht ins Stocken. Du kennst Geschichten aus ihrem Leben und kannst mit ihr über alles reden. Ihr habt gemeinsame Interessen und unternehmt zusammen Dinge, geht zum Beispiel zu Konzerten, zum Abendessen, Kaffeetrinken oder vielleicht sogar Wandern. Ihr wisst, dass es Unterschiede zwischen euch gibt, aber du respektierst und schätzt das, was deine Freundin mag, auch wenn es dich nicht interessiert. Wenn etwas deiner Freundin wichtig ist, ist es dir nämlich auch wichtig. Manchmal machst du sogar etwas mit, das dich gar nicht so sehr interessiert, nur, um sie lächeln zu sehen. Ihr redet über alles – das Gute, das Schlechte und das Hässliche. Ihr habt ähnliche Werte und respektiert einander.

Du weißt, was im Leben deiner Freunde geschieht und welche Probleme sie haben. Du kennst ihre tiefsten Wünsche, Ziele und Träume. Und sind wir doch mal ehrlich: Wirklich gekannt zu werden, ist eines der besten Gefühle auf der Welt.

Freunde rufen sich gegenseitig an, wenn etwas Wichtiges bevorsteht und fragen sich: „Hey, wie geht es dir damit?“ Oder sie melden sich hinterher, um zu fragen, wie es gelaufen ist. Freunde unterstützen sich gegenseitig: „Wie kann ich dir helfen?“

Warum Freundschaft so wichtig ist

Ein Freund ist jemand, der dir aufhilft, wenn es dir schlecht geht, und wenn er das nicht kann, legt er sich neben dich und hört dir zu.

PU DER BÄR, fiktionaler Teddybär

Großartige Freunde helfen dir beim Wachsen. Weil sie all deine Wünsche, Ziele und Werte kennen, können sie wunderbare Rechenschaftspartner sein, die dich nicht mit jedem Mist durchkommen lassen und dich ständig herausfordern, die Sache besser zu machen. Wahre Freunde sind nicht nur ehrlich, sie zögern auch nicht, etwas Schwieriges auszusprechen, wenn sie wissen, dass es nötig ist. Natürlich gefällt es uns nicht immer, wenn unsere Freunde so schonungslos mit uns sind, aber um unser bestes Selbst zu werden, brauchen wir ehrliche und unterstützende Menschen in unserem Leben. Wir sind auch nicht immer einer Meinung mit unseren Freunden, aber wir diskutieren gerne auf respektvolle und konstruktive Weise mit ihnen.

Und mit dem Freunde-Element unserer engsten Beziehung ist es ganz genauso.

Die Vorzüge davon, eine legendäre Freundschaft zu erschaffen, sind schier endlos. Sie kann:

- Die Stimmung verbessern. Zeit mit einem glücklichen und positiven Menschen zu verbringen, kann auch deine Stimmung heben und deine Geisteshaltung verbessern.
- Dir helfen, deine Ziele zu erreichen. Egal, ob du versuchst, fitter zu werden, das Rauchen aufzugeben oder dein Leben auf eine andere Art zu verbessern: Unterstützung durch deinen Herzensmenschen kann deiner Willenskraft geradezu Flügel verleihen und deine Erfolgschancen dramatisch erhöhen.
- Stress und Depressionen vermindern. Eine gesunde Freundschaft kann dein Immunsystem aufpolieren und dazu beitragen, dass du dich weniger isoliert fühlst, was ein wichtiger Risikofaktor für Depressionen ist.
- Dir durch schwere Zeiten helfen. Selbst wenn du dadurch nur jemanden hast, mit dem du deine Probleme teilen kannst, können Freunde dir helfen, mit ernsthaften Krankheiten, Jobverlust, dem Tod einer geliebten Person, dem Ende einer Beziehung oder jedem anderen Problem des Lebens fertigzuwerden.

- Dich im Alter stützen. In Rente zu gehen, Krankheit und der Verlust geliebter Menschen kann oft dazu führen, dass man sich isoliert fühlt. Menschen in seinem Leben zu haben, bei denen man Gesellschaft und Unterstützung findet, kann dem Leben einen Sinn geben und vor Depression, Behinderung, Armut und Verlusten schützen.
- Dein Selbstwertgefühl ankurbeln. Freundschaft ist keine Einbahnstraße und der Geben-Teil von Geben und Nehmen trägt zu deinem eigenen Selbstwertgefühl bei. Für deine Freunde da zu sein, sorgt dafür, dass du dich gebraucht fühlst, und gibt deinem Leben einen Sinn.

Freundschaften sind eine der größten Freuden, die das Leben zu bieten hat, und machen uns glücklicher, gesünder und zu besseren Menschen. Und mit wem könnte man eine bessere Freundschaft haben als mit dem Menschen, mit dem wir unser Leben teilen?

Gut, reden wir mal darüber, wie man eine großartige Freundschaft aufbaut.

Die vier Freundschaftsprinzipien

1. Tiefes Kennen
2. Zweisamkeit
3. Spaß
4. Anwesenheit

Freundschaftsprinzip Nr. 1: Tiefes Kennen

Einen anderen zu kennen und von einem anderen gekannt zu werden – das bedeutet alles.

FLORIDA SCOTT-MAXWELL, Dramatikerin, Autorin und Psychologin

Wirklich gekannt zu werden, ist eine der außergewöhnlichsten Erfahrungen, die man als Mensch machen kann. Stell dir nur mal schnell vor, wie viel Trost du bei einem alten Freund oder deinem liebsten Familienmitglied finden kannst. Die Grundlagen eurer Beziehung bauen darauf auf, dass ihr euch gegenseitig zutiefst kennt. Sie verstehen dich, sogar dann, wenn du deine Maske abnimmst. Sie lieben und akzeptieren dich mit all deinen Fehlern. Du kannst du selbst sein, sonst nichts, und das reicht vollkommen aus.

Eine solche Erfahrung auch mit deinem Herzensmenschen zu machen, ist der Beginn einer Reise, die zu tiefster Intimität führt. Denk daran, was passiert, wenn es bei dir und einem Freund einfach funkt und ihr beide die Beziehung vertiefen wollt: Je besser ihr euch kennenlernt, desto näher fühlt ihr euch. Du fängst an, dich in seiner Gesellschaft wohlzufühlen, und alles scheint ganz einfach und entspannt. Wie passiert so etwas? Genau so, wie wir es schon als Kinder gemacht haben: „Erzähl mir etwas über dich: Was magst du, woher kommst du, was ist dir passiert?" Diese Fragen eröffnen uns ein Fenster in die Seele des anderen.

Wie schade, dass dieser Prozess für die meisten Paare immer schwerer und langsamer wird, wenn sie die Schwelle zu einer festen Beziehung überschreiten, heiraten und Kinder bekommen. Das ist besonders deshalb traurig, weil es an dieser Stelle eigentlich so richtig losgehen könnte. Hier werden Menschen zu wahren Seelenpartnern.

Du kennst deine Freunde und sie kennen dich. Deine Träume, deine Ängste und das, was dich in der Vergangenheit verletzt hat. Ganz ehrlich, das ist ein bisschen furchteinflößend. Man muss sich verletzlich zeigen können, und dafür braucht man einen sicheren gemeinsamen Raum. Einen Raum, in dem die Vergangenheit Geschichte ist und es keine Scham gibt. Einen Raum, in dem wir so groß träumen können, wie wir wollen, und uns dabei unterstützt fühlen. Wenn wir beschließen, uns auf eine tiefe Freundschaft einzulassen, wollen wir mehr über den anderen wissen, wir ermutigen und inspirieren ihn und wir arbeiten hart daran, ihn zu verstehen und vielleicht sogar zu trösten, wenn er etwas Wahres mit uns teilt.

Wie wäre es, wenn wir das Gleiche auch für unseren Herzensmenschen täten? Wenn wir ihm sagen könnten: Ich will dich kennen, dein Leben, deinen Schmerz, deine Wünsche und Träume, das, was dir Angst macht, und das, was dich erfreut. Was könnte dann passieren?

Dieser furchteinflößende, und doch so einfache Schritt kann alles verändern. Kleine Fehler werden als genau das genommen, weil du weißt, woher sie kommen und warum dein Partner oder deine Partnerin sich an dieser Stelle schwertut. Ihr werdet beide selbstbewusster und traut euch auch im Bett mehr.

Ein guter Ansatzpunkt ist es, euch gegenseitig Fragen zu stellen. Als wir unsere Beziehung neu aufbauen mussten, setzten wir uns zweimal pro Woche auf unsere Terrasse und zogen Fragen aus einem Hut. Such doch einfach mal bei Google nach „Fragen, um den Partner besser kennenzulernen", benutze einen Fragenkatalog wie „Table Topic®" oder wirf Dinge in den Hut, die du schon immer über deinen Herzensmenschen wissen wolltest. Im „E" von *T.E.A.M.* findest du auch noch ein paar Anregungen.

Wir empfehlen Gary Chapmans Bestseller *Die 5 Sprachen der Liebe.* Das ist eines der wichtigsten und am häufigsten zitierten Bücher zum Thema Beziehungen und Bindung, die es gibt. Diese Sprachen der Liebe (Lob und Anerkennung, Zweisamkeit, Geschenke, die von Herzen kommen, Hilfsbereitschaft und Zärtlichkeit) geben euch einen Einblick, was euch selbst und eurem Herzensmenschen besonders wichtig ist.

Freundschaftsprinzip Nr. 2: Zweisamkeit

Zeit ist die Währung einer Beziehung. Wenn du in deine Beziehung investieren willst, fang mit Zeit an.

DAVE WILLS, Pastor, Autor, Podcaster und Blogger

Auf der Website zu Gary Chapmans *5 Sprachen der Liebe* heißt es, dass es in der Sprache der Zweisamkeit nichts gibt, das so deutlich „Ich liebe dich“ sagt, wie volle, ungeteilte Aufmerksamkeit. Für Menschen dieses Persönlichkeitstyps da zu sein ist wichtig, aber wenn man wirklich anwesend ist – wenn der Fernseher aus ist, Messer und Gabel weggelegt sind und bei allen Aufgaben und Arbeiten die Pausentaste gedrückt ist – fühlen sie sich wirklich besonders und geliebt. Ablenkung, verschobene Verabredungen oder mangelhaftes Zuhören verletzen sie dagegen besonders. Zweisamkeit bedeutet auch, dass man gute Gespräche und schöne Aktivitäten miteinander teilt.

Zeit ist ein teures Gut. Wir haben alle viele Dinge, die unsere Zeit beanspruchen, aber jeder von uns hat nur eine bestimmte Anzahl Stunden pro Tag zur Verfügung. Das Beste holen wir aus diesen Stunden heraus, wenn wir ein paar von ihnen dafür aufwenden, unsere Beziehung zu verbessern.

Es ist eine Tatsache, dass legendäre Freundschaften Zeit brauchen und dass legendäre Freunde ihre Zeit großzügig in die Beziehung stecken. Wir leben in einer Zeit, in der wir uns schon von anderen Leuten abgekoppelt fühlen, wenn sie längere Zeit nicht auf den sozialen Medien in Erscheinung treten.

In Wahrheit können wir aber auch der Person, mit der wir zusammenleben, das Gleiche antun, wenn wir uns für alles andere Zeit nehmen, nur nicht für sie. Sind wir wirklich so beschäftigt, dass wir gar keine Zeit haben? Oder verbringen wir nicht in Wirklichkeit die Zeit, die wir haben, mit anderen Dingen? Die Antwort darauf kennen wir alle. Jeder von uns bekommt jeden Tag 24 Stunden geschenkt. Was wir aus diesen Stunden machen, bestimmt, wie gut unser Leben ist. Wenn du dir eine bessere Beziehung wünschst, gib ihr mehr Zeit.

Wenn dieses Thema aufkommt, hören wir oft ähnliche Ausflüchte: „Wir sind so im Stress“, oder „Wir haben keine Zeit für regelmäßige Verabredungen, für gemeinsames Kaffeetrinken, um wach zu bleiben, wenn die Kinder im Bett sind, oder um gemeinsam früher aufzustehen.“ Bei näherer Betrachtung müssen sich solche Paare aber eingestehen, dass sie sich ganz einfach dazu *entscheiden*, sich dafür keine Zeit zu nehmen.

Eure Beziehung ist die Summe der Zeit und der Energie, die ihr hineinsteckt. Sonst nichts.

Im letzten Kapitel dieses Buches werden wir näher erklären, wie gestresste Menschen sich mehr Zeit nehmen können, aber am besten ist es, du verstehst jetzt schon, dass du darauf achten muss. Erfolg kann nicht entstehen, wenn man keine Zeit investiert.

Freundschaftsprinzip Nr. 3: Spaß

Man hört nicht auf, Spaß zu haben, weil man alt wird. Man wird alt, weil man aufhört, Spaß zu haben.

RITU GHATOUREY, Autorin

Spaß sollte eine eurer obersten Prioritäten sein. Ihr solltet ihn nicht in die unterste Schublade stecken, die ihr erst dann öffnet, wenn die ganze Arbeit getan ist.

Die Zeitschrift *Psychology Today* drückt das so aus: „Spielen ist eine ernste Sache. Das klingt erst mal paradox, und das ist es auch, zumindest insofern, als dass etwas, was Säugetieren mit großen Gehirnen von Natur aus so leicht fällt, so unverzichtbar ist. Spielen ist ein Festmahl für das Hirn, ein Bouquet für die Sinne und wichtige Nahrung für Körper und Geist. Wie traurig, dass wir uns als Gesellschaft so viel davon versagen, dass wir geradezu verhungern."

Spaß zu haben hilft dir, Stress hinter dir zu lassen und deine Probleme, Sorgen und Verantwortlichkeiten wenigstens für ein paar Stunden zu vergessen. Selbst wenn wir die Psychologie außer Acht lassen und nur die biologischen Aspekte betrachten, können wir erkennen, dass dein Körper Antistresshormone ausschüttet, wenn du Spaß hast, und dir so hilft, dich zu entspannen, insbesondere, wenn du etwas tust, das dich körperlich anstrengt. So kräftigst du nicht nur deinen Geist, sondern auch deinen Körper.

Partner, die gemeinsam Dinge unternehmen, wachsen enger zusammen und lernen, die Gesellschaft des anderen höher zu schätzen. Das liegt daran, dass ihnen zu zweit gemachte Erfahrungen eine Gemeinsamkeit geben, was ihnen wiederum hilft, sich gegenseitig positive Gefühle entgegenzubringen. Paare, die es sich zur Gewohnheit gemacht haben, gemeinsam Dinge zu unternehmen, genießen diese Dinge irgendwann sogar mehr als alles, was sie allein oder mit anderen Leuten außer dem Herzensmenschen unternehmen.

Freundschaftsprinzip Nr. 4: Anwesenheit

Ohne anwesend zu sein, kann man keine Bindung aufbauen.

JAMES EARL JONES, amerikanischer Schauspieler

„Pass doch mal auf!" Wenn du Kinder hast, hast du ihnen das schon ein paar Mal ausdrücklich gesagt, stimmt's? Aber was führt dazu, dass sie die Aufmerksamkeit verlieren? Meistens irgendeine Art von Ablenkung: der Fernseher, das Handy, ein Videospiel ... die Welt der Technik hat dafür gesorgt, dass wir uns von menschlicher Anwesenheit ablenken lassen. Aber es sind nicht nur die Kinder, die nicht aufpassen. Viele Paare erlauben es der Ablenkung, die Bindung zwischen ihnen nach und nach aufzulösen.

Wenn es dir schwer fällt, geistig anwesend zu sein, solltest du zunächst mal Ablenkungen abschaffen. Schalte das Handy komplett aus oder leg es an einen Platz, wo du es nicht sehen kannst. Wir kennen sogar Leute, die es in einen Safe einschließen!

Außerdem hoffen wir, dass die *T.E.A.M.*-Methoden euch Gelegenheit geben, Anwesenheit zu üben und langsam zu Experten darin zu werden, aufeinander zu achten.

Hin und wieder schweifen unsere Gedanken ab. Das ist normal. Aber wenn unser Herzensmensch versucht, unsere Aufmerksamkeit zu erlangen, ist es sehr wichtig, dass wir weglegen, womit wir gerade beschäftigt sind, uns konzentrieren und zuhören.

Dr. John Gottman nennt diese Versuche, mit uns in Verbindung zu treten, Angebote. Sie sind ein Ruf nach Aufmerksamkeit. Eine Methode, dem anderen die Hand hinzustrecken. Ein Angebot ist der Versuch eines Partners, vom anderen Aufmerksamkeit, Bestätigung, Zuneigung oder eine andere Art positiver Rückmeldung zu bekommen. Solche Angebote zeigen sich oft in kleinen Gesten – einem Lächeln oder einem Augenzwinkern –, aber auch auf komplexere Arten, wie einer Bitte um Rat oder Hilfe. Generell gesprochen machen Frauen mehr Angebote als Männer, aber in den gesundesten Beziehungen fühlen sich beide Partner wohl damit, alle möglichen Angebote zu machen.

Die Reaktion auf solche Angebote – die Methode, durch die die Art von Anwesenheit hergestellt wird, von der wir hier reden – nennt Gottman „Zuwenden".

Warum? Weil man in diesen scheinbar kleinen, aber immens wichtigen Momenten eine Wahl hat. Man kann entweder die Beziehung stärken, indem man sich dem Herzensmenschen zuwendet, oder man kann die Bindung langsam zerstören, indem man sich immer wieder abwendet.

Allerdings können Angebote auch ganz schön kompliziert sein. Lance gibt zu, dass er mehr Angebote übersehen als bemerkt hat, insbesondere, wenn diese auf einer negativen Emotion basierten. Um sich „zuwenden" zu können, wenn das Angebot in Wut eingewickelt ist, hätte Lance sich seiner selbst bewusster sein müssen. Tatsächlich ist das etwas, das vielen Männern schwerfällt, deshalb ist es besonders wichtig, aufzupassen. Angebote haben meistens eine zweite Ebene – die wahre Bedeutung hinter den Worten. Sich abzuwenden bedeutet nicht immer, gar nicht zu reagieren, sondern kann sich auch als Verteidigungsreflex oder Böswilligkeit zeigen.

Hier ist ein Beispiel:

Partner A fragt: „Haben wir noch Äpfel? Ich habe vorhin vergessen, in der Küche nachzuschauen."

Partner B zuckt die Achseln und schaut nicht mal vom Handy auf (Abwenden).

Oder ....

Partner B legt das Handy weg und antwortet: „Hm, keine Ahnung. Ich schaue beim Rausgehen nach, und wenn keine mehr da sind, hole ich nachher auf dem Rückweg aus dem Fitnessstudio welche“ (Zuwenden).

Der Unterschied liegt darin, dass Partner B sich im zweiten Beispiel vorsätzlich Zeit nimmt, in den Raum zurückzukehren, aktiv zuzuhören und auf eine Weise auf den anderen zu reagieren, die dafür sorgt, dass dieser sich gehört und verstanden fühlt.

Anderes Beispiel:

Partner A: „Du sitzt nach dem Essen immer nur auf dem Hintern. Ist es dir schon mal in den Sinn gekommen, beim Aufräumen zu helfen?“

Partner B fühlt sich in die Ecke gedrängt und antwortet: „Naja, wann hast du zum letzten Mal den Müll rausgebracht?“ (Abwenden).

Oder ...

Partner B sagt: „Stimmt, da hast du recht. Tut mir leid. Ich werde versuchen, dir öfter damit zu helfen“ (Zuwenden).

Obwohl das Angebot in Frust gekleidet war, war es eine Bitte um Hilfe. In so einer Situation aufmerksam und anwesend zu bleiben und sich dem Partner zuzuwenden, statt nur Kritik zu hören und sich instinktiv zu verteidigen, begründet einen wachsenden, positiven Effekt, der wahrscheinlich auch dazu führt, dass man in Zukunft weniger harsch auf Bitten und Angebote reagiert.

Fünf Methoden, mit denen ihr eure Freundschaft stärkt

Langfristige Lebendigkeit und Bindung erhält man sich durch Momente zielgerichteter Freundschaft, die sich wie ein Band durch eure ganze Beziehung ziehen. Hier sind ein paar Methoden, wie ihr diese Momente erschaffen könnt:

1. Mach kleine Momente zu entscheidenden Erfahrungen!

Denk zurück in die Flitterwochenphase eurer Beziehung, die Zeit, in der dir alles an deinem Herzensmenschen faszinierend vorkam.

Deine Emotionen hatten dich voll im Griff und alles an deinem Herzensmenschen, von seinen Haarfollikeln über seine verrückte Kommentare bis hin zu der Leidenschaft, mit der er dich ansah, zog dich näher an ihn heran. Du warst schwer verknallt!

Und jetzt spule ein oder zwei Jahre in eurer Beziehung vor. Zweifelsohne gibt es immer noch Momente, in denen du dich zu deinem Partner oder deiner Partnerin hingezogen fühlst, aber du merkst inzwischen, dass die Flamme ein bisschen niedriger brennt und dass es sich mehr wie eine lästige Aufgabe anfühlt, Zeit zu finden, die ihr gemeinsam verbringt.

Hier wird es wichtig, dass ihr zielgerichtet daran arbeitet, die Freundschaft in eurer Ehe zu erhalten.

Paare in Langzeitbeziehungen müssen lernen, scheinbar kleine und alltägliche Momente zu entscheidenden Gelegenheiten zu machen. So zeigst du dem anderen, dass du auf ihn und seine Welt eingestimmt bist.

2. Zeig echtes Interesse an deinem Partner oder deiner Partnerin!

Macht ihr in eurer Freizeit gemeinsam etwas Schönes? Du musst nicht zwangsläufig die gleichen Interessen haben wie dein Herzensmensch, aber du kannst trotzdem die Zeit genießen, die ihr gemeinsam damit verbringt, einem seiner (oder deiner) Interessen nachzugehen.

Öffne dich der Gelegenheit, Dinge zu tun, die du normalerweise von allein nicht machen würdest, deiner Beziehung zuliebe. Du wirst feststellen, dass die Tatsache, dass du es freiwillig tust, dazu führen wird, dass dir diese Aktivitäten tatsächlich Spaß machen. Das Ziel dabei ist nicht, dich dazu zu zwingen, Golf gut zu finden, wenn du Golf eigentlich nicht magst, sondern nach Momenten zu suchen, die du mit deinem Herzensmenschen teilen kannst, während ihr zusammen Golf spielt.

3. Mach aus allem – auch aus dem Alltag – eine Chance, euch zu verbinden!

So paradox es klingt, es sind die kleinsten Gesten, wie du auf Fragen oder Aussagen deines Herzensmenschen reagierst, die das größte Gewicht haben, wenn es darum geht, eure körperliche Verbundenheit zu stärken und zu sichern.

Tägliche Erfahrungen wie der Abwasch, die Wäsche, Fernsehen oder gemeinsames Kochen können Gelegenheiten sein, eine tiefere Bindung zu finden. Hier könnt ihr euch darüber unterhalten, wie euer Tag war, über eure Ziele sprechen oder einfach nur nachfragen, wie es dem anderen geht. Wenn ihr morgens zusammen das *T.E.A.M.* anwendet, stellt ihr damit das Potenzial her, diese Bindung durch alle alltäglichen Tätigkeiten hindurch zu ziehen.

Von welchen täglichen Aktivitäten und Ritualen wünschst du dir, dein Herzensmensch würde sie mit dir zusammen ausführen? Wäre es schön, Seite an Seite die Wäsche abzuhängen und wegzuräumen (bei uns gibt es tatsächlich ganze „Wäschepartys“), oder würdest du gern beim Abendessen zusammensitzen und dich mit ihm unterhalten, statt schweigend auf dem Handy zu daddeln?

4. Sorg dafür, dass die Freundschaft bedingungslos ist!

Wenn du an deine engsten Freunde denkst, weißt du wahrscheinlich, dass es nur sehr wenige (oder gar keine) Dinge gibt, die die Bindung zwischen euch auflösen könnten. Ihr akzeptiert eure Unterschiede und versteht, dass ihr bei bestimmten Dingen unterschiedlicher Meinung seid, aber ihr liebt einander trotzdem

Diese Mentalität einfach auch auf eure Beziehung zu übertragen wird Wunder für eure Bindung und eure Romantik tun. Wenn ihr akzeptiert, dass es Meinungsverschiedenheiten und unterschiedliche Methoden, Dinge im Leben anzugehen, zwischen euch geben wird, kann euch das die Gelegenheit schenken, den Herzensmenschen noch einmal ganz anders zu sehen.

Arbeitsstress, Probleme mit den Kindern oder anderen Familienmitgliedern und tausend andere Dinge können in eure Beziehung tröpfeln. Wenn es aber darum geht, deinem Herzensmenschen zur

Seite zu stehen, sollte es keine Bedingungen geben. Behandle ihn mit dem gleichen Verständnis und der gleichen bedingungslosen Unterstützung, die du dir auch von ihm erhoffst.

5. Steh deinem Partner oder deiner Partnerin zur Seite!

Das geht weiter, als nur eure Unterschiede zu akzeptieren. Wenn es darauf hinausläuft, dass dein Herzensmensch und du gegen den Rest der Welt steht, solltest du dich immer auf die Seite deines Partners oder deiner Partnerin schlagen. Zeig echtes Interesse daran, deinem Herzensmenschen zur Seite zu stehen und tu oder sage nie Dinge, die dazu führen, dass er sich unbedeutend oder allein fühlt. Setz dich für deinen Herzensmenschen ein, wenn du merkst, dass er sich in sozialen Situationen unwohl fühlt. Verankere dich in eurer Beziehung, indem du deinen Partner oder deine Partnerin an die gemeinsamen Ziele erinnerst, wenn sie an sich selbst zweifeln.

Wie jede Freundschaft ist auch die Freundschaft zwischen euch beiden eine Bindung, die ihr pflegen und priorisieren müsst. Sinnhafte Erfahrungen zu erschaffen, echtes Interesse aneinander zu zeigen, Romantik hohe Priorität einzuräumen und im gleichen Team zu spielen sind einfache, tägliche Handlungen, mit denen du sofort anfangen kannst, um eure Bindung zu stärken. Sie zu kultivieren wird eure Beziehung am Leben erhalten und euch später potenziell davor bewahren, in verschiedene Richtungen zu driften.

10. DAS GEMEINSAMKEITSPRINZIP Nr. 3: LIEBENDE

Wenn ihr euch in eurer Ehe Intimität wünscht, müsst ihr euch das Leben teilen.

GARY CHAPMAN, Autor und Pastor

Beim Liebende-Element geht es um wahre Intimität, tiefe Liebe, Küsse, Sex, Verletzlichkeit, Zärtlichkeit und Leidenschaft. Hier zeigen sich die Seiten an euch, die niemand außer euch beiden kennt. Damit ihr als Liebende gut zusammenpasst – damit ihr wirklich alles aus diesem Element herausholen könnt –, braucht ihr die anderen drei Elemente als das starke Fundament, von dem du jetzt schon so viel gelesen hast. Wenn die Elemente Du, Partner und Freunde nicht stark sind, kann sich das Liebende-Element gar nicht vorhanden, oberflächlich oder nicht wirklich verbunden anfühlen. Legendäre Liebende verstehen die Wünsche ihrer Herzensmenschen und erfüllen sie selbstlos. Sie verstehen die fließende Dynamik von Maskulin und Feminin, insbesondere im Bett.

Wenn wir in einer Partnerschaftsschleife gefangen sind, ist es schwer, regelmäßig und erfolgreich intim zu sein. Wenn es aber in diesem Bereich hakt, ist es besonders schwer und emotionsbeladen, das anzusprechen. Deshalb ist es so wichtig, dass ihr eure Freundschaft entwickelt und euch sicher und wohl fühlt, sodass ihr euch verletzlich genug zeigen könnt, auch das Liebende-Element zu stärken.

Wenn wir diesem Bereich Zeit und Sorgfalt widmen, erfahren wir dadurch die tiefste Verbundenheit und den höchsten Grad der Intimität, den man mit einem anderen Menschen haben kann.

Die vier Liebesprinzipien:

1. Flirten
2. Verletzlichkeit
3. Energie (maskulin/feminin)
4. Sex

Liebesprinzip Nr. 1: Flirten

Hör niemals auf, um deine Frau zu werben; hör niemals auf, mit deinem Mann zu flirten.

UNBEKANNT

Aus irgendeinem Grund denken wir, sobald wir uns in einer Beziehung wohl fühlen, wir müssten die Dinge nicht mehr machen, die wir in der Anfangsphase unserer Beziehung noch oft getan haben. Dabei hat es uns doch eigentlich überhaupt zusammengebracht, dass wir miteinander geflirtet haben, also ist es auch genauso wichtig dafür, dass wir zusammenbleiben. Wenn wir das Gefühl wieder verspüren wollen, das wir hatten, als wir frisch verliebt waren, müssen wir auch die Dinge tun, die dafür sorgen. Wenn wir den Funken am Leben erhalten wollen, müssen wir ihn füttern. Flirten sorgt dafür, dass das Feuer zwischen euch nicht niederbrennt, und entzündet häufigere Intimität.

Flirten hat unzählige Vorteile für eure Intimbeziehung. Es stellt eine Gelegenheit dar, spielerisch miteinander umzugehen, es gibt euren Egos Auftrieb und es hilft, das Feuer zwischen euch am Lodern zu halten. Es ist eine positive Methode, euch gegenseitig eure Liebe zu zeigen, eine Erinnerung daran, dass ihr euch gegenseitig immer noch attraktiv findet, und eine Möglichkeit, euren Kindern (wenn ihr welche habt) eure Liebe vorzuleben.

Es ist vielleicht ein bisschen offensichtlich, wie man mit dem Herzensmenschen flirtet, aber vielleicht habt ihr es ja im Lauf der Zeit ein wenig vergessen. Deshalb sind hier ein paar Dinge, die ihr tun könnt – nur für den Fall, dass ihr sie brauchen könnt:

- Bleibt spontan. Flirtet nicht immer zur gleichen Tageszeit miteinander, besonders nicht, kurz bevor ihr ins Bett geht. Die Flammen der Liebe lassen sich früher am Tag leichter entfachen.
- Schaut euch in die Augen. Beim Flirten ist Blickkontakt sehr wichtig.
- Neckisches Verhalten – ein suggestiver Blick, ein Augenzwinkern, ein sexy Lächeln, ein Klaps auf den Hintern des anderen, ein gesenkter Blick oder eine hochgezogene Augenbraue – macht deutlich, dass ihr euch immer noch füreinander interessiert.
- Berührt euch absichtsvoll auf eine flirtende Art: drück deinem Partner oder deiner Partnerin liebevoll die Hand oder das Knie, leg deinem Herzensmenschen eine Hand auf die Schulter oder den Rücken oder umarmt euch lange und fest.
- Vergiss nicht, ab und zu einen koketten Tonfall zu nutzen, dich zu deinem Herzensmenschen zu beugen, wenn du ihm ein Kompliment machst oder ihn sanft auf den Nacken zu küssen.

Liebesprinzip Nr. 2: Verletzlichkeit

Verletzlich zu bleiben, ist ein Risiko, das wir eingehen müssen, wenn wir eine Bindung herstellen wollen.

DR. BRENÉ BROWN, Forscherin, Professorin, Autorin und Rednerin

Wenn wir uns unserem Herzensmenschen öffnen, fühlen wir uns oft verletzlich und ungeschützt, aber es ist die wichtigste Zutat für eine vertrauensvolle, intime Beziehung. Gleichzeitig empfinden es viele Paare als eine der größten Herausforderungen, sich dem Partner oder der Partnerin zu öffnen. Schließlich sind über 40 Prozent aller Erwachsenen als Scheidungskinder aufgewachsen, wo gesunde Beispiele für Nähe vielleicht etwas dünn gesät waren. Auch in anderen Fällen sind viele von uns in Elternhäusern aufgewachsen, in denen es als Schwäche angesehen wurde, wenn man sich verletzlich gezeigt hat. Das ist vor allem für Männer nicht selten der Fall. Viele Frauen sind offener dafür, sich ihrem Herzensmenschen verletzlich zu zeigen und diese Geisteshaltung zu kultivieren, aber es ist oft nicht leicht, den Graben zu überwinden.

Aber woher stammt diese Furcht vor der eigenen Verletzlichkeit überhaupt? Dr. Brené Brown sagt, dass Verletzlichkeit zwar oft als Schwäche gesehen wird, in Wirklichkeit aber eine Stärke ist. In ihrem Bestseller *Verletzlichkeit macht stark: Wie wir unsere Schutzmechanismen aufgeben und innerlich reich werden* erklärt sie, dass Verletzlichkeit der Kern aller Emotionen und Gefühle ist. Sie schreibt: „Zu fühlen bedeutet, verletzlich zu sein. Zu glauben, dass Verletzlichkeit eine Schwäche ist, ist gleichbedeutend damit, zu glauben, Gefühle seien eine Schwäche. Wenn wir unser emotionales Leben wegsperren, weil wir befürchten, es könnte uns zu viel kosten, wenden wir uns damit von genau der Sache ab, die unserem Leben einen Sinn und einen Zweck gibt."

Dr. Brown definiert Verletzlichkeit als emotionale Auslieferung, Unsicherheit und Risiko. Wenn man diese Definition anlegt, wird der Akt, jemanden zu lieben und dem anderen zu erlauben, einen selbst zu lieben, vielleicht zum ultimativen Risiko. Liebe ist unsicher. Sie ist riskant, weil es in der Liebe keine Garantien gibt. Wenn man seine wahren Gefühle offenbart, läuft man größere Gefahr, kritisiert oder verletzt zu werden.

Gleichzeitig ist Verletzlichkeit aber vielleicht auch genau die Kraft, die eine Beziehung zusammenhält. Sie kann uns im täglichen Leben mit dem Herzensmenschen helfen und uns erlauben, am Ende eines langen Tages gemeinsam zu entspannen, ohne dass wir uns dabei schämen oder im Zaum halten müssen. Auf der anderen Seite ist es vielleicht genau die fehlende emotionale Reife, die daher stammt, dass man sich nicht verletzlich zeigen kann, die so viele Paare auf den Weg zur Scheidung führt. Wenn man sich davor fürchtet, als schwach gesehen zu werden und sich vor dem Partner oder der Partnerin ungeschützt zu zeigen, merkt man vielleicht gar nicht, dass man sich durch diese Furcht selbst davon abhält, ganz in die Beziehung einzusteigen. Dadurch erfriert die Chance, tief zu lieben, weil man Angst davor hat, das eigene, authentische Ich zu zeigen und die tiefsten Gedanken, Gefühle und Wünsche zu teilen.

Drei Schritte für mehr Verletzlichkeit mit dem Herzensmenschen

Alle Beziehungen stellen ein Risiko dar, aber sie sind das Risiko auch wert. Legendäre Beziehungen sind zum Greifen nah, wenn du die Furcht loslässt und daran glaubst, dass du die Liebe und all ihre Geschenke wert bist. Hier sind drei Schritte, die dir helfen, mehr Verletzlichkeit zuzulassen:

- Visualisiere dich selbst in einer ehrlichen und offenherzigen Beziehung und arbeite darauf hin, verletzlicher und offener mit deinem Herzensmenschen zu werden. Erzähle ihm auch davon, dass du das versuchst.
- Hinterfrage deine Überzeugungen und selbstzerstörerischen Gedanken dazu, Fürsorge von deinem Partner oder deiner Partnerin anzunehmen und im Gegenzug Mitgefühl mit ihm oder ihr zu zeigen.
- Lass deine Furcht vor Zurückweisung und deine schmerzhaften Erfahrungen aus der Vergangenheit nicht deinen Bestrebungen in die Quere kommen, die Liebe und Intimität zu bekommen, die du verdienst. Übe, Verletzlichkeit zu zeigen, trau dich, zunächst kleine Schritte zu machen, bau dadurch Selbstvertrauen auf und werde immer mehr emotional zugänglich für deinen Herzensmenschen.

Intimität kann eine wichtige Quelle für Trost sein und in einer unsicheren Welt für Sicherheit sorgen. Es ist nicht unmöglich, sich anderen verletzlich zu zeigen und ihnen nahe zu sein, ohne dadurch Teile von sich selbst zu verlieren. Dadurch baust du dir nach und nach wieder einen Glauben an Liebe, Vertrauen und Nähe auf.

Liebesprinzip Nr. 3: Energie (maskulin/feminin)

Ich stelle mir maskuline und feminine Energie wie die zwei Pole einer Batterie vor. Es gibt einen Pluspol und einen Minuspol, und wenn man etwas einschalten will, müssen die gegenüberliegenden Seiten verbunden sein. So ist es auch in Beziehungen.

TRACY MCMILLAN, amerikanische Autorin, Fernsehdrehbuchautorin und Beziehungsexpertin

Maskuline und feminine Energie in einer Beziehung ist ein riesiges und extrem breites Themenfeld. Wahrscheinlich könnten wir darüber ein ganzes eigenes Buch schreiben (und vielleicht machen wir das irgendwann auch). Aber in diesem Abschnitt über das Liebende-Element wollen wir spezifisch darüber reden, wie diese Energien sich im tiefsten Teil deiner Intimbeziehung entwickeln (und deshalb auch verstanden werden müssen).

Sowohl Männer als auch Frauen besitzen maskuline und feminine Eigenschaften. Jeder Mensch ist anders, also variiert auch das Gleichgewicht zwischen diesen Energien gewaltig. Brandy zum Beispiel zeigt ziemlich viel maskuline Eigenschaften, weil sie sie für ihre geschäftliche Rolle und ihren Antrieb im Business nutzt. Zu Hause kam diese Energie aber ihrer Ehe mit Lance in die Quere.

Erst als sie lernte, ihre maskuline und feminine Energie auszubalancieren, gelang es uns, Verletzlichkeit und wahre Intimität zu kultivieren, insbesondere im Bett. Auch Lance musste lernen, seine Energien ins Gleichgewicht zu bringen, um einen sicheren Raum für Brandy zu erschaffen, in dem sie sich verletzlich genug fühlen konnte, um loszulassen und ihre innere feminine Energie zum Strahlen zu bringen. Das fiel uns viel leichter, weil wir eine feste und liebevolle Freundschaft aufgebaut hatten.

Wesenszüge, die meistens als feminin betrachtet werden, haben oft mit Konzepten wie Bindung, Einfühlungsvermögen, Pflege und dem Ausdrücken von Emotionen zu tun. Die feminine Sie ist reine Energie, die wie Flusswasser fließt und sich anpasst und so dem Ufer des Flusses einen Sinn und Zweck gibt. Ihre Aufmerksamkeit ist diffus, weil sie viele Dinge gleichzeitig bedenken kann, und sie findet Details und Feinheiten, die dem Maskulinen entgehen. Sie wurde geboren, um zu empfangen. Sie wird am meisten mit Gefühlen assoziiert und sehnt sich zutiefst nach Liebe, um sich erfüllt zu fühlen.

Antrieb, Fokus, Durchsetzungsvermögen und Selbstbewusstsein werden gemeinhin eher als maskuline Eigenschaften angesehen, die uns in die Lage versetzen, in der Geschäftswelt und unserer Karriere erfolgreich zu werden. Maskuline Energie ist voller Bewusstsein und fest wie das Flussufer, das dem Fluss die Freiheit und die Sicherheit schenkt, zu tun, was er am besten kann. Maskuline Gedanken sind auf Ziele, die Zukunft, Sicherheit und Schutz fokussiert. Das Maskuline wird meistens mit seinem Sinn und seiner Produktivität für die Welt assoziiert und es liebt es, seine Mission zu erfüllen.

Wenn es um sexuelle Intimität geht, ist es wichtig, diese Unterschiede zu finden und zu versuchen, zwischen euch beiden Harmonie herzustellen, wenn ihr so tief verbunden sein wollt wie möglich. Wir müssen Polarität herstellen.

In seinem Buch *Der Weg des wahren Mannes: Ein Leitfaden für Meisterschaft in Beziehungen, Beruf und Sexualität* erklärt David Deida: „Sexuelle Anziehungskraft basiert auf der Polarität der Geschlechter, der Kraft der Leidenschaft, die einen Bogen zwischen dem männlichen und dem weiblichen Pol spannt. Alle natürlichen Kräfte strömen zwischen zwei Polen. Der Nord- und Südpol der Erde erzeugen eine magnetische Kraft. Der positive und negative Pol Ihrer Steckdose oder Autobatterie erzeugen elektrischen Strom. Auf dieselbe Weise erzeugen der maskuline und der feminine Pol zwischen zwei Menschen den Strom der sexuellen Gefühle und Empfindungen. Das ist die sexuelle Polarität."

Liebesprinzip Nr. 4: Sex

Wenn du das Geheimnis entdeckt hast, wie du deine sexuelle Energie meisterst, wirst du einen Frieden verspüren, der alles übersteigt, was du bisher kanntest.

ROBERTO HOGUE, Beziehungscoach und Autor

Es versteht sich von selbst, dass die meisten Paare ihr Liebesleben verbessern wollen. Gemeinsam seine Sexualität auszuleben ist eines der gesündesten Dinge, die man als Paar tun kann. Nicht nur ist die körperliche Verbundenheit hervorragend für unsere physische und emotionale Gesundheit, sie kann auch unglaublich angenehm sein. Menschen mit einem aktiven, regelmäßigen Liebeslieben sind meistens glücklicher, genießen bessere körperliche Gesundheit und leben länger als ihre keuscheren Zeitgenossen. Wenn Paare ein glückliches, erfülltes Liebesleben haben – also mindestens zweimal im Monat miteinander schlafen –, berichten sie, dass es ihnen insgesamt besser geht und dass sie leichter mit dem anhaltenden Stress des Lebens fertigwerden.

Bauen wir also auf den Gedanken auf, dass zwischen den maskulinen und femininen Energien in eurem Liebende-Element Harmonie herrscht. Was könnt ihr jetzt tun, um mit eurem Intimpartner die höchste Erfüllung für die gemeinsam entworfene Beziehung zu erleben?

Wir schreiben hier zwar von allgemeingültigen Dingen, aber es gibt ein paar Unterschiede zwischen Männern und Frauen, über die wir reden müssen, damit ihr beide – mit eurer wachsenden Freundschaft, eurer Verletzlichkeit und eurem Vertrauen – ein offenes Gespräch beginnen könnt, vor allem dann, wenn ihr aktuell nicht mit eurem Liebesleben zufrieden seid. Das Problem ist, dass es an dieser Stelle oft Missverständnisse zwischen Partnern gibt oder sie gar nicht miteinander kommunizieren, wenn es um emotionale Unterschiede und Bedürfnisse im Bett geht.

Männer neigen im Allgemeinen dazu, sich auf die körperlichen Aspekte einer Beziehung zu konzentrieren. Der Anblick ihres Herzensmenschen stimuliert sie, zieht sie an und schlägt sie in seinen Bann. Visuelle oder körperliche Stimulation erregt sie schnell oder weckt zumindest ihr Interesse. Die meisten Männer brauchen nur ein paar Minuten, um sich bereit für körperliche Intimität zu fühlen. Sobald der Gedanke an einen sexuellen Höhepunkt die Gedanken eines Mannes beherrscht, schiebt er sich in aller Regel in den Fokus. An diesem Punkt wünschen sich die meisten Männer sexuelle Erleichterung durch Geschlechtsverkehr und sind bereit, loszulegen.

Generell gesprochen legen Männer sehr viel mehr Wert auf Sex als Frauen, und Frauen gehen die Sache ganz anders an. Frauen betrachten viel eher die ganze Beziehung. Männer wünschen sich körperliche Vereinigung, Frauen eine emotionale. Ein Anblick, ein Geruch und ein Körper können Männer stimulieren. Berührungen, Handlungen, Wörter und die ganze Person stimulieren Frauen. Frauen wollen verstanden, geliebt und emotional gebraucht werden und brauchen Zeit, um vor dem Sexualakt ihre Erregung zu steigern. Wie Isabel Allende in ihrem Buch *Von Liebe und Schatten* schreibt: „Bei Frauen sind Worte die besten Aphrodisiaka. Der G-Punkt ist in den Ohren. Der, der ihn weiter unten sucht, verschwendet seine Zeit."

Männer können jederzeit und überall sexuell reagieren. Frauen dagegen erleben Zeiten, in denen sie mehr Interesse an Sex haben als zu anderen. Männer werden schnell erregt, bei Frauen dauert es meistens viel länger. Sie brauchen Zeit zum Aufwärmen, eine emotionale Bindung und ein Gefühl von Sicherheit. Während des Aktes haben Männer nur ein Ziel, während Frauen sich leicht ablenken lassen können, weil sie über die Kinder, die Tür, ein Geräusch draußen oder andere Kleinigkeiten nachdenken, die um sie herum geschehen.

Auch beim Thema sexuelle Befriedigung gibt es Unterschiede. Der Orgasmus eines Mannes ist intensiver und kürzer, während der der Frau länger anhält und tiefer geht. Männer brauchen in aller Regel einen Orgasmus, um sich sexuell erfüllt zu fühlen, Frauen benötigen oft keinen (auch wenn sie sicherlich gerne einen hätten, wenn möglich!).

Eines der häufigsten Probleme für Männer (zumindest für die, mit denen wir gesprochen haben) ist, dass sie zum sexuellen Egoismus tendieren.

Durch den oben erwähnten Fokus auf das eine Ziel entsteht ein natürlicher Trieb, die eigenen Bedürfnisse zu befriedigen, die der Frau aber nicht. Das ist nicht böse gemeint, es ist nur ein weiteres Beispiel dafür, dass man die Partnerin nicht ausreichend versteht und nicht genug mit ihr kommuniziert.

Vielen Paaren fällt es schwer, über Sex zu sprechen, vor allem, wenn ihre Freundschaft noch im Wachsen begriffen ist. Indem ihr euch verletzlich macht und ein wenig aus eurer Komfortzone bewegt, können die folgenden Schritte euch helfen, die Lücke in eurer Verbindung im Bett zu überbrücken.

Der beste Sex geschieht, wenn ihr darüber redet. Wenn ihr immer noch das Gefühl habt, ihr bräuchtet ein wenig Unterstützung, sucht euch am besten einen der zahlreichen Beziehungstherapeuten, der euch helfen kann, viele Herausforderungen zu meistern.

Sag die Wahrheit

Erzähle deinem Herzensmenschen die Wahrheit darüber, wie es dir in Bezug auf euer Liebesleben geht. Wenn du öfter Sex haben möchtest, bitte deinen Partner oder deine Partnerin darum.

Wenn du dir mehr Vorspiel wünschst, rede darüber. Außerdem solltest du ehrlich über deine Erfahrungen und Gefühle reden. Wenn du Probleme hast, zum Orgasmus zu kommen, weil dir dazu mehr Vorspiel fehlt, lass es deinen Herzensmenschen wissen. Wenn du vor dem Sex gern mehr küssen würdest, sag es ihm oder ihr. Die Wahrheit zu sagen bedeutet, offen und ehrlich damit umzugehen, was deine sexuellen Bedürfnisse sind, und sie mit deinem Partner oder deiner Partnerin zu diskutieren.

Sag, was du willst

Das könnte sich zum Beispiel so anhören:

- „Ich wollte dir sagen, dass ich mir mehr Vorspiel wünschen würde, wenn wir zusammen sind, bevor wir miteinander schlafen."
- „Mir ist es wirklich wichtig, dass wir uns auch außerhalb des Schlafzimmers öfter küssen und berühren, bevor wir uns im Bett sexuell berühren."
- „Ich würde gern verschiedene Stellungen im Bett ausprobieren, nicht immer die gleiche Stellung wie immer."

Wirklich darum zu bitten, was du willst, ist ein Riesenschritt auf dem Weg zu einer besseren und erfüllteren sexuellen Beziehung. Denk daran, Paare, die großartigen Sex haben, sind nur dort angekommen, weil sie darüber gesprochen haben. Großartiger Sex passiert, wenn du um das bittest, was du willst, weil es dadurch eine erfüllendere Erfahrung wird.

Lass los

Hemmungen fallenzulassen ist eine großartige Methode, euren Sex zu verbessern. Das könnte zum Beispiel bedeuten, dass du dich in intimen Momenten mehr entspannst. Es könnte aber auch bedeuten, dass du irgendwelche Vorstellungen davon wie Sex „auszusehen hat" loslässt. Oder es könnte bedeuten, dass ihr beim Vorspiel etwas Neues ausprobiert, das ihr noch nie oder schon lange nicht mehr gemacht habt. Loszulassen kann auch bedeuten, dass ihr das Drehbuch für euren Sex ändert und euch zum Beispiel erst küsst, dann miteinander schlaft und das Vorspiel auf hinterher verschiebt. Finde heraus, wie dein Herzensmensch am liebsten berührt wird.

Mit deinem Partner oder deiner Partnerin alle Hemmungen fallenzulassen ist eine wundervolle Methode, eine tiefe Verbindung herzustellen, mehr Nähe aufzubauen und eure Beziehung zu stärken.

Räum deinem Sexleben höhere Priorität ein

Dinge, die in deinem Leben eine hohe Priorität haben, werden auch erledigt. Wenn du dir zum Ziel setzt, dich besser zu ernähren, wirst du ziemlich sicher bewusster essen. Wenn du dir zum Ziel setzt, mehr zu schlafen, gehst du früher ins Bett. Wenn du dir zum Ziel setzt, eine bessere körperliche Beziehung zu deinem Herzensmenschen aufzubauen, investierst du mehr Zeit dafür. Das ist genau das, was wir in unserer Ehe tun. Wenn wir das Gefühl haben, dass wir uns nicht mehr oft genug sexuell nahe kommen, planen wir es ein. Um wieder zurück in die richtige Spur zu kommen, setzen wir uns sexuelle Ziele (zum Beispiel eine fünftägige Sex-Challenge). Außerdem gehen wir zur gleichen Zeit ins Bett. Dadurch haben wir insgesamt in unserer Beziehung häufiger die Gelegenheit, uns zu berühren, miteinander zu reden, uns zu küssen und miteinander zu schlafen.

Denk daran, ein Leben als Liebende zu erschaffen ist der absolute Gipfel. Es kann sehr schwer sein, es zu kultivieren, aber dafür lohnt es sich auch ganz besonders. Achtet darauf, regelmäßig an eurer Partnerschaft zu arbeiten und sie zu überprüfen und eure gegenseitige Zuneigung in Freundschaft zu stärken. Wenn ihr Probleme damit bekommt, Liebende zu sein, findet ihr schneller zurück auf den richtigen Weg, wenn ihr diese beiden anderen Elemente möglichst weit ausgebaut habt. Das feste Fundament eures Beziehungshauses macht es zum Kinderspiel, wenn ihr nach einem Sturm einmal ein paar Dachziegel austauschen müsst.

TEIL IV:

DER WEG ZUM LEGENDÄREN PAAR

11. SO WIRD MAN ZUM LEGENDÄREN PAAR

Egal, ob du glaubst, du könntest etwas schaffen, oder ob du glaubst, du könntest es nicht – du hast auf jeden Fall recht.

HENRY FORD

So, nachdem wir dir jetzt jede Menge Informationen an die Hand gegeben haben, was machst du jetzt? Wir haben zwar schon gesagt, dass dieses Buch den Anfang einer Reise darstellt, aber wir wollen auch sicherstellen, dass du das Werkzeug hast, um noch viel weiter zu gehen. In diesem Kapitel zeigen wir dir einen Bauplan, nach dem ihr beide zu arbeiten anfangen könnt. Hier findet ihr nicht nur einen Plan mit Ideen und Fragen, die ihr zum Teil eurer *Miracle Morning*-Routine für Paare machen könnt, ihr könnt diese Schritte auch nutzen, wenn ihr zielgerichtet einen Abend zu zweit verbringt oder euch ein Pärchenwochenende irgendwo anders gönnt. Auch wir beide nutzen diesen Plan heute noch, wenn wir die Vision, die wir uns für unsere Ehe und unsere Familie geschaffen haben, anpassen oder grundlegend verändern.

Während du den Plan durchgehst, denk an die vier Elemente für eine legendäre Beziehung. Wie würde es aussehen und sich anfühlen, wenn ihr in allen vier Bereichen 10 von 10 möglichen Punkten erreichen könntet: zwei gesunde Du-Elemente, eine erfolgreiche

Partnerschaft, eine eng verbundene Freundschaft und eine zutiefst intime Liebesbeziehung? Wir feuern euch an! Ihr schafft das!

Christopher und Kari Lochhead

Wir setzten uns mit Christopher und Kari Lochhead zusammen und hatten ein sehr offenes und angeregtes Gespräch über ihre Ehe und Beziehungen im Allgemeinen. Christopher ist Bestsellerautor und moderiert den Podcast *Christopher Lochhead Follow Your Different*, Kari ist eine erfolgreiche Eventplanerin, Immobilienentwicklerin und Designerin.

Wir wollten sichergehen, dass wir mit ihnen darüber reden könnten, wie sie ihre legendäre Beziehung zielgerichtet entwickelt hatten und wie sie sich bewusst dafür *entschieden* hatten, sich gegenseitig zu unterstützen, weil wir ihre Beziehung schon immer bewundert haben. Sie haben eine selten vorkommende Bindung, die gleichzeitig authentisch, offen, ehrlich und extrem verspielt ist … und die sie nicht durch Zufall erhalten haben.

[KL]: „Wir wollten beide unbedingt eine tolle Beziehung leben."

Also erschufen sie sich gleich von Anfang an eine. Sie redeten über die großen Themen – sie hatten die wichtigen, großen Gespräche –, und das schon, bevor sie überhaupt zusammenzogen. Dabei besprachen sie Fragen wie: „Wollen wir Kinder haben? Wo wollen wir wohnen? Wie machen wir es mit dem Geld? Was sind unsere wichtigsten Werte?"

[KL]: „Man muss die großen Sachen gleich von Anfang an richtig machen. ‚So lebe ich. Möchtest du auch so leben? Prima, ich möchte nämlich weiter so leben.' So etwas passiert nicht von selbst. Dinge passieren, weil man will, dass sie passieren. Wenn mir nicht gefällt, wie er lebt oder wie er denkt, sind wir zum Scheitern verurteilt."

Christopher und Kari gehen sehr offen damit um, wie sie ihre Beziehung zielgerichtet selbst entworfen haben.

Weil sie die wichtigen Gespräche über die großen Fragen schon geführt hatten, konnten sie sich von Anfang an aufeinander einstimmen. Wenn ein solches Fundament erst einmal gelegt ist, wiegen die kleinen Dinge (die sie vielleicht stören könnten) gleich viel weniger. Sie erzählten uns sogar, solche kleinen Dinge würden sie inzwischen gar nicht mehr wahrnehmen. Sie haben sich bewusst entschieden, die kleinen Nörgeleien, die manchmal in Beziehungen vorkommen, komplett sein zu lassen.

[CL]: „Man muss wissen, wen man geheiratet hat, egal, ob es um Kleinkram oder die ganz großen Fragen geht."

[KL]: „Mir ist es egal, dass Christopher das Waschbecken nach dem Zähneputzen nicht ausspült."

[CL]: „Moment mal, davon hast du mir noch nie etwas gesagt!"

[KL]: „Wir streiten nicht über solche Sachen, weil sie in Wirklichkeit nicht wichtig sind. Mir ist es egal, wenn er die Zahnpastatube nicht zumacht. Mir macht es nichts aus, wenn er die Klopapierrolle falsch herum aufhängt. Das ist doch der Großteil der Dinge, über die sich die Leute streiten. Wen interessiert denn das? Wer interessiert sich denn für solche Sachen? Was zum Problem wird, sind die negativen Gefühle, die durch diese ständigen Vorhaltungen entstehen. Und das braucht doch kein Mensch."

Und das ist auch schon alles. Aber wenn es dann doch einmal eng wird – wenn Probleme auftauchen –, haben Christopher und Kari eine wunderschöne Methode entwickelt, damit umzugehen.

Wenn eine Diskussion ein bisschen hitziger wird, wenn sie beide vielleicht sogar anfangen, etwas wütend zu werden, sagen sie: *„Das sind nicht wir!"* Das ist ihr Sicherheitswort, ihr Mantra, der Satz, der einen Streit beendet, bevor er überhaupt entstehen kann. Aber sie ignorieren das Problem nicht einfach. Sie warten, bis ihre Gefühle sich wieder beruhigt haben, und besprechen die Sache dann sachlich und konstruktiv.

[CL]: „Wenn etwas wichtig ist, warten wir ein bisschen und reden dann später darüber. Und wenn es nicht wichtig ist … naja, dann ist es doch auch egal, oder?"

Ein weiterer wichtiger Bestandteil ihres Designs für ihre Ehe ist die Art, wie sie beide dem jeweils anderen zur Seite stehen, wie sie sich gegenseitig unterstützen und ermutigen. Was andere Paare als Kompromiss betrachten, sehen sie als Möglichkeit, sich diese Unterstützung gegenseitig zu zeigen und den anderen zu ermutigen, Dinge zu tun, die ihn zum Strahlen bringen oder die ihn glücklich machen.

[CL]: „Meine Aufgabe ist es, Karis Großartigkeit und ihre Genialität zu stärken und zu unterstützen. Sie ganz für etwas entflammt zu sehen ist das Größte für mich."

[KL]: „Und ich weiß *genau*, wie es aussieht, wenn er für etwas leidenschaftlich brennt. Ich weiß, dass es ihn anregt, wenn er etwas so gut wie möglich machen kann, und ich helfe ihm nach Kräften dabei, diesen Punkt zu erreichen."

Diese Dinge helfen ihnen, sich gegenseitig zu zeigen, dass sie sich den Rücken decken und dass sie im gleichen Team sind. Sie sagen beide, wie wichtig es ist, dass der jeweils andere es weiß. Und diese Unterstützung greift sogar dann, wenn sie gerade gar nicht zusammen sind.

[CL]: „Ich habe etwas von Karis Vater gelernt, an das ich ständig denken muss. Wenn ich ihre Eltern beobachte, sehe ich, dass Phil *immer* auf Jeans Seite ist. Immer. Egal, worum es geht. Sogar, wenn sie gar nicht einer Meinung sind. Sogar, wenn sie mit einer anderen Person über Kreuz liegt. Phil ist auf Jeans Seite. Punkt. Und man darf nichts Böses über sie sagen, wenn Phil dabei ist. Genau so bin ich immer auf Karis Seite. Immer."

Lästereien gibt es nicht.

[KL]: „Wenn ich mit meinen Freundinnen über Christopher tratsche, dann nur über Dinge, die er selbst schon weiß. Über die wir uns schon unterhalten haben. Ich meine, manchmal mache ich mich mit ihnen darüber lustig, wie laut er ist. Das weiß er aber auch schon."

[CL]: „Bix Bickson hat es einmal sehr gut in Worte gefasst. Er sagte: ‚Die wahre Definition von Liebe ist es, genau für die Person geliebt zu werden, die man *ist*, und genau für die, die man *nicht ist*.'"

Dieses Zitat erklärt ziemlich gut, was für Personen Christopher und Kari in ihrer Ehe sein wollen und wofür sie sich zu sein entschieden haben.

[KL]: „Wir lieben uns einfach durch die Schwierigkeiten hindurch. Ich liebe es, dass er die ganze Küche versaut, wenn er sich mal einen Toast machen möchte. Im Ernst, das liebe ich wirklich an ihm. Und wenn ich mich einfach *entscheide*, das wahr sein zu lassen … Wie ich darauf reagiere, ist meine eigene Wahl. Wie ich ihn liebe, ist eine Entscheidung. Immer. Und wenn ich beschließe, ihn dafür zu lieben, wie könnten wir dann noch darüber streiten?"

[CL]: „Und wisst ihr … Jetzt, wo ich von dieser Sache mit dem Waschbecken erfahren habe, werde ich mich entscheiden, das in Zukunft auch besser zu machen."

Schritt 1: Vision

Das einzige, was schlimmer ist, als blind zu sein, ist, sehen zu können, aber keine Vision zu haben.

HELEN KELLER, amerikanische Autorin, politische Aktivistin und Rednerin

Legendäre Paare wissen, wohin sie gehen, und sie wissen, worauf sie hinarbeiten.

Man setzt sich ja auch nicht ohne Ziel ins Auto, sonst landet man nur an einem Ort, an dem man gar nicht sein wollte: am falschen Platz. Genau das Gleiche passiert auch, wenn man nicht weiß, wohin man mit seiner Beziehung möchte. Das passiert uns nicht noch einmal! Wir übernehmen die Kontrolle über unser Ziel. Und wir werden klar sehen, in welche Richtung wir uns bewegen.

Fangen wir doch mal damit an, dass wir uns darüber Gedanken machen, was „legendär" für dich bedeutet, und zwar in allen vier

Beziehungselementen: Du, Partner, Freunde und Liebende. Geh jedes dieser Elemente einzeln durch und stell dir selbst die folgenden Fragen:

- Wann hat dieses Element am besten funktioniert?
- Wann warst du besonders stolz auf eure gemeinsamen Errungenschaften?
- Was hast du in dieser Zeit getan und welche Gewohnheiten hattest du, die dazu beigetragen haben?
- Wie stehst du deinem Herzensmenschen zur Seite, wenn du am besten bist?
- Wie würde dieses Element aussehen, wenn eure Beziehung 10 von 10 Punkten bekommen würde?
- Wie würde eure Beziehung in einem Jahr aussehen und wie würde sie sich anfühlen, wenn sie bis dahin legendär geworden wäre?

Zu Beginn können deine Antworten so einfach oder so tiefgehend sein, wie du willst.

Wenn du eine Weile damit verbracht hast, deine persönliche Vision für die Elemente zu untersuchen, solltet ihr sie als Paar besprechen und anfangen, eine gemeinsame Vision zu erschaffen.

Eure Antworten geben euch Hinweise darauf, was ganz natürlich für euch funktioniert und was nicht. Ihr werdet Ähnlichkeiten bei euren Geschichten und Wünschen bemerken. Und Unterschiede. Und das ist alles völlig okay.

Arbeitet gemeinsam und abwechselnd daran, eine Vision zu erschaffen, die sich für euch beide richtig anfühlt. Manches wird ganz einfach sein; es wird offensichtliche Dinge geben, bei denen ihr euch sofort einig seid, und wichtige Aspekte, die ihr beide in eure Beziehung zurückbringen wollt. Es wird aber wahrscheinlich auch Dinge geben, bei denen ihr euch nicht einig oder unsicher seid. An diesen Stellen ist es besonders wichtig, dass ihr daran denkt, dass ihr gemeinsam in dieser Beziehung steckt. Wenn einer oder beide von euch nur für sich selbst in der Beziehung sind, kann keine Partnerschaft entstehen. Wenn es euch aber wirklich beiden wichtig ist, dass eure Beziehung gesund bleibt, bekommt ihr am Ende genau das, was ihr euch wünscht: zwei glückliche Menschen, die verliebt sind und bleiben und in ihrer Beziehung gedeihen. Dafür müsst ihr aber nicht gleich in der ersten Diskussion jedes einzelne Detail auf Linie bringen.

Macht euch klar, dass dieser Prozess nie ganz abgeschlossen sein und sich immer weiter entwickeln wird.

Wenn ihr als Einzelpersonen und als Paar wachst, wächst eure Vision mit euch. Kommt so oft zu diesem Schritt zurück, wie ihr könnt: einmal oder zweimal im Jahr, einmal im Quartal oder sogar jeden Monat. Eure Vision zu überarbeiten ist genauso wichtig, wie sie zu erschaffen.

Schritt 2: Ziele

Ich habe immer wieder gesehen, dass eine durchschnittlich intelligente Person mit einem klaren Ziel ein Genie, das nicht sicher ist, was es wirklich will, in die Tasche stecken kann.

BRIAN TRACY, Motivationsredner und Persönlichkeitsentwicklungsautor

Jetzt, da ihr euch gemeinsam eine Vision erschaffen habt, legt ihr die wichtigsten Dinge fest, die ihr zuerst angehen solltet. Denkt dabei an die Pyramide der Beziehungselemente und fangt beim Fundament, euren Du-Elementen und dem Partner-Element, an, wenn es in diesen Bereichen noch Dinge gibt, an denen ihr arbeiten solltet.

Eine lebenslange, legendäre Beziehung braucht eine feste Basis. Also fangt mit den Fundamenten an und arbeitet euch nach oben vor. Sucht euch 1 bis 3 Ziele aus, an denen ihr gleichzeitig arbeiten wollt. Was würde den größten Unterschied machen? Fangt damit an und schreibt eure Ziele auf.

Schritt 3: Pläne

Ein Ziel ohne Plan ist nur ein Wunsch.

ANTOINE DE SAINT-EXUPÉRY

Wir können gar nicht oft genug sagen, wie wichtig ein Plan für eure Liebesbeziehung ist. Ohne Plan landet man nur allzu oft in der Partnerschaftsschleife aus Ressentiments, Machtkämpfen und Abkopplung.

Pläne sind entscheidend. Sie sind die Wegbeschreibung, die euch verrät, wie ihr euer Ziel erreicht. Sie zeigen euch die Schritte und Gewohnheiten, die ihr braucht, um eure Vision wahr werden zu lassen. Außerdem könnt ihr durch Pläne die richtigen Handlungen in der richtigen Reihenfolge erkennen und überseht keine wichtigen Schritte.

Um euren Plan zusammenzustellen, könnt ihr jedes beliebige, effektive Planungssystem nutzen. Wenn ihr schon eines habt, das für euch funktioniert, nehmt doch einfach das! Fangt damit an, von eurer Vision aus rückwärts zu arbeiten und euch die Handlungen, Gewohnheiten, Werkzeuge und Ressourcen klarzumachen, die ihr braucht, um dort anzukommen. Hier sind ein paar grundlegende Schritte, die ihr braucht, um einen Plan zusammenzustellen:

1. Brainstorming: Schnappt euch ein leeres Blatt Papier und schreibt alles auf, von dem ihr denkt, es könnte euch helfen, euer Ziel zu erreichen. Welche Handlungen, Gewohnheiten, Ressourcen, Menschen und Werkzeuge würden oder könnten euch dabei helfen? Schreibt sie auf!

2. Sortiert eure Brainstormliste in die folgenden vier Kategorien:
    - *Handlungsschritte*
    - *Gewohnheiten*
    - *Menschen*
    - *Werkzeuge/Ressourcen*

3. Prioritäten: Was könnt ihr als Erstes machen, um voranzukommen? Und dann? Schreibt eine Liste, was ihr Schritt für Schritt machen werdet.

Denkt daran, wie wichtig es ist, eure ersten Gewohnheiten für den Plan winzig klein zu machen. Dadurch werden sie erreichbarer, ihr gewöhnt euch leichter daran, erzielt eine Verbundwirkung und findet für die Zukunft zu größeren Träumen und Zielen.

Schritt 4: Raum schaffen

Was uns ablenkt, beginnt schon bald, uns zu definieren. Wir müssen nicht jeder Aufforderung nachkommen.

BOB GOFF, Diplomat und Autor

Wenn ich jedes Mal einen Euro bekommen würde, wenn ich mich ablenken lasse, hätte ich gern ein Hundebaby.

UNBEKANNT

Wir leben in der ablenkungsanfälligsten Zeit aller Zeiten und wie glücklich (oder unglücklich) wir sind, lässt sich leider auch an dieser Tatsache ablesen.

Wenn wir uns bewusst machen, was uns alles ablenken kann, sieht das zunächst nur wie ein kleiner Schritt aus, aber es ergeben sich daraus eine Menge Möglichkeiten.

Wir reden hier von Dingen wie ständig piependen oder blinkenden Handys, die man jedes Mal in die Hand nimmt, wenn einem das Leben gerade mal eine Pause gönnt, aber auch von der Angewohnheit, zu allem ja zu sagen, obwohl man eigentlich gar keine Zeit dafür hat.

Hier sind ein paar Bereiche, in denen wir uns besonders gern ablenken lassen.

Elektrogeräte

Dass wir unsere Geräte zu viel und zu oft nutzen, ist einer der Hauptgründe für Unzufriedenheit in der Beziehung und Beschwerden des Partners oder der Partnerin. Kein Wunder, dass viele Menschen sich nicht im Gleichgewicht fühlen: Unsere Geräte beeinflussen jeden Bereich unseres Lebens, weil wir sie überall mithinnehmen können und weil sie dafür designt sind, unsere Aufmerksamkeit zu binden.

Traurigerweise wären die meisten Menschen sicherlich beschämt (wenn auch vielleicht nicht unbedingt überrascht), wenn sie die Zeit, in der sie ihrem Mobilgerät ihre ungeteilte Aufmerksamkeit widmen, und nicht ihrem Herzensmenschen, genau nachvollziehen könnten. Auch uns fiel das am Anfang schwer, deshalb luden wir uns Apps herunter, die uns genau zeigten, wie viel Zeit wir mit sozialen Medien und anderen Ablenkungen verbrachten.

Diese Apps verrieten uns außerdem, wie oft pro Tag wir unser Handy in die Hand nahmen. Am ersten Tag nahm Brandy ihr Handy 167-mal in die Hand. Stell dir nur mal vor, was es mit unserer Beziehung gemacht hätte, wenn sie stattdessen 167-mal am Tag Lances Hand genommen hätte! Außerdem hatte sie über eineinhalb Stunden lang Instagram geöffnet. Schauen wir uns doch mal an, wie viel Zeit das ist:

1,5 Stunden/Tag x 365 Tage/Jahr x 25 Jahre = 13.687,5 Stunden

Man sagt, es dauert 10.000 Stunden, eine Sache vollständig zu meistern. Wenn man sich durch Instagram wischt, meistert man gar nichts, am allerwenigsten die wichtigste Beziehung, die man direkt vor der Nase hat.

In seinem Buch *Die Gewinnerformel* schreibt Darren Hardy: „Was zwischen dir und deinem Ziel steht, ist dein Verhalten. Musst du mit irgendetwas aufhören, damit der Komponenteneffekt dich nicht in eine Abwärtsspirale führt? Und was musst du tun, um deinen Weg so zu ändern, dass er in die beste Richtung führt? Mit anderen Worten: Welche Gewohnheiten und Verhaltensweisen musst du in deinem Leben ablegen und welche hinzufügen? Dein Leben lässt sich auf diese Formel bringen:

DU ⇨ WAHL (Entscheidung) + VERHALTEN (Handlung) + GEWOHNHEIT + WIEDERHOLUNG (Handlung x Zeit) = ZIELE

Deshalb ist es wichtig herauszufinden, welche Verhaltensweisen den Weg zu deinem Ziel blockieren und welche Verhaltensweisen dir helfen, dein Ziel zu erreichen.“

Wir können uns entscheiden, unsere Ablenkungen zu wiederholen und dadurch immer unglücklicher zu werden, oder wir können stattdessen die Handlungen wiederholen, die uns dahin bringen, wo wir sein wollen.

Systeme

Wie wir schon im Du-Abschnitt besprochen haben, kann man sich auch Raum schaffen, indem man Systeme für Dinge entwickelt, die man gemeinsam macht. Achtet auf Muster und Dinge, die ihr im Leben immer wieder macht, zum Beispiel dauerhafte Bedürfnisse oder Hobbys der Kinder, Dinge, die immer auf dem Einkaufszettel stehen, und alltägliche Aufgaben im Haushalt. Wo könnt ihr Systeme erschaffen, um diese Dinge effizienter zu machen? Zu welcher Tageszeit wollt ihr sie euch vornehmen? Wie lange braucht ihr, bis ihr damit fertig seid? Erschafft euch ein System oder Checklisten und haltet euch daran.

Hilfe

Wenn ihr ein stressiges Leben führt, braucht ihr vielleicht jemanden, der euch hilft, eventuell auch nur vorübergehend. Das bedeutet zwar, dass ihr etwas Geld in die Hand nehmen müsst, aber denkt doch nur mal daran, wie viel eure Zeit wert ist, wenn es darum geht, eure Ehe intakt zu halten. Könnt ihr den Hausputz an jemand delegieren, damit ihr mehr Zeit für etwas habt, was eurer Beziehung hilft? Das Geschäft mit virtuellen Assistenzsystemen boomt gerade vor allem deshalb, weil viele kluge Menschen über den Wert ihres Geldes und ihrer Zeit nachdenken. Sie wollen mehr Zeit für Dinge zurückbekommen, die ihnen Freude machen oder Geld einbringen.

Das ist wichtig, vor allem in einer Zeit großer Veränderungen. Wenn ihr gerade erst damit anfangt, mehr Zeit in eure Beziehung zu investieren und noch nicht so viel Übung damit habt, solltet ihr darüber nachdenken, euch im wahrsten Sinne des Wortes mehr Zeit zu kaufen. Wenn ihr immer noch nicht davon überzeugt seid, seht es doch einmal so: Wenn ihr jemandem erlaubt, euch zu helfen, helft ihr dieser Person damit, ihre eigene Familie zu ernähren.

Schritt 5: Selbstverpflichtung

Disziplin ist die Brücke zwischen Zielen und Errungenschaften.

JIM ROHN

Je disziplinierter du die Dinge angehst, die dein Leben verbessern werden, desto leichter werden sie dir auch fallen. Das Leben setzt sich auf die optimale Schiene und funktioniert einfach; es wird legendär. Wenn du die Handlungen erst einmal kennst, die dich von deinem Ziel entfernen, und weißt, welche dich ihm näher bringen, wird es Zeit, dass du dich ganz hineinkniest. Für diesen Abschnitt wollen wir dir einen unserer Lieblingsdenker vorstellen, Brian Johnson von Optimize.me.

Brian Johnson sagt in einem seiner „+1"-Videos: „Sich einer Sache zu 100 Prozent zu verpflichten, ist überraschenderweise einfacher, als es zu 90 oder sogar 99,9 Prozent zu tun. Sich zu 100 Prozent einer Sache zu verschreiben, hat einen besonderen Zauber, der uns jede Menge Energie spart und dafür sorgt, dass wir viel wahrscheinlicher bei der Stange bleiben. Es ist nämlich so: Wenn wir uns zu weniger als 100 Prozent verpflichten, lassen wir dadurch Platz für die kleine Jammerstimme, die immer dann mit uns verhandeln will, wenn wir es am wenigsten brauchen können und wenn wir sie am dringendsten ignorieren müssten."

Dem können wir nur zustimmen! Wir opfern nicht nur Zeit und Schwung, wenn wir unser Ziel aus den Augen verlieren, wir verlieren auch noch den Anschluss und müssen uns abhetzen, um wieder am Rennen teilnehmen zu können. Das wird passieren, und später reden wir auch noch mal darüber, wie ihr euch am besten darauf vorbereitet, aber es ist nicht das Ziel. Unsere Mission ist es, eine legendäre Beziehung zu erschaffen, also verpflichten wir uns auch dazu, daran zu arbeiten.

Brian erzählt außerdem von einem hervorragenden Buch, *Coming Alive* von Barry Michels und Phil Stutz, das von den zwei Teilen handelt, die wir alle in uns tragen: dem Träumer und dem Macher.

Brian lehrt uns: „Selbstbeherrschung ist die Basis, aus der wahres Selbstvertrauen entsteht, und das hat mehrere Gründe. Erstens weiß man nie, wann das eigene Leben aus dem Ruder läuft, wenn man keine Selbstbeherrschung hat und sich von jedem Impuls, den man hat, mitreißen lässt.

Und zweitens weiß man nie, ob man den großen Träumen, die man hat, auch wirklich nacheifern wird, wenn man sich selbst nicht so weit im Griff hat, dass man das tut, von dem man sagt, es sei wichtig.

Und hier kommen der Träumer und der Macher ins Spiel. Dein Träumer ist der Teil von dir, der dein unendliches Potenzial sehen kann; er weiß, dass du so viel mehr tun könntest, als du jetzt schon machst.

Dein Macher ist der Teil, der tatsächlich das tut, was am besten für dich ist. Dein Träumer muss in der Lage sein, deinem Macher zu vertrauen. Dein Träumer muss wissen, dass dein Macher sich schon um alles kümmern wird, wenn du sagst, dass etwas wichtig ist. Wenn du dieses Vertrauen in deinen Macher nicht haben kannst, hast du auch nicht das Selbstvertrauen, das du brauchst, um die Sache zu schaffen."

Dann erinnert er uns daran, dass die lateinische Wurzel für das englische Wort Confidence genau wie das deutsche *Selbstvertrauen* auf ein starkes *Vertrauen* hinauslaufen – in diesem Fall dem Grundvertrauen zwischen dem eigenen Träumer und dem eigenen Macher. Danke, Brian!

Schritt 6: Los geht's!

Der Schlüssel ist, JETZT anzufangen. Jede Großtat, jedes fantastische Abenteuer, beginnt mit einem kleinen Schritt. Der erste Schritt sieht immer schwerer aus, als er tatsächlich ist.

DARREN HARDY, amerikanischer Autor, Redner, Berater und ehemaliger Verleger

Grant Cardone fragt in seinem Buch *Die 10x-Regel: Der feine Unterschied zwischen Misserfolg und Erfolg*: „Wieviel genau müssen wir eigentlich tun, um Erfolg zu erschaffen?"

Es ist wenig überraschend, dass jeder nach einer geheimen Abkürzung sucht, aber die Tatsache, dass es keine Abkürzungen gibt, ist genauso wenig überraschend. Je mehr man tut, desto größer sind die Chancen, dass man eine gute Gelegenheit nicht nur bekommt, sondern auch nutzen kann.

Diszipliniertes, regelmäßiges und ausdauerndes Handeln ist wichtiger als alles andere, wenn es darum geht, erfolgreich zu sein. Zu verstehen, wie man die nötigen Schritte erkennt und dann entsprechend und ausreichend handelt, ist wichtiger als das Konzept, die Idee, die Erfindung oder der Plan.

Die meisten Leute scheitern nur daran, dass sie nicht die richtige Menge Handlungsenergie in ihre Absicht stecken. Um das Handeln etwas einfacher zu machen, brechen wir deine Auswahlmöglichkeiten in vier einfache Kategorien herunter, die jeweils verschiedene Mengen Handlungsenergie repräsentieren. Diese vier Möglichkeiten hast du:

1. Nichts tun.
2. Rückzug
3. Normal handeln
4. Überdurchschnittlich handeln

Die meisten Menschen leben auf den ersten drei Leveln der Handlungsenergie: entweder sie tun nichts, sie ziehen sich zurück oder sie handeln auf einem normalen Niveau. Diejenigen, die ihre Träume erreichen, sind aber die, die große Mengen Handlungsenergie auf einmal aufbringen können.

Das klingt ein bisschen nach dem, wovon wir weiter vorne schon gesprochen haben, oder? Erinnerst du dich? Dass man „eine Null" ist (nichts tut/sich zurückzieht) oder „keine Null" (normal handelt) oder „legendär" (überdurchschnittlich handelt)?

In *Die Gewinnerformel* schreibt Darren Hardy: „Das Gleiche passiert beim Start einer Rakete. Das Space Shuttle verbraucht in den ersten paar Minuten seines Flugs mehr Treibstoff als während des ganzen Rests seiner Reise. Warum? Weil es sich aus dem Griff der Schwerkraft befreien muss. Wenn es das erst einmal geschafft hat, kann es im Orbit gleiten. Das Schwierigste? Vom Boden loszukommen. Deine alten Gewohnheiten und Konditionierungen sind wie die Trägheit eines Karussells oder die Erdanziehungskraft. Alles tendiert dazu, so zu bleiben, wie es ist. Du brauchst eine Menge Energie, um die eigene Trägheit zu durchbrechen und ein neues Unternehmen auf den Weg zu bringen. Aber sobald du erst mal in Schwung bist, bist du so gut wie unaufhaltsam – praktisch unbesiegbar –, und das, obwohl du jetzt viel weniger Aufwand betreibst und trotzdem immer bessere Resultate erhältst."

Es ist so ähnlich, wie ins Fitnessstudio zu gehen und anzufangen, zu trainieren: Der Anfang ist immer das Schwerste! Wenn du erst einmal dabei bist, macht es dir Spaß, vor allem, wenn du fertig bist und dich toll fühlst. Hast du nach dem Sport schon mal gedacht: „Puh, hätte ich das doch nicht gemacht!"? Wir auch nicht.

So ähnlich ist es auch mit eurer *T.E.A.M.*-Zeit. Es ist vielleicht nicht ganz einfach, damit loszulegen, aber falls es dir hilft, denk einfach daran, dass du bei diesem Prozess einen fest eingebauten Rechenschaftspartner hast: deinen Herzensmenschen! Ihr könnt euch gegenseitig anspornen und inspirieren, überdurchschnittliche Handlungsenergie für euch selbst und eure Beziehung zu erbringen.

Und kaum, dass ihr euch verseht, nimmt die Sache für euch Fahrt auf, ihr kommt in Schwung, fühlt euch siegreich und findet die Motivation, euch noch mehr Herausforderungen zu stellen und mehr Gewohnheiten zuzulegen, die eure Beziehung voranbringen wie noch nie.

Schritt 7: Fortschritte prüfen

Menschen, die ihre Zeit weise nutzen, verbringen sie mit Aktivitäten, die ihre große Lebensaufgabe voranbringen.

JOHN C. MAXWELL

Niemand hat Zeit, allzu lang das Falsche zu machen. Effektiv die eigenen Fortschritte zu prüfen, wird eurem Erfolg Flügel verleihen. Wenn ihr eure Fortschritte dagegen nicht prüft, müsst ihr euch darauf einstellen, dass euer Erfolg darunter leidet. Dieser Schritt erlaubt euch nämlich, innezuhalten und zu sagen: „Hey, das funktioniert prima, lass uns damit weitermachen oder mehr davon tun!" – oder aber: „Das funktioniert nicht; hören wir damit auf und probieren wir etwas Neues aus." Wir finden es enorm wichtig, dass es zu einem Teil eures gemeinsamen Morgens und eures *T.E.A.M.*s wird, gemeinsam eure Fortschritte zu prüfen.

Wenn ihr das tut, redet darüber, was gut funktioniert und was nicht klappt. Passt eure Methoden immer wieder an. Wie bei jedem anderen Plan auch ist es ganz normal, etwas zu streichen, was eurer Beziehung nicht dient. Aber auch hier ist der Schlüssel zu allem, darüber zu reden – also die Fortschritte *gemeinsam* zu prüfen.

Eine einfache Methode dafür ist es, euch darüber auszutauschen, wo ihr jedes der Elemente oder alles, was ihr tut, auf einer Skala von

1 bis 10 seht. Du könntest deinen Herzensmenschen zum Beispiel fragen: „Wie würdest du unsere Freundschaft auf einer Skala von 1 bis 10 einordnen?" oder „Auf einer Skala von 1 bis 10, wie bekomme ich diese Woche das aktive Zuhören hin?"

Achtet darauf, mindestens einmal pro Woche Zeit einzuplanen, um eure Fortschritte zu prüfen. Das muss nicht zwangsläufig immer an dem Abend sein, an dem ihr miteinander ausgeht, aber wenn ihr vorher schon vereinbart, wann ihr es machen wollt, könnt ihr euch beide darauf vorbereiten und seid in dem Moment auch in der richtigen Gemütsverfassung, um euch auszutauschen und zu diskutieren. Wenn die Kinder im Bett sind oder beim Frühstückskaffee sind zum Beispiel tolle Zeiten, eure Selbstverpflichtungen rauszuholen und sie zu besprechen.

Auch eure Meetingzeit während des *T.E.A.M.*s ist perfekt dafür geeignet. Wenn wir jede Woche unsere Fortschritte prüfen, schreiben wir dabei oft eine Liste mit Diskussionsthemen, die wir dann nacheinander während unserer Meetings abarbeiten. Uns gehen nie die Dinge aus, die wir auf den Prüfstand stellen wollen.

Schritt 8: Zurücksetzen

Wer am Planen scheitert, plant schon sein Scheitern.

ALAN LAKEIN, Autor

Ihr müsst darauf vorbereitet sein, dass die Dinge manchmal aus dem Ruder laufen, oder dass jemand einen Fehler macht. Wir sind alle Menschen und unser Leben ist sehr kompliziert. Je länger du mit Ärger, Frust oder Überforderung lebst, desto schwieriger ist es, wieder in die richtige Spur zu kommen. Eines der schönen Dinge daran, eine Vision und einen Plan zu haben, ist, dass man ihn sich einfach vornehmen und schauen kann, wie viele Fortschritte man gemacht hat. Dann spricht man sich mit dem Partner oder der Partnerin ab und setzt das Ganze auf Werkseinstellungen zurück. Fängt noch mal an. Zur Not auch von ganz vorne. Also macht unbedingt einen Plan fürs Zurücksetzen!

Das Wichtigste daran, alles wieder zurückzusetzen, insbesondere bevor ihr es wirklich tun müsst, ist, es nachsichtig anzugehen. Manchmal passieren einfach Dinge. Man wird zum Beispiel krank oder zieht um – was auch immer es sein mag, das Leben kann einem manchmal in die Quere kommen. Große Ereignisse erschaffen große Prioritäten und große Veränderungen. Akzeptiert das und seid nachsichtig miteinander.

Sogar das Buch, das du gerade liest, wurde (hauptsächlich) in den ganz frühen Morgenstunden geschrieben und fraß dabei gar nicht so selten ein bisschen Zeit auf, die wir eigentlich für unsere *S.A.V.E.R.S.* und unser *T.E.A.M.* reserviert hatten. Aber wir wussten, dass auch das vorbeigehen würde. Wir gingen nachsichtig damit um und wussten, dass wir bald wieder regelmäßig damit weitermachen würden.

Feiern

Je mehr man sein Leben feiert und bejubelt,
desto mehr gibt es darin zu feiern.

OPRAH WINFREY, amerikanische Medienmacherin, Schauspielerin, Talkshowmoderatorin, Fernsehproduzentin und Philanthropin

Feiert eure Fortschritte!

Warum? Weil jede Errungenschaft, egal wie klein, die Belohnungszentren in unserem Gehirn aktiviert. Wenn diese Pfade sich öffnen, werden wichtige Chemikalien ausgeschüttet, die dafür sorgen, dass wir stolz sind auf uns und auf das, was wir erreicht haben.

Hauptsächlich wird dabei ein Neurotransmitter namens Dopamin ausgeschüttet, ein Hormon, das uns Energie verleiht und dafür sorgt, dass wir uns rundum gut fühlen. Dieses Hormon verleiht uns nicht nur die Fähigkeit, das süße Gefühl der Belohnung zu spüren, sondern auch die nötigen Handlungen vorzunehmen, die dazu geführt haben, dass es beim letzten Mal freigesetzt wurde.

Darren Hardy sagt: „Arbeit allein ist das beste Rezept für Rückschläge.“

Wenn du an dir selbst und deiner Beziehung arbeitest, ist das wunderbar und sollte auch entsprechend gefeiert werden.

Egal, wie klein der Sieg oder das Ereignis, es tut immer gut, sich einen Moment Zeit zu nehmen, um sie auf sich wirken zu lassen. Wenn du eine Selbstverpflichtung eingehalten hast, ein besonders gutes Gespräch mit deinem Herzensmenschen hattest oder ein verloren geglaubtes Stück Intimität wieder zum Leben erweckt hast … solltet ihr das feiern! Gebt euch ein High Five, geht zusammen aus, lacht gemeinsam oder verbringt etwas Zeit als Familie. Feiert jeden kleinen Schritt! Schließlich erschafft ihr so gemeinsam als Paar eine tiefe und dauerhafte Verbindung.

DAS BESTE KOMMT ERST NOCH!

Hal und Ursula Elrod

In diesem Buch reden wir immer wieder davon, dass man sich eine legendäre Beziehung erschafft. Wie das aussieht, unterscheidet sich allerdings von Mensch zu Mensch, deshalb müssen wir jeder für sich eine Definition dafür finden. Wir hatten das große Glück, uns mit Hal und Ursula zusammensetzen zu können, um mit ihnen über die Definition von „legendär“ und darüber, was es für *sie* beide für ihre Ehe bedeutet, zu sprechen.

[UE]: „Für mich besteht eine legendäre Beziehung aus zwei Menschen, die sich entschieden haben, gemeinsam eine Familie zu gründen, und für die Scheidung nicht in Frage kommt. Man ist immer für sich da, jederzeit, und man zeigt seinen Kindern, wie eine gesunde Beziehung aussieht. Wenn wir uns in der Küche küssen und die Kinder machen ‚Iiiihhh!‘, sage ich ihnen immer, sie sollten sich lieber vor dem Tag fürchten, an dem das nicht mehr passiert.

Legendär ist, eine Beziehung zu haben, die andere Leute sehen und denken: ‚Das hätte ich auch gern.' Perfekt ist sie natürlich nicht. Perfekte Beziehungen gibt es nicht. Hal kann das bezeugen. Wir haben uns auch schon mit einer Menge Stress und Problemen herumgeschlagen, die eine Herausforderung für die Kraft unserer Beziehung dargestellt haben: Wir verloren unser Haus, mussten mit unserem Neugeborenen wieder bei Hals Vater einziehen, weil uns niemand etwas vermieten wollte, zogen in einen ganz anderen Bundesstaat und ließen unsere Familien zurück, und so weiter bis hin zu Hals Krebserkrankung. Der ganze Wahnsinn. Perfekt ist es nie.

Deshalb glaube ich, für mich ist das der wichtigste Teil: dass man das Ganze nicht einfach hinwirft, nur weil es mal ein echtes Problem in der Beziehung gibt, man aber zu müde ist, sich die Mühe zu machen und die Energie hineinzustecken, die man bräuchte, um es wieder gut zu machen.

Tut mir leid, aber manchmal entstehen aus solchen Problemen auch die schönsten Dinge. Nichts, was etwas wert ist, fliegt einem einfach so zu. Die Raupe muss sich abmühen, um zum Schmetterling zu werden. Das Leben und die Ehe sind auch oft ein Kampf. Niemand geht ganz ohne Probleme durchs Leben, aber genau da wachsen wir eben auch, da passiert der Zauber: wenn wir uns durch Schwierigkeiten hindurchbeißen.

Bei uns ist Scheidung ein Wort, dass nie im Streit ausgesprochen werden wird. Wir bringen das Thema einfach nicht auf. Das wäre nicht fair, meiner Meinung nach wäre es ein Schlag unter die Gürtellinie. Nicht, das ich nicht manchmal gemein sein könnte …, aber das ist die wichtigste Regel, die wir haben. Wir haben einen Deal miteinander gemacht, dass wir auch im Streit fair zueinander bleiben wollen.

Manchmal wird es chaotisch und manchmal wird es auch hässlich. Aber mindestens genauso oft macht es Spaß und ist ein tolles Abenteuer. Eine Ehe ist eine so wundervolle gemeinsame Reise durchs Leben, eine der besten, auf denen ich je war, und vor uns liegen immer noch so viele Abenteuer. Wenn du dich festgefahren fühlst, wenn alles sich ein bisschen abgenutzt anfühlt, wenn das Gras des Nachbarn auf einmal viel grüner aussieht, solltest du nicht gleich das Haus verkaufen, um einen neuen Garten zu bekommen, du solltest lieber mehr Arbeit in den eigenen Garten stecken. Er kann wieder wunderschön und grün werden, aber manchmal muss man eben richtig hart daran arbeiten."

[HE]: „Ich glaube, dass eine legendäre Beziehung aus zwei Menschen besteht, die sich gegenseitig bedingungslose Liebe entgegenbringen und einander wirklich dabei unterstützen, aus sich selbst das Beste zu machen. Als ich Anfang zwanzig war, habe ich ein Buch gelesen, *Vollendung in Liebe* von Don Miguel Ruiz, der auch *Die vier Versprechen* geschrieben hat.

Er sagt so etwas Ähnliches. Bei ihm heißt es, Liebe sei, das für die andere Person zu wollen, was sie selbst für sich will. Die meisten von uns sind in unseren Beziehungen egoistisch. ‚Ich will, dass du dies oder jenes tust; ich will, dass du so oder so bist; ich will deine Zeit, du musst mehr Zeit mit mir verbringen, und das musst du richtig machen.'

Ich will eine Beziehung, in der wir einander lieben und uns darin unterstützen, das zu erreichen, was wir selbst wollen. Wir helfen einander, die Erfahrung zu machen, das Ziel zu erreichen oder den Wunsch zu erfüllen, und unterstützen uns gegenseitig darin, unser höchstes, bestes Selbst zu werden.

Was besonders cool an unserer Beziehung ist, ist diese Geschichte: Als Ursula und ich noch ganz frisch zusammen waren, war sie bei mir und zog ausgerechnet dieses Buch aus meinem Bücherregal (und du kannst dir sicher vorstellen, dass darin Hunderte von Büchern standen).

Sie fragte mich, worum es in dem Buch gehe, und ich antwortete: ‚In diesem Buch ist Liebe genau so definiert, wie ich sie auch definieren würde. Die Frau, die ich irgendwann einmal heiraten werde, muss dieses Buch gelesen haben und ihm zustimmen. Das wird nämlich eine der Grundlagen für unsere Ehe sein.' Und sie fragte: ‚Kann ich es ausleihen?' Das war ein großartiges Zeichen für unsere Beziehung.

Zu beschließen, dass du in deiner Beziehung für den anderen da sein wirst, um ihm selbstlos zu helfen. Das ist, was es für mich bedeutet, eine legendäre Beziehung zu führen."

12. DIE 30-TAGE-MIRACLE-MORNING-CHALLENGE

Ein außergewöhnliches Leben entsteht aus täglichen, stetigen Verbesserungen in seinen wichtigsten Bereichen.

ROBIN SHARMA, kanadischer Autor

Lass mich einen Moment den Advocatus Diaboli spielen. Kann der *Miracle Morning* jeden Bereich deines Lebens und deiner Beziehung wirklich in nur 30 Tagen so grundlegend verändern? Gibt es überhaupt irgendetwas, das so schnell einen so großen Effekt hat? Naja, denk daran: Der *Miracle Morning* hat schon für über eine Million Menschen in mehr als siebzig Ländern funktioniert. Wenn er bei anderen klappt, klappt er auch bei dir.

Sich Dinge neu anzugewöhnen oder Gewohnheiten zu verändern dauert allerdings seine Zeit, also erwarte nicht, dass es dir ab dem ersten Tag leichtfallen wird. Indem du dir aber selbst fest versprichst, dass du bei der Stange bleibst, wirst du bald merken, dass du dich daran gewöhnst, jeden Tag mit einem *Miracle Morning* und den *Life S.A.V.E.R.S.* zu beginnen. Auf dieser Grundlage kannst du sehr gut aufbauen, wenn du dir noch weitere Gewohnheiten zulegen möchtest.

Denk daran: *Wenn du den Morgen gewinnst, gewinnst du den ganzen Tag.*

Die ersten Tage, die man braucht, um eine Gewohnheit zu ändern, mögen sich unerträglich anfühlen, aber sie gehen vorbei. Wie lange es wirklich dauert, sich etwas neu anzugewöhnen, wird aktuell heiß diskutiert, aber es gibt eine sehr wirksame Drei-Phasen-Strategie, die nachgewiesenermaßen eine Million Menschen zum Erfolg geführt hat, die ihre Schlummertaste besiegt haben und jetzt jeden Morgen mit einem *Miracle Morning* aufstehen.

Unaufhaltsam statt unerträglich

Die Drei-Phasen-Strategie, mit der du dir in nur 30 Tagen jede Gewohnheit aneignen kannst!

Wenn du mit der 30-Tage-*Miracle-Morning*-Challenge beginnst, erhältst du dadurch auch die vermutlich einfachste und effektivste Strategie, um dir in nur dreißig Tagen jede mögliche neue Gewohnheit zuzulegen und zu erhalten.

Die folgende Strategie verleiht dir die Geisteshaltung und den Ansatz, die du nutzen kannst, während du deine neue Routine aufbaust.

Phase Eins: Unerträglich (Tag 1–10)

In der ersten Phase erfordert jede neue Aktivität enormen Aufwand. Das ist beim Frühaufstehen nicht anders. Man kämpft gegen bestehende Gewohnheiten an, die seit *Jahren* tief in der eigenen Persönlichkeit verankert sind.

In dieser Phase wirst du manchmal merken, dass der Geist zwar willig, das Fleisch aber schwach ist. Die Gewohnheit, die Schlummertaste zu drücken und dir selbst die Gelegenheit zu nehmen, jeden Morgen optimal zu beginnen, hindert dich daran, der Superstar unter den Lebenspartnern zu werden, der du sein kannst. Also bleib stark und mach weiter!

Während du dich in der ersten Phase mit bestehenden Gedankenmustern und einschränkenden Überzeugungen herumschlägst, wirst du merken, aus welchem Holz du geschnitzt bist und wozu du in der Lage bist. Du musst dich durchbeißen und an deiner Vision festhalten. Glaub mir, du schaffst das.

Wir wissen aus Erfahrung, dass es entmutigend sein kann, am fünften Tag aufzuwachen und zu merken, dass du noch fünfundzwanzig Tage vor dir hast, bevor du dich komplett in einen Frühaufsteher verwandelt hast.

Denk in solchen Momenten daran, dass du schon die Hälfte der ersten Phase geschafft hast und dass die nächsten beiden Phasen viel einfacher werden. Diese ersten Gefühle bleiben nicht ewig. Du bist es dir selbst schuldig, durchzuhalten. Es wird nicht mehr lange dauern, bis du die Person bist, die du immer sein wolltest, und genau das bekommst, was du dir erträumst.

Phase Zwei: Unbequem (Tag 11-20)

Körper und Geist fangen in der zweiten Phase an, sich daran zu gewöhnen, früher aufzuwachen. Du wirst merken, dass es dir ein kleines bisschen leichter fällt, aufzustehen, aber noch ist es keine Gewohnheit – es fühlt sich nicht ganz natürlich an und ist noch kein Teil deiner Persönlichkeit geworden.

Die größte Versuchung an diesem Punkt ist, sich zu belohnen, indem man eine Pause macht, besonders am Wochenende. Eine Frage, die in der *Miracle Morning*-Community relativ oft gestellt wird, lautet: „Wie oft pro Woche steht ihr früh auf und macht einen *Miracle Morning*?" Unsere Antwort – und die, die man Langzeitanwendern des *Miracle Morning* am häufigsten hört – lautet: „Jeden Tag."

Du hast in der ersten Phase das Schlimmste geschafft, also mach weiter. Warum solltest du es dir antun wollen, die erste Phase noch einmal durchmachen zu müssen, indem du eine Pause einlegst? Glaub uns, das willst du nicht, also lass es lieber!

Phase Drei: Unaufhaltsam (Tag 21–30)

Inzwischen ist das Frühaufstehen nicht nur eine Gewohnheit, es ist *ein Teil von dir* geworden, ein Teil deiner Persönlichkeit. Körper und Geist haben sich dem neuen Dasein angepasst. In den nächsten zehn Tagen ist es wichtig, dass du diese Gewohnheit fest in dir selbst und deinem Leben verankerst.

Wenn du den *Miracle Morning* jeden Tag umsetzt, bekommst du außerdem eine bessere Perspektive auf die drei unterschiedlichen Phasen der Angewöhnung. Das bedeutet, du lernst dadurch, dir jede hilfreiche, neue Gewohnheit anzueignen – auch die Gewohnheiten der legendären Paare, die du in diesem Buch findest.

Jetzt hast du die einfachste und effektivste Methode gelernt, dir jede neue Gewohnheit in 30 Tagen erfolgreich anzueignen und zu erhalten. Dadurch kennst du jetzt auch die Geisteshaltung und die Vorgehensweise, die du brauchst, um die 30-Tage-*Miracle-Morning*-Challenge anzunehmen. Jetzt brauchst du dir nur noch vorzunehmen, gleich damit anzufangen und bei der Stange zu bleiben.

Denk an das, was du gewinnst

Wenn du dich der 30-Tage-*Miracle-Morning*-Challenge stellst, legst du damit den Grundstein für Erfolg in jedem deiner Lebensbereiche – für den ganzen Rest deines Lebens. Indem du jeden Morgen aufstehst und zuerst einen *Miracle Morning* machst, beginnst du jeden Tag mit einem außergewöhnlichen Maß an ***Disziplin*** (der überaus wichtigen Fähigkeit, die dich in die Lage versetzt, deine Verpflichtungen zu erfüllen), ***Klarheit*** (der Kraft, die du daraus gewinnst, dich auf das Wichtigste zu konzentrieren) und ***Persönlichkeitsentwicklung*** (des vielleicht wichtigsten Erfolgsfaktors, den du haben kannst). Du wirst also in den nächsten 30 Tagen schnell merken, wie du dich *zu der Person entwickelst*, die du sein musst, um außergewöhnlich viel persönlichen, geschäftlichen oder finanziellen Erfolg zu erlangen – so, wie du es dir erträumst.

Gleichzeitig machst du den *Miracle Morning* von einem Konzept, das sich spannend anhört und das du gerne ausprobieren möchtest (auch wenn es dich vielleicht ein bisschen nervös macht), zu einer lebenslangen Gewohnheit, die dich immer weiter in die Person verwandelt, die du sein musst, um das Leben zu bekommen, das du dir wünschst. Du wirst anfangen, dein Potenzial zu erfüllen und Ergebnisse in deinem Leben zu erfahren, die alles, was du bisher kennst, weit übertreffen.

Neben erfolgversprechenden Gewohnheiten wirst du auch die ***Geisteshaltung*** entwickeln, die du brauchst, um dein Leben zu verbessern – nach innen und nach außen. Indem du jeden Tag die *Life S.A.V.E.R.S.* anwendest, erfährst du die körperlichen, geistigen, emotionalen und spirituellen Vorzüge von **S**tille, **A**ffirmationen, **V**isualisierungen, **E**xercise (Bewegung), **R**eading (Lesen) und **S**chreiben. Dadurch fühlst du dich unmittelbar weniger gestresst, besser im Einklang mit dir selbst, konzentrierter, glücklicher und neugieriger auf dein eigenes Leben.

Du verschaffst dir viel mehr Energie, Klarheit und Motivation, deine höchsten Ziele und Träume zu verfolgen – besonders die, die du schon viel zu lange aufgeschoben hast.

Denk daran, deine Lebenssituation wird sich verbessern, nachdem – und erst *nachdem* – du zu der Person geworden bist, die du sein musst, um sie zu verbessern. Genau das können diese nächsten 30 Tage deines Lebens werden: dein Neuanfang und dein neues Bewusstsein.

Du schaffst das!

Wenn du jetzt nervös, zögerlich oder besorgt bist, ob du es schaffen wirst, 30 Tage durchzuhalten, entspann dich bitte. Es ist normal, dass du dich jetzt so fühlst, insbesondere dann, wenn du in der Vergangenheit bereits Schwierigkeiten hattest, morgens aus dem Bett zu kommen. Da ist es ganz natürlich, dass du ein bisschen unsicher oder zurückhaltend bist, aber das ist sogar ein sehr gutes Zeichen.

Es zeigt, dass du bereit bist, dich ganz der Sache zu verschreiben, sonst wärst du nicht nervös.

Los geht's!

Schritt 1: Hol dir das 30-Tage-Miracle-Morning-Challenge-Schnellstarterset

Geh auf www.MiracleMorning.com/Germany und lade dir dort das kostenlose 30-Tage-*Miracle-Morning*-Challenge-Schnellstarterset herunter – Übungen, Affirmationen, tägliche Checklisten, Nachverfolgungstabellen und alles, was du sonst noch brauchst, um die 30-Tage-*Miracle-Morning*-Challenge so leicht wie möglich zu beginnen und zu beenden. Nimm dir dafür jetzt bitte eine Minute Zeit.

Schritt 2: Plane deinen ersten Miracle Morning für morgen ein

Wenn du es noch nicht getan hast, schreib dir für den nächstmöglichen Termin – idealerweise gleich für *morgen* – deinen ersten *Miracle Morning* in den Kalender. Ja, schreib ihn richtig auf und entscheide dabei auch gleich, wo du ihn machen möchtest. Denk daran, wir empfehlen dir, dass du dein Schlafzimmer verlässt und dich so der Versuchung deines warmen Bettchens entziehst.

Wir machen unseren *Miracle Morning* auf der Couch im Wohnzimmer, während der Rest des Haushalts noch tief und fest schläft. Wir haben aber auch schon von Menschen gehört, die ihren *Miracle Morning* draußen in der Natur machen, auf ihrer Terrasse, im Garten oder in einem Park in der Nähe. Mach deinen an einem Ort, an dem du dich wohlfühlst, an dem du aber auch ungestört bleiben kannst.

Schritt 3: Lies die erste Seite des Startersets und mach die Übungen

Lies die Einleitung deines 30-Tage-*Miracle-Morning*-Challenge-Schnellstartersets, folge den Anweisungen und mach die Übungen. Wie alles im Leben, das sich zu tun lohnt, erfordert die 30-Tage-

Miracle-Morning-Challenge ein wenig Vorbereitung. Es ist wichtig, dass du die Einführungsaufgaben in deinem Starterset (für die du nicht mehr als eine Stunde brauchen solltest) machst. Denk dabei daran: Dein erster *Miracle Morning* beginnt bereits mit der Vorbereitung, die du am Tag (oder Abend) vorher vornimmst, um dich mental, emotional und logistisch auf den *Miracle Morning* vorzubereiten. Dazu gehört auch die fünfstufige Anti-Schlummer-Strategie auszuführen, wie in Kapitel 2 beschreiben.

Schritt 3.1: Such dir einen Rechenschaftspartner (empfohlen)

Erfolg und die Rechenschaft, die man einem anderen ablegt, sind untrennbar miteinander verbunden, das zeigen zahlreiche Belege. Den meisten Menschen widerstrebt es zwar, Rechenschaft abzulegen, aber jemanden zu haben, der einen höheren Maßstab an uns anlegt, als wir es selbst tun, verbessert unsere Fähigkeit, zu schaffen, was wir uns vorgenommen haben, enorm.

Jeder kann die Vorzüge genießen, die es mit sich bringt, einen Rechenschaftspartner zu haben, deshalb möchten wir dir ans Herz legen – aber natürlich nicht vorschreiben –, dass du dir jemanden suchst (einen Kollegen, ein Familienmitglied, einen Freund, deinen Partner oder deine Partnerin etc.), der dich bei der 30-Tage-*Miracle-Morning*-Challenge unterstützt.

Eine Person zu haben, der du regelmäßig Rechenschaft ablegst, sorgt nämlich nicht nur dafür, dass deine Chancen, durchzuhalten, sich erheblich verbessern, es macht auch einfach mehr Spaß, sich mit jemandem zusammenzutun.

Wenn du etwas spannend findest und begeistert davon bist, es alleine auszuprobieren, steckt darin schon eine Menge Kraft. Diese Kraft vervielfacht sich allerdings noch deutlich, wenn du jemanden an deiner Seite hast – einen Freund, ein Familienmitglied oder einen Kollegen –, der ebenso begeistert und aufgeregt ist.

Ruf heute noch eine oder mehrere Personen an, oder schreib ihnen eine SMS oder E-Mail, und lade sie ein, mit dir zusammen die 30-Tage-*Miracle-Morning*-Challenge zu versuchen. Am schnellsten stellst du ihnen alle nötigen Informationen zur Verfügung, indem du ihnen den Link zu www.MiracleMorning.com/Germany schickst, damit sie sich das *Miracle Morning*-Schnellstartset herunterladen können. Darin enthalten sind:

- **Das kostenlose *Miracle Morning*-Trainingsvideo**
- **Der kostenlose *Miracle Morning*-Audioguide**
- **Zwei kostenlose Kapitel aus *Miracle Morning: Die Stunde, die alles verändert***

Das kostet deinen Rechenschaftspartner nichts, aber du erhältst dadurch jemanden, der ebenso entschlossen ist, sein Leben auf die nächste Stufe zu heben wie du, sodass ihr euch unterstützen und ermutigen könnt, indem ihr euch gegenseitig Rechenschaft ablegt.

WICHTIG:

Warte mit deinem ersten *Miracle Morning* und der 30-Tage-Challenge nicht, bis du einen Rechenschaftspartner gefunden hast. Egal, ob du schon jemanden gefunden hast, der den Weg mit dir gehen will oder nicht, wir empfehlen dir dringend, deinen ersten *Miracle Morning* gleich für morgen einzuplanen und ihn durchzuführen – egal, was passiert. Leg gleich damit los!

Wenn du schon ein paar Tage lang erfahren hast, wie sich der *Miracle Morning* anfühlt, wirst du ein viel leichteres Spiel haben, jemand anderen mit deiner Begeisterung anzustecken.

Fang einfach damit an und lade einen Freund, ein Familienmitglied oder einen Kollegen dazu ein, sich das kostenlose *Miracle-Morning*-Schnellstarterset auf www.MiracleMorning.com herunterzuladen, wenn du Zeit dafür hast.

Es wird nicht mal eine Stunde dauern, bis sie vollständig in der Lage sein werden, zu deinem *Miracle Morning*-Rechenschaftspartner zu werden – und sich höchstwahrscheinlich auch selbst ein wenig inspiriert fühlen werden.

Bist du bereit, dein Leben auf die nächste Stufe zu heben?

Was ist die nächste Stufe deines Berufs- oder Privatlebens? Welche Lebensbereiche musst du verändern, um auf diese nächste Stufe zu gelangen? Mach dir selbst das Geschenk von nur 30 Tagen, die du investierst, um dein Leben Tag für Tag entscheidend zu verbessern. Egal, wie deine Vergangenheit aussieht – du *kannst* die Zukunft verändern, indem du deine Gegenwart änderst.

ABSCHLUSSGEDANKEN

Mach heute zu dem Tag, an dem du hinter dir lässt, wer du warst, und zu dem wirst, der du werden kannst!

Denk jeden Tag beim Aufwachen: „Heute bin ich glücklich, weil ich aufgewacht bin, weil ich am Leben bin, weil ich ein wertvolles menschliches Leben habe und es nicht verschwenden werde. Ich werde all meine Energie einsetzen, um mich selbst weiterzuentwickeln und mein Herz zu anderen wachsen zu lassen. Ich werde so viel wie möglich tun, um anderen zu dienen."

DALAI LAMA

Dinge ändern sich nicht. Wir ändern uns.

HENRY DAVID THOREAU

Wo du jetzt bist, ist das Ergebnis davon, wer du *warst*, aber wohin du von hier aus gehst, hängt ausschließlich davon ab, wer du dich ab sofort zu werden entscheidest. Jetzt ist dein Moment. Beschließe, dass heute der wichtigste Tag deines Lebens ist, denn wer du *jetzt* wirst – durch die Entscheidungen, die du triffst und die Dinge, die du tust – bestimmt, wer und wo du für den Rest deines Lebens sein wirst. Schieb es nicht auf die lange Bank, das Leben, das du dir wünschst und das du verdienst – das Glück, die Gesundheit, den Reichtum, den Erfolg und die Liebe – zu erschaffen und zu erleben.

Kevin Bracy, einer meiner Mentoren, sagte gerne: „Warte nicht ab, werde großartig!" Wenn du dein Leben verbessern möchtest, musst du zunächst dich selbst verbessern.

Lade jetzt das 30-Tage-*Miracle-Morning*-Challenge-Starterset auf www.MiracleMorning.com/Germany herunter und nimm dir fest vor, die Herausforderung zu schaffen (mit oder ohne Rechenschaftspartner), um dir sofort mehr von deinem Potenzial zu erschließen als je zuvor. Stell es dir nur mal vor: In nur einem Monat wirst du schon auf dem besten Weg sein, jeden Bereich deines Lebens grundlegend zu verändern.

Helfen wir anderen!

Darf ich dich um einen kleinen Gefallen bitten?

Wenn dieses Buch dir etwas für dein Leben gebracht hat, wenn du das Gefühl hast, dass es dir nach der Lektüre besser geht, und wenn du denkst, der *Miracle Morning* könnte für dich den Neubeginn bedeuten, den du brauchst, um jeden deiner Lebensbereiche auf die nächste Stufe zu heben, dann hoffe ich, dass du jemandem, den du magst, etwas Gutes tun wirst:

Schenk ihm das Buch oder leih ihm dein Exemplar. Bitte ihn, es zu lesen, damit er ebenfalls die Chance hat, sein Leben zu verbessern. Falls du noch nicht bereit bist, dein eigenes Buch wegzugeben, weil du planst, es noch einmal zu lesen, schenk ihm doch einfach ein eigenes Exemplar, um ihm zu sagen: „Hey, ich mag und schätze dich, und ich will dir helfen, dein Leben so gut wie möglich zu gestalten. Lies dieses Buch!"

Wenn du genau wie ich glaubst, dass man ein besonders guter Freund oder Kollege, oder ein besonders gutes Familienmitglied wird, indem man seinen Freunden und Liebsten hilft, die beste Version ihrer selbst zu werden, solltest du ihnen unbedingt dieses Buch schenken.

Gemeinsam heben wir das Bewusstsein der gesamten Menschheit auf die nächste Stufe – Morgen für Morgen.

Vielen Dank.

EINE BESONDERE EINLADUNG VON HAL

(nur für den Fall, dass du sie beim ersten Mal übersehen hast)

Die Leser und Anwender des *Miracle Morning* haben eine außergewöhnliche Gemeinschaft von über 180.000 ähnlich gesonnen Personen auf der ganzen Welt geschaffen, die jeden Tag mit einem Ziel aufwachen und Zeit darauf verwenden, das unbegrenzte Potenzial zu nutzen, das in uns allen liegt, während sie gleichzeitig anderen helfen, das Gleiche zu tun.

Als Autor von *Miracle Morning* empfand ich es als meine Pflicht, eine Online-Community zu schaffen, in der sich Leser zusammenfinden können, um sich kennenzulernen, sich gegenseitig Mut zu machen, sich über die besten Methoden auszutauschen, sich gegenseitig zu unterstützen, über das Buch zu diskutieren, Videos zu posten, einen Partner zu finden, dem sie Rechenschaft ablegen können, und sogar Smoothierezepte und Sporteinheiten zu teilen.

Allerdings hätte ich mir damals ehrlich gesagt nicht träumen lassen, dass die *Miracle Morning*-Community eine der positivsten, engagiertesten und sich gegenseitig am besten unterstützenden Online-Communitys der Welt werden würde, aber genau das ist passiert. Die Persönlichkeit und menschliche Größe unserer Mitglieder aus mittlerweile über siebzig Ländern erstaunt mich jeden Tag aufs Neue – und es werden immer mehr.

Geh einfach auf www.MyTMMComunity.com und beantrage Aufnahme in die Facebook-Gruppe der *Miracle Morning*-Community. So kommst du augenblicklich in Kontakt mit über 150.000 Menschen, die die Methoden des *Miracle Morning* bereits anwenden. Einige davon fangen ihren Weg zum *Miracle Morning* vielleicht erst an, aber es gibt noch viele mehr, die schon seit Jahren dabei sind und ihre Ratschläge, Unterstützung und Erfahrung nur zu gerne teilen, um dir schneller zum Erfolg zu verhelfen.

Ich moderiere diese Community und schaue auch regelmäßig dort vorbei, also freue ich mich darauf, dich dort zu treffen. Wenn du lieber persönlich auf den Sozialen Medien mit mir in Kontakt treten möchtest, folge einfach @HalElrod auf Twitter oder Facebook.com/YoPalHal auf Facebook. Ich möchte dich kennenlernen!

BONUS-KAPITEL

DIE MIRACLE-GLEICHUNG VON HAL ELROD

Es gibt zwei Arten, sein Leben zu leben: entweder so, als wäre nichts ein Wunder, oder so, als wäre alles ein Wunder.

ALBERT EINSTEIN, deutscher theoretischer Physiker

Du weißt inzwischen, dass du früh aufwachen, einen außergewöhnlichen Energiepegel halten, deine Konzentration zielgerichtet einsetzen und Lances und Brandys nicht ganz offensichtlichen Du- und Gemeinsamkeitsprinzipien anwenden *kannst.* Wenn du jetzt auch noch das Folgende auf jeden Bereich deines Lebens anwendest, wirst du sogar noch viel weiter kommen und dein Leben wird wirklich außergewöhnlich werden.

Um diesen Sprung zu machen, brauchst du aber noch ein letztes Werkzeug in deinem Kasten: die *Miracle-Gleichung.*

Die *Miracle-Gleichung* ist die grundlegende Strategie, die ich angewandt habe, um mein volles Potenzial als Verkäufer, Freund, Ehemann und Vater zu erschließen. Sie hat damit zu tun, wie man seine Ziele betrachtet. Dan Casetta, einer meiner Mentoren hat einmal gesagt: „Der wahre Zweck eines Ziels ist nicht, es zu erreichen. Sein wahrer Sinn ist es, zu der Person zu werden, die ihre Ziele erreichen kann, unabhängig davon, ob man ein bestimmtes Ziel nun erreicht oder nicht. Wirklich wichtig ist, wer man wird, wenn man bis zum letzten Moment alles gibt – nicht das, was dabei herauskommt."

Wenn du dich dafür entscheidest, bei einem scheinbar unerreichbaren Ziel zu bleiben, obwohl es durchaus möglich ist, dass du es nicht erreichen wirst, wirst du ganz besonders konzentriert, gewissenhaft und zielgerichtet werden. Je höher du deine Ziele steckst, desto genauer wirst du herausfinden, aus welchem Holz du geschnitzt bist.

Zwei Entscheidungen

Wie bei jeder großen Herausforderung musst du Entscheidungen treffen, die damit zusammenhängen, dass du das Ziel erreichen willst. Du kannst dir eine Deadline setzen und einen Plan machen, indem du dich fragst: „Wenn ich mein Ziel bis zu diesem Zeitpunkt erreichen will, welche Entscheidungen muss ich dann jetzt treffen und wozu muss ich mich im Voraus bereits entschließen?"

Egal, welches Ziel du für dich auswählst, du wirst immer feststellen, dass es immer *die gleichen* zwei Entscheidungen sind, die besonders große Auswirkungen haben. Diese Entscheidungen sind die Grundlage der *Miracle-Gleichung*.

Die erste Entscheidung: Unerschütterlicher Glaube

In meinem Leben gab es einmal eine Zeit, in der ich versuchte, ein unmögliches Verkaufsziel zu erreichen. Dieses Beispiel stammt zwar aus meinem Berufsleben, aber ich werde dir zeigen, dass es sich auch auf deine Beziehung (und alle anderen Lebensbereiche) anwenden lässt.

Zu dieser Zeit war ich sehr gestresst und musste mich häufig mit Ängsten und Zweifeln auseinandersetzen, aber dass ich auch viel über mein Ziel nachdachte, brachte mich zu einem wichtigen Schluss: Um das scheinbar Unmögliche zu schaffen, musste ich jeden Tag unerschütterlich daran glauben, *egal, welche Ergebnisse ich tatsächlich erzielte.*

Ich wusste, dass es Zeiten geben würde, in denen ich an mir zweifelte, und Zeiten, in denen ich so weit von der Spur abgekommen war, dass das Ziel in noch weiterer Ferne zu liegen schien als vorher.

Und genau in diesen Momenten musste ich meine Selbstzweifel mit unerschütterlichem Glauben überwinden.

Um mir auch für die schwierigen Momente so viel Glauben an mich selbst zu erhalten, habe ich in dieser Zeit immer wieder mein *Miracle-Mantra* wiederholt:

Ich werde ____________________________ (mein Ziel erreichen), egal, was passiert. Eine andere Möglichkeit gibt es nicht.

Bitte mach dir klar, dass es nicht *normal* ist, so unerschütterlich an etwas zu glauben. Die meisten Leute tun es nicht. Wenn es nicht so aussieht, als wäre man auf dem richtigen Weg zum gewünschten Resultat, hören Menschen, die Durchschnittsleistungen erbringen, auf zu glauben, dass es trotzdem möglich ist, es zu erlangen. Wenn nur noch Sekunden auf der Uhr sind und das Spiel unentschieden steht, dann sind es Höchstleistungsträger – die Michael Jordans dieser Welt – die ihren Teamkollegen ohne zu zögern sagen: „Gebt mir den Ball!"

Der Rest des Teams atmet erleichtert auf, weil sie sich vom Druck und der Angst befreit fühlen, den entscheidenden Wurf zu vermasseln. Michael Jordan dagegen kann sich auf die Entscheidung verlassen, die er irgendwann im Lauf seines Lebens getroffen hat: dass er sich den unerschütterlichen Glauben daran bewahrt, dass er treffen kann, auch wenn es natürlich nicht garantiert ist. Michael Jordan hat im Lauf seiner Karriere sechsundzwanzigmal bei spielentscheidenden Würfen danebengeworfen, aber den Glauben daran, dass er jedes Mal treffen kann, hat er nie verloren.

Das ist die erste Entscheidung, die äußerst erfolgreiche Menschen treffen, und du kannst das auch.

Wenn du auf ein Ziel hinarbeitest und dabei vom Weg abkommst, was fliegt dann als Erstes aus dem Fenster? *Der Glaube daran, dass das Ziel, das du dir gesetzt hast, erreichbar ist.* Du beginnst, dich selbst negativ zu beeinflussen, indem du dir einredest: „Ich arbeite in die falsche Richtung. Es sieht so aus, als könne ich das Ziel nicht erreichen." Und mit jeder Sekunde, die so verstreicht, glaubst du ein bisschen weniger daran.

Damit musst du dich nicht abfinden. Du hast die Wahl und die Kraft, dir einen unerschütterlichen Glauben zu erhalten, egal, was kommt, und egal, welche Ergebnisse du erzielst. Das ist der Schlüssel dazu, dir eine glückliche Beziehung aufzubauen, denn die Ergebnisse hast du häufig nicht direkt in der Hand.

Ab und zu zweifelst du vielleicht an dir selbst oder hast einen schlechten Tag mit deinem Herzensmenschen. In den dunkelsten Stunden fragst du dich vielleicht, ob alles irgendwann ein gutes Ende finden wird. Gerade dann ist es besonders wichtig, dass du – immer wieder – den Glauben daran findest, dass alles möglich ist. An diesem Glauben musst du während deiner ganzen Reise festhalten, egal, ob es sich damit um eine fünftägige Sex-Challenge handelt, oder um eine dreißig Jahre dauernde Ehe.

Es ist sehr wichtig, dass du deine Rolle als Partner oder Partnerin in direktem Zusammenhang zu Berufen siehst, in denen Höchstleistungen erbracht werden müssen, weil die Parallelen unübersehbar sind. Wenn du dir nicht die Zeit nimmst, diese Parallelen zu finden, ist es gut möglich, dass du dich auf die Momente konzentrierst, in denen du auf deinem Weg gescheitert bist, statt die Erfolge im Auge zu behalten. Also hör mir bitte weiter zu.

Die erfolgreichsten Leistungssportler leben in dem festen Glauben, dass sie jeden Schuss in einen Treffer verwandeln können. Dieser Glaube – der Glaube, den du auch entwickeln musst – hat nichts mit Wahrscheinlichkeit zu tun. Er stammt aus einer gänzlich anderen Quelle. Die meisten Verkaufsleute arbeiten nach etwas, das sich „Gesetz des Durchschnitts" nennt. Aber wir reden hier nicht vom Durchschnitt, sondern von einer Art „Gesetz des Wunders". Wenn du immer wieder daneben wirfst, musst du dich umso mehr davon überzeugen, was Michael Jordan sich selbst sagt: „Ich habe den Korb zwar dreimal verfehlt, aber ich will den Ball trotzdem haben, und das nächste Mal treffe ich."

Dein Glaube bleibt unerschütterlich, auch wenn du beim nächsten Mal immer noch nicht triffst. Wiederhole das *Miracle-Mantra:*

Ich werde ________________________ (mein Ziel erreichen), egal, was passiert. Eine andere Möglichkeit gibt es nicht.

Dann nimm dich beim Wort und tu, was du dir versprochen hast.

Auch Elitesportler haben manchmal Tage, an denen sie das schlechteste Spiel ihres Lebens machen. Solche Spiele, bei denen es für drei Viertel der Zeit so aussieht, als könnten sie gar nichts treffen.

Und dann, im vierten Viertel, gerade dann, wenn ihre Mannschaft es am dringendsten nötig hat, fangen sie an zu treffen. Sie verlangen stets nach dem Ball; sie glauben immer an sich selbst und ihre eigenen Fähigkeiten. Im letzten Viertel landen sie plötzlich dreimal so viele Treffer wie im ganzen Rest des Spiels.

Und warum? Weil sie sich darauf konditioniert haben, unerschütterlich an ihre Talente, Fähigkeiten und Fertigkeiten zu glauben – egal, was auf der Punktetafel steht oder wo sie sich gerade auf der Weltrangliste befinden.

Und außerdem …

… besitzen sie aber auch noch den zweiten Teil der *Miracle-Gleichung: überdurchschnittlichen Einsatz.*

Die zweite Entscheidung: Überdurchschnittlicher Einsatz

Wenn du zulässt, dass dir der Glaube an dich selbst abhanden kommt, folgt ihm der Einsatz meistens auf dem Fuß. Du fängst an, dir einzureden, es sei ja ohnehin sinnlos, sich abzustrampeln, um ein Ziel zu erreichen, das du niemals schaffen kannst. Plötzlich fängst du an zu hinterfragen, ob du deinen Herzensmenschen je wieder unbefangen berühren oder mit ihm flirten kannst, geschweige denn das große Ziel zu erreichen, das du dir vorgenommen hast.

Das ist mir auch schon oft passiert. Ich fühlte mich entmutigt und dachte: „Wozu versuche ich es überhaupt?“ Ebenso, wie du vielleicht denkst: „Das schaffe ich doch nie und nimmer. Meine Beziehung bewegt sich in die falsche Richtung.“

An dieser Stelle brauchst du überdurchschnittlich viel Einsatz. Konzentriere dich auf dein ursprüngliches Ziel und spüre die Verbindung zu der Vision, die du dir davon erschaffen hast. Finde das große „Warum“ in deinem Herzen und deinem Hirn, das du hattest, als du dir das Ziel ursprünglich gesetzt hast.

Dafür musst du das Ziel noch einmal neu aufrollen, so wie ich es getan habe. Frag dich: „Wenn ich am Ende dieses Monats das Ziel erreicht hätte, was hätte ich dann dafür alles getan? Was hätte ich tun müssen?“

Wie auch immer die Antwort ausfällt, wichtig ist, dass du bei der Stange bleibst und dich durchbeißt, egal, wie die Ergebnisse aussehen. Du musst daran glauben, dass du am Ende erfolgreich dastehen wirst.

Du musst dir den unerschütterlichen Glauben an deinen Erfolg erhalten und gleichzeitig überdurchschnittlichen Einsatz zeigen, bis das Spiel abgepfiffen wird. Nur so gibst du dem Wunder die Gelegenheit, überhaupt zu geschehen.

Wenn du das tust, was der Durchschnittsmensch macht – das, was in unserer menschlichen Natur liegt –, dann bist du genau das: durchschnittlich in deiner Partnerschaft.

Entscheide dich dafür, kein Durchschnittsmensch zu sein! Denk daran: Dein Denken und Handeln bestimmt deine Resultate. Das ist eine selbsterfüllende Prophezeiung. Also geh klug damit um.

Du hast einen Vorteil: Ich erkläre dir jetzt die Strategie, mit der du praktisch sicherstellst, dass du jedes deiner Ziele erreichst.

Die Miracle-Gleichung

Unerschütterlicher Glaube + Überdurchschnittlicher Einsatz = Wunder

Es ist einfacher als du glaubst. Das Geheimnis hinter einem unerschütterlichen Glauben liegt darin, zu erkennen, dass es sich dabei um eine Geisteshaltung und eine Strategie handelt – es ist nichts Konkretes. Im Gegenteil, der Glaube ist nicht einmal leicht zu fassen.

Kein Verkäufer bringt *jedes* Geschäft zum Abschluss. Es ist einfach nicht *jeder* Schuss ein Treffer. Du kannst nicht *jede* Auseinandersetzung mit deinem Partner oder deiner Partnerin gewinnen. Deshalb musst du dir den unerschütterlichen Glauben einprogrammieren, damit er dich antreibt, überdurchschnittlichen Einsatz in die Sache zu stecken, egal, was dabei herauskommt.

Denk daran, der Schlüssel dazu, diese Gleichung in die Praxis umzusetzen und mitten im tiefsten Selbstzweifel unerschütterlichen Glauben zu bewahren, liegt in deinem *Miracle-Mantra*:

Ich werde ____________________________, egal, was passiert. Eine andere Möglichkeit gibt es nicht.

Setz dir ein Ziel und formuliere es als *Miracle-Mantra.* Deine Affirmationen nimmst du dir sowieso schon jeden Morgen (und vielleicht zusätzlich noch einmal jeden Abend) vor.

Dein *Miracle-Mantra* solltest du dir aber darüber hinaus jeden Tag den ganzen Tag immer wieder vorsagen – während du die Kinder zur Schule bringst, im Zug zur Arbeit, auf dem Laufband im Fitnessstudio, unter der Dusche, in der Schlange an der Supermarktkasse, einfach *überall, wohin du gehst.*

Dein *Miracle-Mantra* wird deinen Glauben an dich selbst verstärken und dir den Zuspruch geben, den du brauchst, um es nur noch einmal zu versuchen, und dann nochmal und nochmal.

Bonuslektion

Erinnerst du dich noch daran, was ich von meinem Mentor Dan Casetta über den Zweck von Zielen gelernt habe? Du musst die Art Mensch werden, die das Ziel erreichen *kann.* Dabei erreichst du das Ziel zwar nicht jedes Mal, aber du kannst dadurch trotzdem zu einer Person werden, die sich unerschütterlichen Glauben erhält und überdurchschnittlichen Einsatz zeigt, egal, was am Ende dabei herauskommt.

So wirst du der Mensch, der du sein musst, wenn du regelmäßig außergewöhnlich hoch gesteckte Ziele erreichen willst.

Das Ziel zu erreichen, spielt dabei (fast!) keine Rolle, aber es wird dir trotzdem immer häufiger gelingen. Gewinnen Höchstleistungssportler jedes Mal? Nein, aber meistens. Genauso kannst du auch meistens gewinnen.

Du kannst früher aufstehen, mit Hingabe und Begeisterung die *Life S.A.V.E.R.S.* absolvieren, dich organisieren, konzentrieren und auf dein Ziel ausrichten und jede Beziehungsherausforderung wie ein Profi meistern.

Den Erfolg, den du dir wünschst, wirst du trotzdem nur erlangen, wenn du unerschütterlichen Glauben und überdurchschnittlichen Einsatz kombinierst.

Die *Miracle-Gleichung* erlaubt dir, auf Kräfte zuzugreifen, die niemand so ganz versteht.

Du erhältst dadurch Energie aus einer Quelle, die man als Gott, das Universum, das Gesetz der Anziehung oder sogar einfach nur als Glück bezeichnen könnte. Ich weiß nicht, wie sie funktioniert; ich weiß nur, dass sie es tut.

Wenn du dieses Buch bis hierher gelesen hast, ist klar, dass du dir Erfolg dringender wünschen als fast alles andere. Entschließe dich also dazu, jeden Teil deiner Beziehungsentwicklung mit aller Kraft durchzuziehen, auch die *Miracle-Gleichung.* Du verdienst es und ich will, dass du es auch bekommst!

Die Miracle-Gleichung in der Praxis

1. Schreib dir die *Miracle-Gleichung* auf und häng sie an einer Stelle auf, wo du sie jeden Tag siehst:
   Unerschütterlicher Glaube + Überdurchschnittlicher Einsatz = Wunder (UG + ÜE = W∞).

2. Wähle für dieses Jahr das oberste Ziel für deine Beziehung. Welches Ziel würde dich am nächsten an dein ideales Familienleben bringen, wenn du es erreichen könntest?

3. Schreib dein *Miracle-Mantra* auf: *Ich werde ___________ (füge hier deine Ziele und täglichen Handlungen ein), egal, was passiert. Eine andere Möglichkeit gibt es nicht.*

Dabei geht es hauptsächlich darum, wer du durch diesen Prozess werden kannst. Dein Selbstbewusstsein wird sich steigern und du wirst schon das nächste Mal, wenn du versuchst, ein Ziel zu erreichen (und jedes weitere Mal danach), zu der Art von Person, die alles gibt, was in ihr steckt – egal, was dabei herauskommt.

Schlussgedanken

Herzlichen Glückwunsch! Du hast etwas geschafft, was nur einer kleinen Zahl von Menschen gelingt: Du hast ein ganzes Buch gelesen. Wenn du es so weit geschafft hast, verrät mir das etwas über dich: Du sehnst dich nach mehr. Du willst mehr werden, mehr tun, mehr beitragen und mehr verdienen.

Dadurch, dass du dieses Buch gelesen hast, hast du jetzt die einmalige Chance, die *Life S.A.V.E.R.S.* zu einem Bestandteil deines Lebens und deiner Beziehung zu machen, deine tägliche Routine zu verbessern und schlussendlich dein ganzes *Leben* zu einer erstklassigen Erfahrung zu machen, wie du es dir in deinen kühnsten Träumen nicht vorgestellt hättest. Und bevor du es dich versiehst wirst du die astronomischen Vorzüge einfahren können, die dir die täglichen Gewohnheiten von Höchstleistungsträgern einbringen.

In fünf Jahren wirst du zurückblicken und erkennen, dass dein Familienleben, deine Beziehung und dein Einkommen das Ergebnis von genau einer Sache sind: *von der Person, die du geworden bist.* Es ist an dir, jeden Morgen früh aufzustehen und Zeit darauf zu verwenden, die beste Version deiner selbst zu werden. Ergreife diese Gelegenheit beim Schopf, erschaff dir eine Vision für die Zukunft und wende das an, was du aus diesem Buch gelernt hast, um deine Vision wahr werden zu lassen!

Stell dir vor, wie du in ein paar Jahren das Journal wiederfindest, das du angefangen hast, gleich nachdem du dieses Buch gelesen hast. Darin findest du die Ziele, die du dir notiert hast – Träume, die du zu dieser Zeit nicht einmal laut auszusprechen wagtest. Wenn du dich dann umsiehst, wirst du feststellen, dass *diese Träume jetzt Teil deines Lebens geworden sind.*

Im Moment stehst du am Fuß eines Bergs, den du ohne größere Probleme besteigen kannst. Alles, was du tun musst, ist, weiterhin für deinen *Miracle Morning* aufzustehen und die *Life S.A.V.E.R.S.* anzuwenden, Tag für Tag, Monat für Monat und Jahr für Jahr, während du dich *selbst*, deine *Familie* und deine *Erfolge* zu Höhen führst, wie du sie noch nie erlebt hast.

Kombiniere deinen *Miracle Morning* mit einem Entschluss, die vier Beziehungselemente zu meistern und die *Miracle-Gleichung* zu nutzen, um Ergebnisse zu erzielen, von denen die meisten Menschen nur träumen können.

Dieses Buch stellt eine Sammlung von Methoden dar, von denen wir wissen, dass sie dir helfen werden, all deine Lebensbereiche auf die nächste Stufe zu bringen, und zwar schneller, als du im Moment vielleicht glaubst. Man wird nicht dazu geboren, Höchstleistungen zu erbringen – man wird zu einer solchen Person, indem man sein Leben darauf ausrichtet, sich selbst und seine Fähigkeiten konstant zu verbessern, um das zu erreichen, was man sich schon immer gewünscht hat.

Und das kannst du auch. Ich verspreche es.

Los geht's! Die 30-Tage-*Miracle-Morning*-Challenge

Jetzt bist du dran! Werde einer von zehntausenden Menschen, die ihr Leben mithilfe des *Miracle Morning* verwandelt haben. Schließ dich der Online-Community auf www.TMMBook.com an und lade dir das Starterset herunter, damit du *heute* noch anfangen kannst.

ÜBER DIE AUTOREN

HAL ELRODs Lebensmission ist es, *das Bewusstsein der Menschheit zu heben, und zwar einen Morgen und eine Person nach der anderen.* Er ist Gründer einer der am schnellsten wachsenden und engagiertesten Online-Communities, die es gibt, und Autor eines der beliebtesten und am besten verkauften Bücher der Welt: *Miracle Morning: Die Stunde die alles verändert.* Das Buch wurde mittlerweile in 34 Sprachen übersetzt und hat über 2.000 Fünf-Sterne-Bewertungen auf Amazon erhalten; die darin beschriebene Methode wird täglich von über 500.000 Menschen in mehr als 70 Ländern praktiziert – also scheint er auf dem richtigen Weg zu sein.

Das Besondere daran ist, dass Hal mit 20 Jahren starb. Er war von einem Betrunkenen mit knapp 120 km/h frontal angefahren worden und hatte sich elf Knochen gebrochen, war sechs Minuten lang klinisch tot und wachte nach sechs Tagen im Koma auf, nur um von den Ärzten zu hören, er würde nie wieder gehen können.

Im November 2016 wäre Hal zum zweiten Mal beinahe gestorben. Seine Nieren, seine Lunge und sein Herz waren bereits im Begriff, den Dienst zu verweigern, als bei ihm eine sehr seltene, sehr aggressive Form von Krebs diagnostiziert wurde; seine Überlebenswahrscheinlichkeit lag bei nur 20-30 %. Nachdem er das schwerste Jahr seines Lebens durchgestanden hatte, ist Hal heute frei von Krebs und lebt seine Mission gemeinsam mit seiner Frau und ihren beiden Kindern in Austin in Texas.

Wenn du mehr über Hals Tätigkeit als Redner, seine Live-Events und Bücher, die demnächst erscheinende Dokumentation, den Film *The Miracle Morning* und noch viel mehr herausfinden willst, besuch ihn auf www.HalElrod.com.

LANCE UND BRANDY SALAZAR. Lance wurde in Kalifornien geboren und machte einen Bachelor in Chemie an der *Fresno State University,* bevor er an der *University of the Pacific* in Pharmazie promovierte. Brandy wurde ebenfalls in Kalifornien geboren und machte ihre Abschlüsse, nun ja, an der *Louis Pasteur Jr. High School* und der Schule des Lebens. Einen Highschoolabschluss oder gar einen Hochschulabschluss hat sie nicht. Das ist aber auch egal.

Lance und Brandy sind seit 2005 verheiratet und haben zwei wunderschöne Töchter, Hooley und Natalie. Lance arbeitete 20 Jahren als Klinikpharmazeut und Brandy war in der gleichen Zeit im Immobilienhandel erfolgreich. Obwohl sie finanziell und gesellschaftlich sehr gut dastanden, waren sie voneinander abgekoppelt und investierten nicht genug Energie in ihre Ehe. Kurz vor ihrer Scheidung entschieden sie sich, sich gegenseitig eine letzte Chance zu geben. Nachdem sie einen anderen Weg eingeschlagen hatten, ihre Ehe so eingerichtet hatten, wie sie wollten, und jede Menge Arbeit an sich selbst geleistet hatten, verliebten sie sich neu ineinander.

Nachdem sie ihre Beziehung wieder zum Leben erweckt hatten, suchten sie ihre Grundwerte, ihre Prioritäten und ihre Familienmission. Das führte dazu, dass sie ihre Berufe aufgaben, ihr „Traumhaus" verkauften, fast alles weggaben, was sie besaßen, ein kleines Bauernhaus kauften und gemeinsam begannen, ihre Töchter zu Hause zu unterrichten.

Ihre Erfahrungen teilen sie in einem Projekt namens „Legendary Couples with Kids". Ihre Mission dabei ist es, Paaren das Werkzeug und die Ressourcen an die Hand zu geben, die sie brauchen, um sich wieder neu zu verbinden oder ihre Bindung zu stärken, damit ihre gesunde und blühende Beziehung ihren Kindern und kommenden Generationen als Beispiel dienen kann. Mehr Informationen zu diesem Projekt findest du auf www.legendarycouples.com.

HONORÉE CORDER ist die Autorin von Dutzenden von Büchern, darunter *You Must Write a Book*, die *The Prosperous Writers*-Serie, *Vision to Reality*, *Business Dating*, die *The Successful Single Mom*-Serie, *If Divorce is a Game, These are the Rules*, und *The Divorced Phoenix*. Außerdem ist sie Hal Elrods Geschäftspartnerin für die *Miracle Morning*-Reihe. Honorée arbeitet als Coach für Geschäftsleute, Sachbuchautoren und solche, die es werden wollen, und hilft ihnen, ihre Bücher so zu veröffentlichen, dass sie Bestsellerstatus erreichen, eine Plattform bieten und ihren Autoren zusätzliche Einkommensquellen erschließen. Außerdem macht sie noch eine Menge andere Wunderdinge und hat es auch sonst voll drauf. Mehr über Honorée erfährst du auf www.HonoreeCorder.com.

Hal Elrod, Mike & Lindsay McCarthy
mit Honorée Corder:

Miracle Morning für Eltern & Familien
Die Stunde, die dein Familienleben verändert

Aus dem amerikanischen Englisch von Christina Brombach
Geleitwort von Stephanie Walther
ISBN 978-3-95904-154-6
Edition Forsbach 2021

Bist du bereit, die Führung deiner Familie zu übernehmen und deine Vision eines idealen Familienlebens zu verwirklichen?

Mike und Lindsay McCarthy – zwei erfolgreiche Berufstätige, die eine abenteuerliche Homeschooling-Familie führen – zeigen dir Prinzipien und außergewöhnliche Fähigkeiten, die du brauchst, um dir und deiner Familie ein liebevolles, gut funktionierendes Zuhause zu erschaffen.

In diesem Buch erfährst du …

- Warum der Morgen wichtiger ist, als du denkst.
- Wie du dich am besten führen und deine persönliche Entwicklung beschleunigen kannst.
- Wie du mit deiner Energie umgehen kannst – physisch, mental und emotional.
- Welche außergewöhnlichen Fähigkeiten Eltern brauchen: Zielstrebigkeit, Verspieltheit und Perspektive.

***Miracle Morning für Eltern & Familien* ist der Schlüssel zu einer tiefen und befriedigenden Beziehung zu deinen Kindern – einer Beziehung, die ihr Leben und deines auf erstaunliche Weise beeinflussen wird.**

Hal Elrod, David Osborn mit Honorée Corder:

Miracle Morning für Millionäre
Das Erfolgsgeheimnis: Was die Reichen vor 8 Uhr tun

Aus dem amerikanischen Englisch von Christina Brombach
Geleitwort von Prof. Dr. Lothar Seiwert
ISBN 978-3-95904-068-6
Edition Forsbach 2019

Wie wäre es, wenn das Erfolgsgeheimnis der Millionäre gar nicht darin besteht, mehr zu tun, sondern vorteilhafter zu handeln?

Die Reichen wissen, dass alles in ihrer Gegenwart davon abhängt, wie sie in der Vergangenheit gedacht, entschieden und gehandelt haben. Trotzdem können Sie Ihre aktuellen Umstände ganz leicht ändern. Und zwar sofort!

In diesem bahnbrechenden Wegweiser zum Reichtum erfahren Sie …

- Dass der Morgen und Reichtum unstrittig zusammenhängen.
- Welcher einfache, fünfstufige Aufwachprozess garantiert, dass Sie früh aufstehen werden – wie ein Millionär.
- Welche vier Entscheidungen Sie treffen müssen, um reich zu werden.
- Die klaren Handlungsschritte, für die Sie sich entscheiden müssen, wenn Sie Millionär werden wollen.
- Einen neuen Umgang mit Affirmationen – und wie Sie sie so nutzen können, dass sie zu Ergebnissen führen.
- Wie das „Rückspiegelsyndrom" Ihr finanzielles Wachstum erheblich hemmen kann.
- Den Schlüssel, wie Sie Ihre blinden Flecken in Zukunftsvisionen verwandeln.

Werden Sie vor 8 Uhr morgens zum *Miracle Morning Millionär.*

Hal Elrod, Steve Scott mit Honorée Corder:

Miracle Morning für Autoren
Dein Schreibritual für mehr Erfolg und höheres Einkommen

Aus dem amerikanischen Englisch von Christina Brombach
Geleitwort von Prof. Dr. Lothar Seiwert
ISBN 978-3-95904-070-9
2. Aufl., Edition Forsbach 2020

Brauchst du mehr Zeit zum Schreiben – ohne dafür die wichtigen Dinge zu opfern? Suchst du nach einer Methode, mit der du immer wieder neue, tolle Buchideen entdecken lannst? Wünschst du dir ein zuverlässiges Einkommen durch das Schreiben, oder möchtest du deine bestehenden Einkünfte verbessern?

Dann solltest du *Miracle Morning für Autoren* lesen. In diesem Buch verbinden sich Hal Elrods weltweit erfolgreiches Morgenritual mit Steve Scotts bewährter Schreibgewohnheitstechnik.

Das erwartet dich in *Miracle Morning für Autoren*:

- Eine erprobte Strategie, mit der du Zeit zum Schreiben findest.
- Unsere Methode, mit der du jede Menge Bücher verkaufst.
- Steves Lieblings-App, mit der du deine großartigen Ideen festhalten und für das nächste Buch recherchieren kannst.
- Hals Strategie, mit Gedanken umzugehen, die dich einschränken und am Erfolg hindern.
- Den „Flow“ und eine Anleitung, wie du Schreibblockaden für immer aus dem Weg räumst.

***Der Miracle Morning für Autoren* ist dein Schlüssel zu einem neuen Schreibritual, mit dem du dein Einkommen erhöhen und größeren Eindruck auf die Welt machen kannst.**

Hal Elrod, Cameron Herold mit Honorée Corder:

Miracle Morning für Unternehmer
Die Stunde, die dein Business verändert

Aus dem amerikanischen Englisch von Christina Brombach
Geleitwort von Dr. Renée Moore
ISBN 978-3-95904-123-2
Edition Forsbach 2020

Bist du bereit für explosionsartiges Wachstum als Unternehmer und zunehmenden Erfolg für den Rest deines Lebens?

Cameron Herold – Bestsellerautor und anerkannter Experte zum Thema „Unternehmerisches Denken“ – stellt dir Erfolgsprinzipien und grundlegende Fähigkeiten vor, die du benötigst, um ein erfolgreiches Geschäfts- und Privatleben aufzubauen.

In diesem Buch erfährst du …

- Warum der Morgen wichtiger ist, als du denkst.
- Wie du dich selbst am besten führen und deine persönliche Entwicklung beschleunigen kannst.
- Wie du mit deiner Energie umgehen kannst – physisch, mental und emotional.
- Wie du Hal Elrods wertvolle *Life S.A.V.E.R.S.* in deine tägliche Routine integrieren kannst.

***Miracle Morning für Unternehmer* ist dein Fahrplan, um ein Imperium mit einer starken Vision meisterhaft aufzubauen, indem du deine persönliche Genialität nutzt, mit dem richtigen Team an deiner Seite.**